独島・鬱陵島の研究

歴史・考古・地理学的考察

洪性徳／保坂祐二
朴三憲／呉江原／任徳淳〈著〉

朴智泳〈監訳〉　韓春子〈訳〉

明石書店

동북아역사재단 기획연구 37
독도・울릉도 연구
── 역사・고고・지리학적 고찰
ⓒ 동북아역사재단, 2010

独島・鬱陵島の研究
―歴史・考古・地理学的考察―

東北アジア歴史財団

　東北アジアにおいて解決しない歴史、領土問題は、国家間の信頼を構築する上で障害となっています。東北アジア歴史財団はそうした歴史、領土問題の葛藤の原因を正確に診断し適切な対応をするために努力しています。また東北アジア国家間の相互理解と共存、共生のための歴史に関する対話も継続的に拡大しています。

　去る2008年8月に出発したわが東北アジア歴史財団独島研究所は、設立以来、独島問題に長期的、体系的、総合的に対応するために、様々な学術研究・調査と対外活動を展開してきました。しかし正しい独島研究のためには研究の範囲を独島にだけ限定するのではなく、独島を媒介にして、地域的にも時代的にも研究の幅を拡大させる必要があると考えます。独島と鬱陵島は周辺の人間の活動とは孤立して存在する地図上の孤島ではなく、古代から人間の活動地域として機能してきたからです。

　この本はそうした問題意識から出発して古代から近・現代まで独島と鬱陵島を媒介にした多様な歴史像を、歴史・考古・地理学的観点から検討した成果物です。各学問分野で独自の研究成果を構築した5名の研究者が、それぞれの学問的土台から独島・鬱陵島を主題にして書いた論文を集めて出版することになりました。未熟な点もありますがこの研究結果が学会において、独島と鬱陵島研究の地平を広げるのに一助となることを願います。

　困難な研究環境と、決して長くはない研究期間であったにもかかわらず、執筆を快諾され原稿を提出してくださった洪性徳、保坂祐二、朴三憲、任徳淳の諸先生方、呉江原研究員に深い感謝の意を示します。本にする過程でご苦労された財団の関係者の方々にも感謝致します。

2009年11月10日
東北アジア歴史財団　理事長　鄭在貞

巻頭言

　この本を企画することになったきっかけは、独島関連の研究において現在もっとも重要視されている論点を扱い、従来の研究とは異なる着眼点で見たいというものであった。こうした試みが蓄積されればされるほど、独島研究の幅が広がり論理の客観性と説得力が高まるだろうと考えるからである。

　そうした意味で、独島研究において従来注目されてきたいくつかの論点を選び、歴史・考古・地理学的な視点で分野別に独島を考察する機会を設けてみた。そしてここには独島だけではなく、鬱陵島も含まれている。独島と鬱陵島は昔も今も共に認識され共に扱われる不可分の関係にあるからである。

　最初の論文、「17世紀後半の韓日外交交渉と鬱陵島－安龍福被拉と渡日事件を中心に－」(洪性徳)は17世紀末に二度にわたった安龍福の渡日と彼を朝鮮に送還した事件に注目し、安龍福の送還とそれに端を発した鬱陵島渡海問題の処理がどのような朝日外交システムの作動の中で行われたのかという点を浮き彫りにした。1690年代の安龍福の拉致と渡日問題は拉致の主体だった大谷と村川両家、幕府に特産品の献上を維持しなくてはならなかった鳥取藩と幕府など、三者間の相互関係と送還をめぐる対馬藩主の役割論などが複雑に絡んでいた。一方、朝鮮はこの事件に対する対馬藩の奸計を知っていたにも関わらず、外交紛争に拡大させず、安龍福らを引き取った後に対応方式を変化させた。特に洪性徳は、朝鮮の外交的対応が17世紀後半に安定した外交システムの運営を基盤にして、対馬と日本に対し外交的緊張感を作り出し主導権を確保しようとする一連の対日政策によるものであったという点を強調している。

　二つ目の「高宗と李奎遠の于山島認識の分析」(保坂祐二)は19世紀末に独島の名称が于山島から石島、独島に変化した原因について考察したものである。日本の学者は「大韓帝国勅令第41号」のなかで言及された石島が独島ではなく「独島の名称が歴史的には于山島だったというが、急に石島に代わった理由についての説明がないため、石島が独島だという証拠は希薄であ

る」と主張している。この論文は彼らの主張を批判、克服しようとするものである。保坂祐二は 1882 年、高宗と李奎遠の独島認識の差異について、その歴史的根拠を提示するのに力を注ぎ、「大韓帝国勅令第 41 号」のなかに言及された石島が独島だという韓国側の主張をより強化した。

　三つ目の「明治初年太政官文書の歴史的性格」(朴三憲)は、太政官指令文がつくられた明治初年文書行政のメカニズムを検討することで、独島が日本領土とは関係ないという「太政官指令文(1877 年)」の内容がもつ歴史的な重みについて再確認しているものである。その結果、近代日本国家の太政官制は古代律令制国家の単純な「復古」ではなく、明らかに新たな側面をもっており、これを背景に実施した太政官制の文書行政には単純な制度改革の結果物ではなく、文書処理を専門にする近代的官僚の形成過程という特性があったことを確認している。したがって 1877 年、太政官指令文には 1873 年の太政官潤色による文書行政の内容が反映された。太政官潤色以後、国家最高議決機関である太政官会議には各省卿を兼職する参議が参加したが、内務省が上申した太政官指令文には大蔵卿兼参議の大隈重信、司法卿兼参議の大木喬任、外務卿兼参議の寺島宗則などの決裁印が押されていた。これは太政官指令文がたとえ朝鮮と結んだ外交条約ではなく日本内部におりた命令にすぎないものだとしても、実際には国家領土の画定をめぐる外交的状況、そしてそれと関連した財政および法制的問題を管掌する省卿兼参議が総体的に検討した結果であったことを示している。

　四つ目の論文、「古代鬱陵島社会と集団に関するいくつかの問題－鬱陵島の調査、古代の遺物を中心に－」(呉江原)は鬱陵島で出土された古代遺物に対する微視的な分析を土台に、古代社会および集団と関連したいくつかの問題を検討した。呉江原はこの論文で、鬱陵島で発見された軟質土器の鉢のうち、直立口沿に似かよったものが鬱陵島内で制作された可能性、こうした類型の鉢が鬱陵島のほかの土器とは異なる製作の伝統として受け継がれた可能性、古墳遺跡と出土遺物についての分析を基に古代の鬱陵島社会が、非常に位階化された社会であった可能性、古代エリートが仏教以外の土着的な信仰も社会を統合する宗教的なイデオロギーとして活用した可能性を提起した。

　最後に「独島の機能、空間価値と所属―政治地理・地政学的視角」(任徳

淳）は政治地理学および地政学的視角からみた独島の機能とそれに基づいた空間価値の探索を通じて独島が、韓国の所属だという点を明らかにしたものである。彼は韓日両国の独島関連の古文献、地図および古地図を活用し、独島の学術フィールドワークで得たこの島に対する地理的現実認識を根拠にして、そこに政治地理学的・地政学的論理を加える方式の研究方法（文書―フィールドワーク―論理的方法―：documentary-field work-logical method）をとった。最後に、この本の内容は東北アジア歴史財団の公式的な見解や立場を反映したものではないことを明示しておきたい。

2009年10月27日
執筆者に代わって
東北アジア歴史財団　研究員　尹裕淑

目次

独島・鬱陵島の研究 ……………………………………………………… 3
－歴史・考古・地理学的考察－
 鄭在貞［東北アジア歴史財団理事長］

巻頭言 ……………………………………………………………………… 5
 尹裕淑［東北アジア歴史財団研究員］

17世紀後半の韓日外交交渉と鬱陵島 …………………………………… 13
－安龍福被拉と渡日事件を中心に－
 洪性徳［全州大学］

  I はじめに 13
  II 17世紀の韓日外交体制の形成 14
    1．17世紀の韓日外交通交規定 14
    2．韓日外交体制の特徴 19
  III 安龍福の被拉事件と韓日関係 23
    1．竹島渡海免許と安龍福の拉致 23
    2．安龍福拉致事件の外交交渉 25
  IV 1696年 安龍福の渡日と韓日関係 44
    1．江戸幕府の竹島渡海禁止命令 44
    2．安龍福の渡日と帰国 47
  V 結論 53

高宗と李奎遠の于山島認識の分析 57

保坂祐二［世宗大学］

Ⅰ　はじめに　57
Ⅱ　高宗と李奎遠の対話にみる于山島と松・竹島　58
　　1．高宗の基本的な于山島認識　59
　　2．李奎遠の基本的な于山島認識　60
　　3．李奎遠の松・竹島認識　62
　　4．高宗の松・竹島認識と大韓帝国勅令第41号　62
　　5．聖人峰に登った後の李奎遠の于山島認識　65
Ⅲ　于山島名称の変遷過程と「于山島＝独島論」の確立　68
　　1．「流山国島」と刷還政策の実施　68
　　2．朝鮮の刷還政策の展開と于山島　72
　　3．『高麗史地理志』（1451）にあらわれる于山と武陵　77
　　4．『世宗実録地理志』（1454）にあらわれる于山と武陵　78
　　5．『新増東国輿地勝覧』（1531）にあらわれる于山島と鬱陵島　80
　　6．『新増東国輿地勝覧』と付図「八道総図」　86
Ⅳ　鬱陵島捜索と捜討で得られた于山島に対する知見　86
　　1．疎かになり始めた鬱陵島捜索作業　87
　　2．失敗に終わった蓼島、三峯島捜索作業　87
　　3．180年ぶりに鬱陵島等地に派遣された張漢相　91
　　4．朝鮮王朝の鬱陵島等地捜討　93
Ⅴ　結語　96

明治初年太政官文書の歴史的性格 99

朴三憲［建国大学］

Ⅰ　はじめに　99
Ⅱ　王政復古と太政官制　102

1．「政体書」太政官制と文書行政　102
　　　2．「職員令」太政官制と文書行政　107
　Ⅲ　廃藩置県後の太政官制　111
　　　1．太政官三院制と文書行政　111
　　　2．太政官潤飾と文書行政　116
　Ⅳ　1877年太政官指令文の歴史的意味　120

古代鬱陵島社会と集団に関するいくつかの問題 ……………… 131
−鬱陵島の調査、古代の遺物を中心に−

呉江原［東北アジア歴史財団］

　Ⅰ　はじめに　131
　Ⅱ　鬱陵島の古代遺物　132
　　　1．生活具（土器）　132
　　　2．生産具　141
　　　3．加工具　143
　　　4．武具（鉄鏃）　148
　　　5．装身具　148
　　　6．馬具　151
　　　7．威厳具（銅冠）　151
　　　8．葬具　153
　　　9．信仰具　154
　　　10．建築具（牝瓦片）　154
　Ⅲ　遺物を通じてみる古代鬱陵島社会および集団のいくつかの問題　155
　　　1．鬱陵島発見土器の制作地と制作者　155
　　　2．鬱陵島の古代遺物の年代　160
　　　3．古代鬱陵島社会の位階化と階層　163
　　　4．古代鬱陵島の社会統合のための仕組み　169
　Ⅳ　結語　172

独島の機能、空間価値と所属 ……………………………………175
－政治地理・地政学的視角－

任德淳［忠北大学］

  I はじめに 175

  II 独島に対する地理学者たちの先行議論 178

  III 独島の空間的構造 184
    1．空間関係 184
    2．自然地理 185
    3．人文地理 188

  IV 独島の機能と空間価値 188
    1．島の機能と価値 188
    2．独島の空間価値 192
    3．日本においての過去・現在・未来の独島－歴史・巨視的検討 197

  V 独島の韓国所属の妥当性 201
    1．有人島（鬱陵島）－独島の距離 201
    2．歴史的水域性と歴史的島嶼 203
    3．大韓民国の独島占有と使用 204
    4．韓日両国の公式文書 205
    5．日本で制作された古地図 209
    6．独島・鬱陵島の双子島の可能性 211

  VI 結語 212

索引 219

17世紀後半の韓日外交交渉と鬱陵島
―安龍福被拉と渡日事件を中心に―

洪性徳 ［全州大学］

I はじめに

　朝鮮後期の韓日関係は、7年にわたる壬辰倭乱によって断絶していた国交を正常化する問題から出発する。誠信交隣に代弁される朝鮮後期の韓日関係は、義理と名分を基本にする朝鮮の外交政策が、力の優位による覇権に影響されながら新たな秩序への改編を迎えたことでその体制もおのずと変化せざるをえなかった。

　両国の外交体制は基本的に外交問題全般にわたりもっとも基本的な土台となる。外交体制に対する理解が前提となったとき、外交交渉の方向と性格に対する理解は深まるだろう。1690年代に火がついた鬱陵島と独島をめぐる韓日外交は、その事実の真偽、例えば安龍福の被拉と越境問題を鬱陵島と独島の領有権という視点でのみ限定的に進められてきた。安龍福の被拉と渡日問題が朝鮮後期の韓日関係史において、いかなる性格をもったのかについて巨視的な視点は見出しがたい。

　安龍福の被拉と渡日問題は、韓国と日本の両国間の外交的協商によって幕を下ろしたが、その協商をめぐる自国内の複雑な利害関係が絡んでいることに注目する必要がある。慣例化された外交ルートからはみ出した安龍福の被拉と渡日問題は、日本国内では被拉の当事者だった大谷家と村川家、そして幕府に特産品の献上を維持しなくてはならなかった鳥取藩と幕府など、三者間の同床異夢のような態度と、送還をめぐる対馬藩主の役割論などが複雑に絡んでいた。一方、朝鮮では、韓日外交体制の安定化に足かせとなったこの事件について、対馬の悪巧み、つまり鬱陵島と竹島が同じ島であるという事

実を知っているにも関わらず、あたかも別の島であるようにふる舞い朝鮮人から日本領として認めてもらおうとした対馬の魂胆を看破していたにも関わらず、最初から外交紛争に拡散させなかった。こうした朝鮮側の手ぬるい初期の対応が「わが国の鬱陵島」、「貴国の竹島」という二重の表現の出現を許し、現在まで日本に独島を日本の領土だと主張する端緒を与えたのである。しかし安龍福の被拉と渡日問題に関する朝鮮政府の対応の変化をみると、そうした表現が出てこざるを得ない一連の苦悩を読むことができる。

　この論文では鬱陵島と独島に関する韓国と日本両国の研究成果を土台に、その性格を当時の韓日関係史の脈絡で眺望しようとするものである。事実の真偽如何と評価に対する多様な異説が存在するが、外交問題処理の手続きに注目することで、1690年代の鬱陵島と独島に関連する韓国と日本の外交問題がどういった性格と位置を占めていたのかを探る。外交問題は単純な視点だけでは解決できない。なぜそのような結論に到達するしかなかったのかは、当時の対外政策の理念と外交状況にしたがう自国の実利追求という現実的な理由によって、強要された選択をせざるをえない苦悩があったからである。

Ⅱ　17世紀の韓日外交体制の形成

1．17世紀の韓日外交通交規定

　約条は両国間に発生しうる外交的な葛藤を解決するために相互間で定めた約束である。外交紛争を防止し、外交問題が発生した場合、両国がとれる対応方法をあらかじめ定めておき、葛藤が発生しうる要素を最小限に止めようとするものである。したがって約条の内容と締結過程をみることは基本的に両国の相手国に対する外交政策の基本的な特徴を理解できる方法である。
　17世紀、国交が再開されてから、韓国と日本の間の外交問題を解決するための基本約条はどのように構成されたのだろうか。

表1　朝鮮後期　朝日約条

1609年（光海君元年）	巳酉年に約条を改正した
1653年（孝宗4）	各房に自由に入るのを禁じる約条を定めた 倭人が記し、上げた約条
1678年（粛宗4）	朝市についての約条を定めた
1679年（粛宗5）	新しい倭館の境界を定めた
1683年（粛宗9）	通信使が対馬で約条を定めた
1696年（粛宗22）	漂流した者の遺体のために差倭を送らないよう定めた
1709年（粛宗35）	任訳および倭人の出入りに関する規定を定めた
1711年（粛宗37）	通信使が行ったとき倭人の潜奸に対する法を定めた
1739年（英祖15）	漂流した者が亡くなった場合の外は使者を送らないと規式を定めた

『増正交隣志[1]』巻4「約条」に記載されている内容をまとめると〈表1〉のようになる。

『増正交隣志』を編纂した金健瑞が朝鮮後期に両国間に規定された多様な節目や規定の中で「約条」に区分したのは上の内容である。約条は朝鮮後期、朝鮮と日本の外交関係を維持する上で発生しうるもっとも基本的な問題点を解決するための最小限の規定である。朝鮮後期の韓日外交は、空間的には釜山に設置され常駐倭人の集団居留地と両国間を往来する外交使行によって行なわれていたため、主要な約条の内容はそれに集中されていた。特に400名を超える対馬人が常駐する倭館は一日中両国の人々が対面せざるを得ないために、互いに定めなくてはならない取り決めの内容が多かった。したがって約条締結はそのほとんどが、対馬人の朝鮮内の常駐を許可した朝鮮政府によって主導された[2]。

朝鮮後期の韓日外交体制の確立という側面において相互間で遵守すると約束した条項の特徴を整理すると次のようになる。

第一は、外交使行と接待に関する基本規定は己酉約条であるという点であ

---

1) 『増正交隣志』は金健瑞によって1796年「捷解新語文釋」を完成した後編纂され始め、1802年の旧暦5月に完成したものだ（金健瑞著、河宇鳳・洪性徳訳（1998）『国訳増正交隣志』民族文化推進会）。したがって19世紀の内容は反映されていない。
2) 尹裕淑（1999）「約条にみる近世の倭館統制について」『史観』138

る。己酉約条は朝鮮後期の対日外交の規範的な約条で、国家間の外交使行および接待などに関する条約の性格をもつ[3]。1609年、先慰使として派遣された李志安と、倭使の玄蘇・平景直らとの間に協議された己酉約条[4]は、歳遣船、接待、文引、歳賜米、受職、受図書に関する12の条目で構成されていた[5]。己酉約条は基本的に朝鮮前期に締結された約条を総合してまとめたもので、前期とは異なり派生しうる問題を一括協議した特徴をもつ。したがって己酉約条は朝鮮前期と同様に朝貢交易関係を規定している点[6]では朝鮮前期と同じ脈絡であるが、通交地を厳しく統制したという点では差異を示している。

己酉約条にあらわれた朝鮮後期の韓日外交体制の特徴は、外交問題を処理するために往来することができる外交使行を双方に規定せずに、日本から朝鮮に派遣する外交使行のみを規定している点である。己酉約条によって日本が朝鮮に送れる外交使行は国王使、対馬島主特送船、受職人、歳遣船などであった。日本の国王（最高統治権者）が朝鮮国王に送る使節である国王使と受職人、歳遣船などは定例的な外交使行だった。特送船は歳遣船以外に報告することがある場合に特別に送る臨時使行として3隻が派遣された[7]。

両国間の外交懸案は基本的にこれら外交使行によって処理するように規定されていたが、使節の往来時、公使貿易の経済的利潤を追求しようとした対馬は多様な名目で臨時使節を派遣し、朝鮮政府から使節として認められよう

---

[3] 前近代の韓国と日本の間に締結された約条の性格について、近代の国家間に締結された条約ではないという点を挙げ、己酉約条の性格を朝鮮と対馬間に締結した、つまり国家間の外交規定ではなく朝鮮と日本の一つの地方である対馬との間に締結された私的規定として把握しようとする議論がある。「韓日歴史共同研究委員会（2005）『韓日歴史共同研究報告書』第2巻、252～253頁」。こうした議論の核心は己酉約条の内容に対し日本の最高権力者である幕府将軍が関与、または同意しなかったという点である。しかし国交再開過程と以後の韓国と日本の間の外交体制の内容、江戸時代の日本の対朝鮮政策の基本概念を考慮すると、己酉約条が国家間に締結された基本約条の性格を帯びていることは再論する余地がない。

[4] 『接倭事目抄冊』己酉年5月

[5] 『増正交隣志』巻4。「約条」には倭館にとどまる期限についての条項がふくまれているがこの条項も1609年当時に締結された条項ではない。また『邊例集要』巻5、「約条」歳遣船敷の条目の末尾に「大船六隻、中小船各七隻」という歳主が掲げられていたが、この条項は1609年6月に規定されたためここでは省略した。

[6] 孫承喆（1994）『朝鮮時代の韓日関係史研究』知性の泉、145頁

[7] 洪性徳（1997）「17世紀対日外交政策確立過程とその性格」『全北史学』19・20集

と努力し一定の成果を挙げることもあった。

　第二の主要な外交業務に関する規定は、倭館を中心に行われていた物流の移動に対する統制である。統制の核心は法に定めた物資の移動を順守するよう督励し、不法な取引を監視するものである。倭館を中心に行われる密貿易に関連することは、各方面に任意で入るものに対する禁止[8]と許容物品以外の不法取引の禁止[9]、対馬人との負債取引の禁止[10]などがそれである。物流の移動に関する統制規定は倭館を中心に行われている不法取引の禁止に集中されている。倭館の常駐人員は基本的に朝鮮に派遣された日本の外交使行の一行である。彼らの外交儀礼後に行われる進上・回賜品の取引以外に使行に関わった人々に許された開市大庁を除いたすべての私的なやり取りは禁じられた。密貿易の取引は開市大庁以後、価格の協商などのために許可された各方面の協議で別途に行われた。この他にも軍器と許可されない物品を取引するのも当然不法取引として禁じられ、対馬人との金のやり取りも許されなかった。

　第三は、倭館の境界と出入者に対する規定である。この規定が重要であったのは外交問題である前に朝鮮前期以来、日本人居住地統制自体がすぐ該当地域の治安および国防と関連した緊要な事案だったからである。1609年の豆毛浦倭館はもちろん1678年に草梁倭館に移転したのちも倭館四方の境界を定め、その線を越えた場合は処罰した[11]。倭館は朝鮮の領土で対日外交の

---

[8] 1653年　癸巳約条「開市大庁の際、もし数や直段の計算に間違いがある場合は商人がまた中大庁に行き十分に議論して定めた後、すぐ退くようにした。以前のように任意に各房に入る者は潜商律で処罰する」(『増正交隣志』巻4、「約条」)。1678年　戊午約条「開市のときは代官とすべての倭人は訓導と別差および商人と大庁ですべての売買を公正に交易し退き、下倭が商人とこっそり各房に入れないようにする」(『増正交隣志』巻4、「約条」。1683年　癸亥約条「開市のとき、こっそり各房に入り人知れず互いに売買した者はそれぞれ一罪で処罰する」(『増正交隣志』巻4、「約条」)。

[9] 1653年　癸巳約条「朝夕に食べる魚や野菜、米を売買する以外に、もしほかの品物をみだりに売買し発覚したものはその軽重にしたがって苔刑に処し、軍官・小通事・部長などは報告して罪を決める」「軍器と禁じられている品物を売ってはならない」(『増正交隣志』巻4、「約条」)。

[10] 1653年　癸巳約条「従前にすでに借金がある者はたとえすべてを法で裁けないとしても、壬辰年（1652）正月以後に秘密裏に倭人の借金をつくった者は、その借金が多かれ少なかれ極律で裁く」1683年　癸亥約条「路浮税を現場で捕まえた際には与えた者も受け取った者もみな一罪で裁く。いわゆる路浮税とは倭債を意味する」(『増正交隣志』巻4、「約条」)。

[11] 1683年　癸亥約条「禁標で定めた境界外に大小を問わずみだりに出て行き境界を犯した者は

便宜のために臨時に滞留が許された地域であるため、その境界を越えるのは越境ではない乱出として規定された。

豆毛浦倭館時代の場合、倭館の東側に位置した佐自川だけを越えないようにしたが、草梁倭館に移転した後には東西南北の四方境界を画定し順守するようにした。倭館の境界規定が確定したのは1679年、己未約条のときである[12]。

第四は、倭館をめぐる社会・経済的葛藤に対する規定である。倭館に居住した対馬人たちはすべて男性だったため、倭館設置後に社会問題として台頭したのは、「交奸」の問題だった。「交奸」以外にも性売買、強姦のような性犯罪も頻繁に発生していた。こうした社会問題は1678年に草梁倭館の設置後、持続的に増加し、1711年、通信使の使行時に倭人の潜奸に対する法を定めるに至った[13]。この他にも「五日雑物」の支給時、朝鮮側館員の殴打を禁じることもあった[14]。

第五は、漂流民の送還時における日本の外交使行を統制した規定である。己酉約条締結後、対馬が縮小された貿易を増やす努力の一環として派遣し始めた差倭は、多様な外交業務を名目にしていた[15]。韓国と日本の外交における仲介者の役割を担わなくてはならなかった対馬への配慮として、幕府と対馬の慶弔事と関連した外交使行を定例化した[16]。しかし日ごと増加する漂流民送還のための使節派遣については規制し始めた。1696年、朝鮮政府は漂

　　一罪で裁く」(『増正交隣志』巻4、「約条」)。
12)　1678年　戊午約条「倭人の出入りは厳しくその境界を定めなくてはならない。以前の倭館の場合は佐自川で境界を定めたが、新たな倭館はほかの細かい地名で指摘できないので、これからは港口を渡り、絶影島に往来できなくして、西側には宴享廳を越えてはならず、東側には客舎を越えないようにしてこれを犯した者を捕まえて館守に引き渡し、すぐに対馬に送り法によって罪を裁くようにした」(『増正交隣志』巻4、「約条」)。1679年　己未約条「東側には松峴に至るまで倭館との距離が300歩くらいになり、西側には西山に至るまで倭館との距離が80歩くらいになり、西南側には草梁民家に至るまで倭館との距離が100歩くらいに、南側には海辺に至るまで倭館との距離が100歩くらいになる」(『増正交隣志』巻4、「約条」)。
13)　1711年　辛卯約条「倭館の倭人が倭館の外に出て強姦する者は一罪で処断する。和奸や強姦しようとし未遂に終わった者は永久に帰国させ、女人が自ら倭館に入り淫奸した者はその次の法律で施行する」(『増正交隣志』巻4、「約条」)。
14)　1683年　癸亥約条「五日雑物を仕入れるとき色吏、庫子、小通事などを倭人が絶対引き下ろして殴らないようにする」(『増正交隣志』巻4、「約条」)。
15)　洪性徳（1992）「17世紀別差の渡来と朝日関係」『全北史学』15
16)　洪性徳（1992）前掲；洪性徳（2000）「朝鮮後期対日外交使行問慰行研究」『国史館論叢』93

流した者の死体を運んでくる差倭の派遣を禁じ、1739年には、漂流した者が死んだ場合を除いてすべての漂流民送還差倭の派遣を禁じた。

2．韓日外交体制の特徴

　朝鮮後期に締結された韓日外交通交規定を中心に両国の外交体制の特徴をまとめると次の通りである。

　第一に、約条の規定が17世紀後半に集中されている点である。これは17世紀後半に韓国と日本の間の外交交渉に関する法的規定がこの時期に定着したことを意味している。己酉約条が朝鮮後期の韓国と日本の国交再開後に、基本的な約条として機能したならば、その後の約条は、朝鮮後期に対日外交交渉が進められることで新たに発生した事案についての規定にすぎなかった。また、約条を定める時期はその内容によって時代的な状況を反映しているという点である。密貿易を防ぐための約条や倭館の境界を定めること、漂流民を送還する使節派遣を制限することなどは、両国の関係性の進展によって発生する問題と結びついている。

　第二に、約条の締結と交渉の対象者を対馬藩主に限定したという点である。朝鮮の対日外交政策が対馬を媒介にしていたという点は、朝鮮後期の韓日関係を理解する上で大変重要なことである。朝鮮の対日政策が前期の多元的外交体制から、後期の対馬を中心にした一元的外交体制[17]に転換したということは一般的な学説である。しかし一方的な外交体制など存在しない。朝鮮が対日政策を決定していく過程は、日本の情勢と密接に関係していた。対馬を選択せざるを得なかった理由と、釜山に倭館を置き外交関係を維持していけたのは、日本の対朝鮮政策と合致していた側面があったからである。周知の通り、徳川幕府の対外政策は、「四つの窓口論」からもわかるように対朝鮮政策を対馬藩主に委任していた。つまり日本の幕府は朝鮮との直接的な外交協議体制を構築しなかったのである。互いに自国の必要に応じて試みられた対馬を仲介者とする外交体制が時期的にも絶妙に合致していたわけであり、対馬を仲介者にした外交体制はその結果物といえる。

17）　孫承喆（1994）前掲参照

もっとも、対馬仲介外交体制が「傍観」を意味するものではない。それは17世紀以後、韓国と日本との外交交渉の一次的な対象者を「東莱府使↔対馬藩主」と定めたことを意味するものであり、外交交渉の主要政策決定と協議結果は報告の対象であった。中央政府との報告システムは両国の統治構造によってそれぞれ違いを見せている。

　第三に、朝鮮後期、韓日外交交渉のための相互間の協議は必ずしも約条のみに基づかず、外交問題が発生する場合、随時、改めて約定する手続きが取られるようになっていた。『増正交隣志』巻4、「約条」に記載されている規定は、両国間に起こりうる多様な外交問題の中の一部分にしか適用できず、すべてを解決することはできない。これら約条に規定されていない外交問題が起こる場合、両国の外交実務者の協議を経た後、朝鮮政府の許可を得て「節目」の形で定められ施行されることになる。

　「節目」は基本的に前例を準用するが、外交業務の性格と時期によってそれぞれ別々に制定される。朝鮮政府から日本に派遣された通信使行と問慰行に対する諸般の規定は使行を要請するたびに「使行節目」を協議して実行したのである。

　次に、17世紀に確立した朝鮮と日本の外交交渉についてみよう。

　まず、朝鮮政府の対日本外交交渉は通信使行、問慰行のような外交使行を通じた交渉と倭館を中心とする交渉とに大きく分かれる。対日本外交交渉の媒介者として朝鮮政府は、対馬藩主を選び己酉約条を締結したのち、倭館地域を管轄していた東莱府使に朝鮮の外交貿易の実務を担当させた。これは1610年、東莱府使に「直啓」する権限を付与した点から窺うことができる。慶尚監司の管轄下にあった東莱府使が国王に直接報告する権限をもつにしたがい、対日交渉の通路は「東莱府使→（慶尚監司）→礼曹・備邊司→国王」の順番で手続きをとるようになった。

　外交使行を通じた外交交渉は、通信使行の場合、3度の回答兼刷還使を含めて17世紀に集中した。壬辰倭乱による被虜人の刷還がもっとも中心となる外交業務で、時間が経つにつれ被虜人の刷還が難しくなると、倭館の運営

表2　17世紀通信使行の外交業務

年度	派遣目的及び遂行業務	主要な交渉	交渉相手
1607年	国書真偽の確認、国情探索、被虜人の刷還、鳥銃の購入	国書改正、被虜人の刷還	幕府将軍（執政）
1617年	国情探索、被虜人の刷還、武器類（鉄砲、刀剣など）購入、大坂平定・日本統一祝賀	国書改正、被虜人の刷還	幕府将軍（執政）
1624年	家光襲職祝賀、被虜人の刷還、国情探索	国書改正、被虜人の刷還	幕府将軍（執政）
1636年	朝鮮政策の確認、国情探索、対馬藩主擁護、中国対策、泰平祝賀	大君号及び年号の使用	幕府将軍（執政）
1643年	友好維持、清朝牽制、国情探索、被虜人の刷還		
1655年	家光襲職		
1682年	綱吉襲職、倭館7条約遵守	倭館立碑、幹事差倭留館日数	対馬島主

をめぐる約条の制定などの実務的な業務を担うようになった[18]。

　17世紀後半以後、通信使行の機能と役割が文化交流へ転換するにつれて両国間の実務的な外交業務は問慰行が遂行することになった。一次的にはほとんどの外交業務が倭館を中心に行われたが、対馬藩主との直接協議が必要な場合は、幕府将軍家の哀慶事と、対馬藩主の家の哀慶事に派遣された問慰訳官がその役割を担った。硫黄および武器の輸入などを隠密に行うこともあり、倭館の運営と関連した諸々の業務などが含まれていた[19]。

　次に、朝鮮の対日外交とは異なり日本の対朝鮮外交は朝鮮内に許可された「倭館」という常駐居留地域を中心に行われた。倭館は常時滞留が許された地域ではなく、朝鮮に渡航を許可された年例送使と別差倭などが法的に許可された滞留期間[20]の間、留まることのできる統制地域であった。日本から渡

---

[18]　李薫（2007）「朝鮮後期東莱府と倭館の意思疎通」『韓日関係史研究』27。倭館中心の外交交渉についてはジャン・スンスン장순슨（2001）「朝鮮時代の倭館変遷史研究」全北大学博士論文；ヤン・フンスク양흥숙（2009）「朝鮮後期東莱地域と地域民の動向」釜山大学校博士論文参照。
[19]　問慰官については洪性徳（2000）前掲書を参照。
[20]　倭館に滞在する期間は、対馬藩主特送船は110日、残りの歳遣船は85日、漂流民送還差倭と各種別差倭は55日に規定されていた（『増正交隣志』巻4、「約条」）。

航する使行らの渡航時期によっては、400名を前後する常駐人員が倭館に滞在した。使行員らがおよそ最短で2カ月以上は倭館に滞在しながら外交儀礼および業務を遂行しなくてはならなかったからである[21]。したがって、日本の外交交渉は、倭館内に滞在している使行によって倭館において行われるしかなかった。

　日本から使節が渡航してくると東莱府使は訓導と別差を派遣し、渡航目的を把握し[22] 持参してきた書契の違式如何を調査する。日本の外交使節はその格によって、大差倭の場合は礼曹参判、礼曹参議と東莱府使・釜山僉使に送る書契3通を持参し、小差倭の場合は礼曹参議と東莱府使・釜山僉使に送る書契をそれぞれ渡した。訓導と別差は渡航目的および書契の違式如何などを調査した後、東莱府使に「手本(手写し)」を伝達した。東莱府使は「手本」を基に国王に状啓を伝え、外交業務などに対する対応や方案を講じることになる。

　公式な外交文書の授受以外に実務的な交渉もやはり東莱府使と外交使行(館守倭、差倭)との間で行われた。問慰行派遣の場合、問慰訳官が直接、裁判差倭などと協議し使行の派遣をめぐる諸般の日程と節目を協議することもあった[23]。

　一方、日本から朝鮮に渡航したり漂流したりした船が朝鮮に到着することになると、館守倭にすぐ通報し、漂着した船は風が鎮まり次第すぐに草梁に移された[24]。倭館に接港しないすべての船は、倭館に向かう船であろうとなかろうと、該当地域の倭語通事の調査を受けた後で倭館に送られた。慶尚道地域の場合、釜山の倭学訳官が調査し、全羅道と江原道の場合は、ソウルから問慰官がきて調査することもあった[25]。漂流した漁船の場合、特別な問題がない限り対馬を介して送還され、倭館に向かう船舶は与えられた業務を終

---

21) ジャン・スンスン(2001)前掲書
22) 『回謝差倭謄録』(規12883)甲申年(1644)12月11日。
23) 問慰官の派遣をめぐる交渉については洪性徳(2000)前掲書参照。
24) 『増正交隣志』巻4、「約条」「日本の船が来た時には館司(館守)に報告するのは常に遅かったがこれからは迅速に館司に知らせ、もし船が漂流し遠くの港口の辺境に到着したら、すぐに風が落ち着くのを待って草梁に護送しなければならない」。
25) 『増正交隣志』巻2、「他島標倭」

えて帰国した[26]。

Ⅲ 安龍福の被拉事件と韓日関係

　1693年3月、東莱、蔚山地域の漁民40人余りとともに鬱陵島に向かった安龍福と朴於屯が、日本から渡航してきた大谷家の漁夫らに拉致される事件が起こった。「竹島一件」と呼ばれるこの事件は、江戸幕府が朝鮮政府に、朝鮮人の竹島（鬱陵島）への渡海を禁じてほしいと要請したという事実と、朝鮮政府が作成した回答書契に「貴国の竹島」という文言が入っている点を挙げ、鬱陵島（竹島）・独島（松島）の日本領土説を裏付ける事例として言及されている。しかし安龍福事件は池内敏の指摘通り[27]現在の領土紛争の視点だけでは理解することはできない。安龍福の拉致事件をめぐる韓国と日本の認識と外交処理の手続きについて、17世紀の韓日外交体制の観点から把握してみることにしよう。

1．竹島渡海免許と安龍福の拉致

　1625年[28]、伯耆国米子の大谷・村川両家に発給された竹島（鬱陵島）渡海免許は一度限りのものだったが、大谷・村川両家はこの渡海免許[29]を継続的に使用し竹島（鬱陵島）を往来していた。

　　　伯耆国米子から竹島（鬱陵島）に以前船で渡ったことがあるため、今
　　回渡海したい意向を米子人の村川市兵衛と大谷甚吉が言ってきたので
　　上に報告し（その如何を）尋ねたところ異議がないとおっしゃったので

---

26) 朝鮮に漂流した日本人の送還については李薫（2000）『朝鮮後期の漂流民と韓日関係』国学資料院参照
27) 池内敏（2006）『大君外交と「武威」』名古屋大学出版会、第8章参照
28) 池内敏（2006）前掲書、247頁でも竹島渡海免許に署名した老中の再任時期を根拠に1618年ではない1625年に発給されたと把握した。
29) 『竹島考』下

その意向通りに渡海することを許可します。丁重にお伝えします。5月16日

　江戸幕府の老中4人「永井信濃守尚政・井上主計頭正就・土井大炊頭利勝・酒井雅楽頭忠世」の連名で、鳥取藩主の松平新太郎に発給されたこの渡海免許は、朱印状とは異なって奉書の形式になっていた。奉書は老中の名義で外国に渡航する商人に発給されるのが一般的だが、この渡海免許の場合、鳥取藩主に下りているという点で一般的な奉書とは異なる[30]。一度限りで許可された渡海免許が繰り返し使用されたことや、鳥取藩主に奉書が発給されたという点は、大谷・村川の竹島渡海が「特別な」目的と状況によって行われていたことを意味する。これは松平が幕府の徳川家門と姻戚関係を結んでいたことと無関係ではなく、渡海免許に署名した老中たちが当時の将軍だった秀忠の腹心であったため可能だったはずである。のみならず大谷・村川両家は毎年、鮑などの特産品を幕府の将軍と主要人物らに献上していた[31]。
　このように渡海免許をめぐる大谷・村川、鳥取藩、幕府三者間の利害関係が形成されていたため、朝鮮人の拉致が可能だったのである。またそれは朝鮮人が鬱陵島に出向いたために竹島鮑という特産品を献上する利害関係の構成要素が維持できなくなったからである。
　1693年、大谷家が安龍福と朴於屯を拉致することになった理由もやはり自分たちの漁撈権を侵害されたからであった。これは大谷家が作成した経緯書[32]からも確認することができる。

　　昨年、朝鮮人に再び来てはならないという意を伝えたが、また今春にも我々より先に到着し、我々の仕事の邪魔をしたことは言語道断である。このことをそのまま見過ごすと結局彼らがわが領地を略奪することになるのは必然的なので、この2人を連れていきその間の事由を子細に報告

---

30) 金柄烈・内藤正中共著、金寛元ほか訳（2006）『韓日専門家が見た独島』ダダメディア、171頁
31) 大西敏輝著、権五葉・権正訳（2004）『独島』ジェイエンドシー、188～190頁
32) 『竹島考』下

し幕府から判決していただけることを願い……

　大谷家が安龍福らを拉致したのは、我々が幕府から許可された渡海免許権を妨害されたからであり、それを防がなくてはわが領地である竹島で得られる財物を意のままに略奪させるだけなので、渡海免許を許可した幕府に事の処理をお願いしたいというものであった。つまり安龍福を拉致したのは、幕府が許可した渡海免許に対する特権の維持と確保に目的があったということだけで、竹島の日本領有権問題とは何ら関係がなかったということである。

　　　竹島についてはっきりしたことはわかっていない。伯耆国人間が渡海
　　　し漁撈をしているというが……当時、領主だった松平新太郎様の斡旋で
　　　渡海してもいいという奉書をいただいた……以上のような理由から渡海
　　　して漁撈をしたにすぎず、朝鮮の島を日本が取ろうとしたのではない[33]。

　1696年1月、老中、阿部正武が対馬藩の家老に言及した内容をみても、渡海免許に対する認識は漁撈権の許可だっただけで、それがすぐに竹島を日本の領土と把握したのではなかったことがわかる。
　したがって、安龍福拉致事件は「彼らが渡海できないよう厳重に命令してほしいとするために」拉致した安龍福と朴於屯をどのように送還し、朝鮮の漁夫らがどのようにしたら竹島へ渡海できないようにするのかについての外交問題に引き継がれることになる。

2．安龍福拉致事件の外交交渉

1）安龍福の送還手続き

　安龍福が日本人によって拉致された1693年3月から対馬の奉行差倭、橘真重の便で帰国した11月までの行跡をまとめると〈表3〉のようになる[34]。

---

[33] 「日本海内竹島外一島地籍編纂方伺」『對馬文書』第1号、元禄9年1月28日；金柄烈・内藤正中共著、金寛元ほか訳（2006）前掲書、200頁から再引用
[34] 安龍福の1693年拉致から帰国までの日程は宋炳基（2006）「安龍福の活動と鬱陵島争界」『歴史学報』第192集で再整理し、『同文彙考』の内容を補完した。1693年12月を除いた日時は

表3　安龍福の拉致と送還日程

日時	主要な行跡
1693年3月18日	安龍福・朴於屯などを鬱陵島で誘引拉致
1693年3月20日	隠岐島福浦に帰着、在番役人の調べを受ける
1693年3月23日	隠岐島福浦を出発
1693年3月27日	米子に到着、鳥取藩の家老荒尾大和、荒尾修理の調べを受ける
1693年4月末日	「朝鮮人の口述書」を江戸の藩邸に送る
1693年5月13日	幕府が朝鮮人を長崎に移送するように指示、対馬江戸留守居に安龍福らを長崎から対馬に移送し、朝鮮漁民の竹島出漁を禁ずることを朝鮮側に要請するよう指示
1693年5月26日	幕府指示、鳥取藩に到着
1693年5月29日	安龍福ら米子を出発
1693年6月1日	鳥取藩城下に到着。荒尾大和の邸宅と町会所で留宿
1693年6月2日	安龍福ら、荒尾大和をはじめとする鳥取藩重臣2名と会合、鳥取藩の書契をもらう
1693年6月3日	幕府の指示、対馬藩に到着
1693年6月7日	長崎に出発
1693年6月末日	長崎に到着
1693年7月1日	長崎奉行所で引継ぎ
1693年8月14日	対馬藩に引継ぎ
1693年9月初(3)日	対馬藩に引継ぎ到着（鳥取藩の書契奪取）
1693年10月22日	対馬出発〈差倭橘真重（多田興左衛門）〉
1693年11月1日	釜山倭館に到着
1693年12月7日	接慰官洪重夏を東莱府に派遣
1693年12月10日	安龍福らを引き継ぎ、書契の伝達
1694年1月3日	橘真重釜山出発
1694年閏5月	橘真重再び渡海
1695年6月20日	橘真重釜山出発
1696年1月28日	幕府竹島渡海禁止令を命じる

安龍福と朴於屯の拉致から帰国までの送還手順は、「大谷家の拉致→鳥取藩の移送調査→江戸にある鳥取藩主に報告→幕府への報告→幕府の命令下達→長崎に移送→対馬に引き継ぎ→奉行差倭派遣帰国[35]」というように簡略にまとめることができる。
　こうした業務処理は典型的な漂流民の帰国手順と同じである[36]。

> 　朝鮮人が他国に漂流した際に送還すること、西国地域または北国地域のいずれにしても朝鮮人が漂流した場合、将軍からの厳しい命令があるため、その地域の領主はすぐに長崎奉行所に送るようにする。その後、対馬では館員を長崎に送り漂流民を引き取り、引き取った漂流民を使者に伴わせて朝鮮に送り返す[37]。

　こうした漂流民の送還体制は1640年代後半にほぼ整われた。漂流民の送還体制が整われた後、安龍福を拉致した地域も拉致以前に漂流した朝鮮人を送還した事例がある。その事例をまとめたものが〈表4〉である[38]。
　17世紀に鳥取藩に漂着した朝鮮人の事例は総数12回に達する。1693年以前にも8回にわたり漂流民が鳥取藩に漂流したため、鳥取藩では、幕府の指針にしたがって漂流民を送還した経験があった。したがって鳥取藩では大谷家が不法に拉致した安龍福と朴於屯を、漂流民の送還手順に従い処理したのであった。
　拉致された安龍福などの送還手順に関連して次のような点を念頭に置いてみるべきだろう。
　まず第一に、「被拉人」に対する送還を外交的事前協議と手続きなく通常の「漂流民」の送還手続きに従っている点である。万一、安龍福らが日本の領土を侵犯した越境の犯罪者だったとするなら、こうした日常的漂流民の送

　　日本暦である。
35) 日本側の記録に比して送還後の安龍福は「隠岐―伯耆州―幕府―長崎―対馬―釜山倭館」と陳述しているが、これは安龍福の錯覚によるものだった。
36) 漂流朝鮮人の送還手続きは李薫（2000）、前掲書参照。
37) 『古事類苑』外交部、809頁；李薫、前掲書、119頁
38) 李薫（2000）前掲書、付録から抜粋、整理

表4　17世紀鳥取県漂着朝鮮人事例

漂着日	漂着人数	出身地（出航）	身分（職業）	漂着地	備考
1643/10/19	6名	長鬐	漁民	石見	
1659/10	8名	東萊水泳	漁民	石見	
1663/11/3	19名、1隻	興陽	商船	隠岐	
1676/10/6	5名、1隻	金海	農民	石見	
1676/11	4名、2隻	長鬐	漁民	出雲	
1685/12/8	132名、15隻	慶尚・江原	商人、漁民	筑前、長門、石見	
1686/10	5名、1隻	熊川	漁民	石見	
1691/11/26	5名、1隻	三陟	漁民	石見	
1695/1/20	9名、1隻	長鬐	漁民	石見	
1695/1/23	7名、1隻	蔚珍	出漁	出雲	
1696/11/23	3名、1隻	興海	漁民	出雲	
1699/12/24	5名、1隻	興海	商人	出雲	

還手続きをとることはなかったであろう。

　第二に、隠岐ではない鳥取藩を通じて安龍福の拉致事件が解決されたという点である。大谷が安龍福を拉致して最初に到着した隠岐は、幕府の直轄領地で出雲松江藩の管轄下にあったためである。

　第三に、安龍福を拉致した主体（大谷家と隠岐島）と幕府に調査した内容を報告した鳥取藩の役割は拉致した顚末と朝鮮人の竹島（鬱陵島）渡海禁止要求にのみ留まっているだけで、送還手順および朝鮮との交渉は拉致と何ら関連のない対馬藩に任されたという点である。対馬藩としては今まで自らを媒介に進められてきた韓日外交交渉に、第三者が関与した事件の後始末を担当する新たな外交手続きが発生したことを意味する。したがって対馬藩がこの問題をどのように解決するのかという問題は「江戸幕府の対朝鮮外交政策の基調を維持できるか」という対馬藩の役割論と結びつくしかない事案だったはずである。

　結論的にいうと、1693年、大谷家の安龍福拉致事件をめぐる大谷家、鳥取藩、江戸幕府、対馬、朝鮮政府の利害関係は非常に多様であるしかなかった。朝鮮政府の立場からすれば自国民に対する不法な拉致は国家間の重要な犯罪行為として認識できる事案であった。漁撈権の確保のために不可避に拉

致を敢行した大谷家と鳥取藩は、朝鮮人が竹島(鬱陵島)に渡海できないようにすることで、自らの漁撈権を行使できるようにしなくてはならなかった。また江戸幕府は利害関係を維持するために朝鮮人の竹島渡海禁止を外交的に解決せねばならなかったし、朝鮮後期の朝鮮と日本政府との間の外交実務ルートにおける位相を鼎立した対馬藩もまた自らの外交実務能力を証明せねばならなかった。

2) 日本の態度
 (1) 大谷家・鳥取藩

　1625年以後にも幕府と竹島渡海免許を中心に慣例化した大谷・村川両家との利害関係は1693年安龍福拉致事件で新たな転機を迎えざるをえなかった。幕府に献上する鮑などを採ることができなくなった懸案を解決するため安龍福を拉致した大谷家の態度はひたすら一つのことに集中していた。大谷家にとっては江戸幕府との関係を維持するために竹島(鬱陵島)渡海免許を不法に使用してでも鮑を安定的に採取できるような状況をつくるのが何よりも優先すべきことだった。また、1692年に次いで1693年にも鮑を採取できず手ぶらで帰らざるを得なかった大谷家としては幕府に献上できない責任を説明しなくてはならなかった。大谷・村川両家にとって安龍福の被拉は、渡海免許でもって幕府将軍を4～5年に一度会える特権を維持し、竹島での漁撈行為を通じて幕府に献上する鮑を確保しなくてはならなかった両家の課題が解決される一つの方法だったのである。こうした大谷・村川の態度は、竹島渡海禁止令が下りた後に生活していけないという嘆願を出している点からも確認することができる[39]。

　一方、鳥取藩は、竹島漁撈のために米子商人の村川・大谷両家に米と御成銀借用だとして丁銀を貸し、その値に相応する鮑をもらい、将軍や幕府の主要な高位官吏に献上品として捧げていた。大谷と村川の竹島の漁獲量の減少はそのまま鳥取藩の献上と結びついていたため、鳥取藩は安龍福被拉事件に無関係ではいられない立場にあった。大谷家と鳥取藩のこうした関係の形成

---

[39] 金柄烈・内藤正中共著、金寛元ほか訳(2006)前掲書、32～33頁

には隠岐国とそこを管轄した松江藩との紛争で関係が悪化していた時代像を反映している[40]。

　拉致された安龍福と朴於屯は隠岐の番所で調査を受けた後、米子に移され大谷家船主の家に拘留された。米子で鳥取藩の家臣である荒尾修理の取り調べを1ヵ月の間受けたが、その調査内容は鳥取藩の江戸藩邸に報告された。幕府の送還命令があるまで安龍福の一行は2ヵ月ほど米子に抑留され、その後長崎に出発する前に鳥取に移され1週間取り調べを受けた。このように幕府の命令で長崎－対馬を通じた送還決定が下される前まで安龍福と朴於屯は拉致された「犯罪人」として抑留生活をしていたのである。安龍福を犯罪者として認識していたことは「安龍福は険しく乱暴な人間だ」、「異客の中に乱暴な人間がいる」、「女性と子供は外に出ないこと」など[41]の表現でも知ることができる。

　一方、『増補東国文献備考』巻31、「輿地考」19、于山・鬱陵島条によると「伯耆州の太守が関白に稟議し提出した"鬱陵島は日本境界ではない"」とする書契を安龍福が伯耆州の太守から受けとったが、対馬で奪われたと記録されている。反面『星湖僿説』鬱陵島条には「(伯耆州)道主が江戸幕府に稟議し契券を作成し送った」と記録されている。安龍福が述べた伯耆州とは鳥取藩の勘違いであり、鳥取藩が安龍福一行に書契を与えた可能性は非常に低い。なぜなら書契は国家間の外交実務者の間でやり取りする文書で「礼曹判書(参議)→対馬藩主」の間で往来した外交文書のことをいうからである。また、対朝鮮外交を、対馬藩を媒介に進めていた幕府が鳥取藩の稟議を受けて書契を書くように命令したのは、当時の外交規礼に反することであるのみならず、鳥取藩では安龍福らを、漁撈権を侵した犯罪者として認識していたからでもある。ただし、1696年、渡日当時、安龍福が持参した物品のなかに文書があり、書き写しておいたという記録[42]を推し量ってみても、安

---

40) 金柄烈・内藤正中共著、金寛元ほか訳(2006)前掲書、186～187頁；大西敏輝著、権五葉訳(2004)前掲書、195頁。以後、安龍福と朴於屯に関する日本内の状況はこの著書から抜粋整理した。
41) 『竹島考』下；『因府年表』；朴柄渉ほか著、保坂祐二訳(2008)『独島＝竹島論争』報告社、100頁
42) 『元禄九丙子年朝鮮舟着岸一巻之覚書』「4年前癸酉年11月に日本から受け取った品物と文書(書付)を記録した本1冊を出したためすぐに書き写しました」

龍福が鳥取藩主や家臣から何らかの文書を受け取っていたものと推測できる。しかしそれは「書契」のような外交文書であるはずはなく、単純な始末書のような記録であっただろう。

　このように鳥取藩は大谷家が拉致した安龍福と朴於屯を幕府から許可された漁撈権を侵害した犯罪者として扱い抑留した。そして隠岐で調査した陳述書と1ヵ月に亘る米子での調査結果を土台にして幕府に「向後彼嶋江朝鮮人不参候様至シ、鮑をも前之通献上も仕度旨申達候処[43]」と要請した。鳥取藩のこうした態度のなかには日本の領土を侵犯した越境罪の認識はみられない。

(2) 幕府の態度

　江戸幕府の安龍福拉致事件の処理にはおよそ二つの段階があったといえる。

　最初の段階は、鳥取藩の要請を受けてから5月13日に対馬の江戸留守居を呼び、安龍福と朴於屯を長崎で引き取り対馬が送還するよう指示し、今後、朝鮮から竹島（鬱陵島）に漁民が魚を捕りに来ないように要請せよと命令したとき[44]である。対馬に下りた命令書にはこの他にも竹島が伯耆守の領内ではないことと、因幡州から160里ほど離れた鮑の名産地であり伯耆守が代々献上した「竹島鮑」が採れる場所であるという事実を併記している。江戸幕府の命令内容もやはり伯耆守が献上する竹島鮑が生産される場所に朝鮮の漁民が来て漁撈活動しないようにすることに重きを置いており、国境を侵した越境罪のような認識はみえない[45]。これは江戸時代に日本領土という概念が明確に定まっておらず、単に、各藩の領地に属しているかどうかについての如何のみを判断していたからである[46]。

　二番目の段階は、幕府が対馬に安龍福と朴於屯を送還させるようにと命令した後、鳥取藩に7項目[47]の事実を確認した1695年12月以後である。そ

---

43) 『御祐筆日記』（鳥取県立博物館）元禄5月15日條「池内敏（2006）前掲書278頁から再引用」
44) 『竹島記事』1巻、「江戸表田島十郎兵衛方より到来書状之略」
45) 『竹島記事』1巻、「江戸表田島十郎兵衛方より到来書状之略」
46) 保坂祐二（2007）「竹島渡海免許の不法性考察」『日本文化研究』13、東アジア日本学会、156頁
47) 幕府が鳥取藩に送った7項目の質問内容は①因州・伯州はいつから両国に付属されたのか。鳥取藩祖先の領地になる以前から、そこの付属であるのか、その後なのか。②竹島は大体どれくらいの島なのか、人が住んでいるのか。③竹島での漁業や産物採取はいつごろ行くのか、

れ以前に幕府は 11 月 25 日、対馬藩主の宗義真から、安龍福らの送還と竹島出漁禁止に対する朝鮮政府との外交交渉の内容について報告を受けていた。

　幕府が鳥取藩を通じて確認しようとしたことは、竹島がどの地域に属するのかということと、渡海免許による漁撈実態の確認、朝鮮漁民の竹島渡海状況などに関するものであった。つまり幕府は鳥取藩の報告と要請を受け入れ、朝鮮に竹島渡海禁止を要請するよう対馬に命令を下したこれまでの政策決定過程を再検討し始めたのである。こうした幕府の政策転換は、朝鮮の竹島渡海禁止に関する外交協商の結果が報告されたためである。鬱陵島と竹島が一つの島を指すという事実と、朝鮮政府の強硬な回答書契によって幕府は竹島渡海免許の発給を契機に、従来、慣行的になされていた大谷・村川－鳥取藩－幕府につながる「竹島鮑」の献上という連結関係を再検討せねばならなかったのである。朝鮮に竹島渡海禁止を要請しようとする外交協商を放棄し、その代わり日本人の竹島渡海禁止を決定することで安龍福の拉致と渡日をめぐる両国の外交的葛藤を縫合したのである。

(3) 対馬藩

　安龍福と朴於屯の送還業務命令を受けた対馬藩は、鳥取藩や江戸幕府とは違った。1693 年 5 月 13 日、送還業務と竹島出漁禁止の協商を命じられた対馬藩は、まず「竹島」という島に対する調査に着手した[48]。対馬の家老である杉村采女の命令で倭館にいた通事の中村加兵衛の調査によると、竹島は「ブルンセミ」で、鬱陵島を指すことだという事実を認知した。しかし幕府が竹島を鳥取藩に隷属した島であると認知し、朝鮮人の漁撈を禁じるよう命令したため、幕府の命令に背かず、また、朝鮮との協商を効果的に進める

　　毎年行くのか、たまに行くのか。どのような漁業をしているのか、渡海する船は数が多いのか。④ 3 ～ 4 年前に朝鮮人がこの島に渡り漁業を行っていた。そのとき、2 人の漁夫を人質にしたことがあるが、それ以前からあの国の漁夫はこの島に渡ってきていたのか。その後にはこれ以上渡ってきていないのか。⑤最近 1 ～ 2 年の状況はどうなっているのか。もう来ないのか。⑥以前島に渡ってきたとき、舟は何隻で乗組員は何人ほどで対抗したのか。⑦竹島以外に因州・伯州両国に属する島はあるのか。漁業または産物採取に両国人が渡る島があるのかなどである（大西敏輝著、前掲書 224 ～ 225 頁）。

48) 『竹島記事』巻 1、1693 年安龍福拉致事件と関連する対馬の態度については池内敏（2006）前掲書、第 8 章竹島一件の再検討に依拠しまとめた。

ための方案を講じなくてはならなかった。対馬は、拉致事件を解決するために派遣した橘真重が倭館に到着する前、それを知らせる先文頭倭との協議で、朝鮮政府が、竹島が鬱陵島と同じ島であるならば昔から朝鮮の土地だったため、そこで朝鮮人を逮捕するなどあってはならないことだという話に接した。それでも対馬は、鬱陵島を日本の竹島だというのは、壬辰倭乱以後、現在に至るまで朝鮮が鬱陵島の支配を放棄し、日本が長期間にわたり支配したという点を強調することで実効的支配を主張した。

対馬は、交渉の最初の段階から鬱陵島が竹島と同じ島を指すという事実を認知しており、交渉の前提条件として「鬱陵島＝竹島」は日本領を前提にしていた。こうした対馬の態度は鳥取藩と江戸幕府が取った行動とは違うものだった。漁撈行為禁止を達成しようとしていた安龍福の拉致問題が竹島の領属問題に転換したことを意味したのである。その後、対馬と礼曹の間に行われた外交協商が難航を繰り返すことになったのは、対馬の奸計を把握した朝鮮政府の対応が功を奏したからである。安龍福の送還と漁撈禁止に関する対馬との協商に対する朝鮮政府の態度を中心に対馬の状況をみてみよう。

3）朝鮮の態度

朝鮮政府が安龍福・朴於屯が捕まった事実を知ったのは1693年9月のことであった。

> （1693年）9月、竹島で捕まった2人を連れてくることについて奉行差倭が船に乗り風を待つということを知らせる先文頭倭が出てきたことを状啓した。回啓するに、「いわゆる竹島で捕まったことは以前、慶尚監司の状啓中に蔚山の船乗り2人が鬱陵島に上陸し倭人に捕まったということだが、その島は我が国の土地で、万一、船乗りの往来があっても元々日本が禁じることはできません。奉行差倭を決して接待してはいけないという意味で館守倭に厳しい言葉で叱り諭させねばなりません」といった[49]。

49）『邊例集要』巻1「別差倭」

これは竹島で捕まった2人を連れてくる奉行差倭が来るだろうという知らせを先に倭館に伝えるため派遣された先文頭倭についての問情報告である。安龍福の拉致について詳細な事実を知る前に朝鮮政府では、竹島で捕まえていった日本人の行為が妥当ではなく、そこは自国の土地でしばしば船乗りが往来していたことは認知していた。また不法な項目を挙げて別途の差倭を派遣するのは許容できないという態度をとった。
　その年の11月1日、竹島で捕まった漁民を連れてくる奉行差倭の橘真重が、奉進1名、侍奉2名、伴従16名、格倭70名と艀船都船主1名を連れて礼曹参判および礼曹参議、東莱府使と釜山僉使に送る書契を持参し釜山に到着した。これについて、

　　回啓するに、奉行差倭がすでに来られ交隣する道理においては接待せざるを得ず、接慰官を選び送られ、漁民らが頻繁に茂陵島およびほかの島に往来し、大きな竹の木を伐採したり、また、鰒魚を捕るというので一切禁断するのは難しいが、彼ら（日本）がすでに厳しい法令を立て禁ずると言っているので、わが国の道理において禁じざるをえません。今後、格別に勧告し彼らをして軽く出られないようにし、接慰官もこうした意向で言葉を選び答えなくてはなりません」とし、伝教があった[50]。

　橘は大差倭として朝鮮政府から接待された。朝鮮政府は規礼に反するため厳しく忠告するという立場を旋回したのである。もちろん、接待を許可したのは自国の民を2人引き渡してもらわなくてはならない状況だったためである。
　大差倭橘に対する朝鮮政府の接待許可過程で注目すべき点は、彼が持ってきた書契がほかの書契[51]とは違いを示していた点である。橘が朝鮮政府に提

---

50) 『邊例集要』巻1「別差倭」
51) 『同文彙考』附編、巻25、「島主押送竹島魚採人書」『肅宗実録』20年2月辛卯条にも書契の内容が要約されていたが「このことがたとえ愚かな百姓が私心から……」の箇所は記録されていない。

出した書契は次の内容である。

　　日本国対馬州太守平義倫が、朝鮮国礼曹参判大人閣下に捧げます。ごあいさつ申し上げます。貴国の安寧を願います。
　　わが国も安寧です。貴国の海辺の漁民がこのたびわが国の竹島に船でやってきてこっそり魚を捕ったのですが、あの場所は絶対に来てはならない所です。そのためわが国の官吏が国禁を詳細に教え再び来てはならないと厳しく忠告しみな帰りました。しかし今春にまた国法を破って漁民40名が竹島に入り乱雑に魚を捕っていくという話を聞き、わが国の官吏が漁民2人を捕らえ官庁に人質としてしばらく置き証拠にしようとしました。これにわが国因幡の長官が素早く前後事情を江戸に伝え、江戸では、その漁民をわが対馬を通じて本土に帰すようにし、今後からは決してその島に魚を捕る船が入ってくるのは許さないことを肝に銘じろとおっしゃいました。われわれは江戸のこの命令に従い朝鮮にお知らせいたします。…このことはたとえ百姓の私心から起こったこととはいえ実に大事です、両国の交誼に溝が生じなければどうして意図しない禍が生じましょうか。すぐに、政令を辺方の浦口に下し漁民に禁條を厳しく守るようにすれば近隣の国同士、末長く互いに親睦することになるでしょう……[52]

　橘が送った書契では犯越または越境のような問題に対する認識よりは不法な漁撈行為を問題にしたことがわかる。単に魚採を禁じてほしいと要請したのみで竹島が日本の領土であるため朝鮮人が犯越してはならないという立場をとっていないのである。これは先にみた大谷家が作成した書付[53]において、安龍福の拉致はわれわれが幕府から許可された渡海免許権を妨害されたからであり、それを防がないとわれわれの領地である竹島で得られる財物を略奪されるのと同じであるため、渡海免許を許可した幕府にこのことを処理して

---

[52]　『竹島考證』中「正しい歴史定立企画団編（2006）『独島資料集』Ⅱ」
[53]　『竹島考證』下

ほしいというものと同じ脈絡である。安龍福の拉致問題を処理した江戸幕府も対馬に送った第一次協商当時に領土の問題よりは漁撈禁止に関心を置いていたことは先述したとおりである。

　対馬の書契は平義真ではなく幼い藩主平義倫の名義で作成され、安龍福の送還が「幕府将軍の命令によってなされたこと」をはっきりと表現した。これは17世紀に韓日外交体制が整備されてから対馬が送る臨時使行である差倭のうちに幕府の命令を受けてきた場合、接待した前例がないとして無条件に許可しなかった例がなかったからである。そして書契の内容の中で「このことはたとえ愚かな百姓の私心から起こったことといえども、実際に起こったことは両国の友義にとって小さいことではない」ことを強調するなど、威嚇のような表現を使用している。

　これに対して礼曹参判の名前で送った回答書契をみると、

> わが国が、東海岸の漁民に遠方の海へ出られないようにしたのは、たとえわが国の境内にある鬱陵島といえども、遠いから任意に往来することを許さないとしたのに、しかもそれよりも遠いところなどどうしたものか。今、これらの漁船があえて貴国境内の竹島に入り煩わしく送還する手間をとらせ、遠方より書信で知らせてくれ、隣国と交際する情誼を実に喜ばしく思います。海辺の百姓が魚を捕り生計を維持するのだから海で漂流するかもしれない心配がないわけではないが、他国の国境を越えて深く入り、むやみに魚を捕るのは法によって当然厳しく懲戒せねばならないでしょう。現在、犯人らは刑律に依拠して罪に問われ、今後は沿海などに処罰条項を厳しく制定しこれを訓戒するようにする[54]。

とし、朝鮮政府が安龍福らを処罰するのは、基本的には遠方の海に出ることを禁じたもののそれを侵したからであり、併せて日本に送還させる手間と煩わしさを与えてしまったために、他国の境内に入り魚を捕るのを刑律で戒め厳しく論すことを約束している。

---

54) 『同文彙考』附編、巻24、「礼曹参判答書」

朝鮮政府は第一に、対馬から送還してきた安龍福らを「国境を侵犯した罪（犯境之罪）[55]」を犯したとものと認識しており、第二に、すでに竹島がわが国の領土であることを認知しているにもかかわらず「わが国の境内にある鬱陵島」と「貴国境内の竹島」という曖昧な表現を使用している。
　朝鮮政府が鬱陵島と竹島を別個の島に表現した理由は何であろうか。
　接慰官の洪重夏が接待のために釜山に下りて行く前に国王に謁見した際、左議政睦來善と右議政閔黯の陪席した席で議論した内容をみるとその端緒が理解できる。

> 　洪重夏が申し上げるには、「倭人が言う竹島はまさにわが国の鬱陵島のことであります。今、気にしないといって放っておくとそれまででしょうが、そうでないなら事前に明確に判別しなくてはなりません。また、もし向こうの人民が入ってきて暮らすようになったら、それは後日、心配の種になるでしょう」といい、睦來善、閔黯が申し上げるには、「倭人が民戸を移して来た事実ははっきりわからないが、あそこは300年間、空けて置いた土地なのに、これによって釁端を起こし友好を喪失するのは良い計策ではありません」というので王が閔黯らの言葉を受け入れた[56]。

　洪重夏の意見は竹島を放棄するなら関係ないが、そうでないなら将来を明確に予測し決定しなくてはならないし、また日本人が来て暮らすことになれば将来、心配の種になるというのである。これに対して睦來善と閔黯はこのことによって不満の素地になるのを憂慮していた。1678年、草梁倭館の完成と1682年の壬戌約条、1683年の癸亥約条などの締結によって対馬を通じた対日外交が安定している段階で、新たな葛藤の構造をつくるのはよい計策ではないというのである。こうした認識は1696年の安龍福の渡日を処罰する議論とも結びつくことになる。

55）『肅宗実録』19年11月丁巳條
56）『肅宗実録』19年11月丁巳條

表5　17世紀日本漂着朝鮮人数

時期	全羅道人	慶尚道人	合計	年平均
1621〜1630	81	35	116	12.6
1631〜1640	12	4	16	1.6
1641〜1650	145	122	267	26.7
1651〜1660	267	103	370	37
1661〜1670	241	58	299	29.9
1671〜1680	234	112	346	34.6
1681〜1690	516	406	922	92.2
1691〜1700	608	298	906	90.6

　また、ほかの理由は、安龍福・朴於屯がたとえ漂流民ではなくても増加する漂流民の送還体制とも関わるからである。すでに17世紀に漂流民は大幅に増加していた[57]。

　漂流民の数は1680年以後、年平均90名を超えていた。これらの送還のために対馬は漂差倭を派遣し、朝鮮政府はその接待経費をこしらえるため経済的な困難を負った。したがって朝鮮政府は1682年に漂民順付制度を施行し、1696年には、漂流民が死亡した場合、別途に差倭を送ることができないようにする規定を定めたのである。安龍福の事例は日ごとに増加する漂流民の安全を保障する問題とつながっていた。

　朝鮮政府が別々の島と表現した最後の理由は、安龍福と朴於屯を引き取る前であったからである。『増補東国文献備考』によると「ここに至り安龍福がその奸邪な状況をすべて暴露するかもしれないと怖れ、安龍福を長く監獄に閉じ込めておいた後、東莱に押送した。再び、倭館に閉じ込められたが、前後90日ぶりにようやく引き渡された[58]。これによると礼曹参判の書契が伝えられたのが1693年12月であったから書契を伝える頃にも安龍福は倭館に閉じ込められていたのである。結局、安龍福が完全に引き渡されるまで必

---

57)　李薫（2000）前掲書、表1と表5で抜粋整理した。
58)　『増補東国文献備考』巻31、「輿地考」19、于山・鬱陵島條、一方『星湖僿説』鬱陵島条には「対馬州はまたあの書契を奪い50日を拘禁し、東莱府から倭館に送ったが、倭館でまた40日を拘留し、東莱府に戻した」と記録されており、書契が伝達される頃に安龍福らが倭館に抑留されていたことがわかる。

要な外交的措置を取ったのである。

　このような判断のもと、鬱陵島と竹島を別個の島と認識できるように高度の外交的修辞で表現することによって拉致された漁民の安全送還という目的を達成する一方で、朝鮮政府には、不必要な領土問題を引き起こさないようにするための隠れた計算があったようにみえる。つまり「わが国の境内にある鬱陵島」と「貴国境内の竹島」という表現は、このような外交的政策判断からつけられた高度な修辞だったのである。外交的修辞で作成された朝鮮の書契をもって帰国した橘は、「わが国の境内にある鬱陵島」を削除して欲しいと要請し続けながら書契を受け取らなかったが、朝鮮が聞き入れる気配はなく、書契を修正してほしいと要求する名分が行き詰まった上、そのことが露わとなったので仕方なく対馬に帰って行った[59]。

　朝鮮のこうした対応は対馬では考えもつかないことであった。「鬱陵島（＝竹島）」を日本領にするという目的をもって始まった協商だったため、別々の二つの島として表現した朝鮮の回答書契は一見、自らの外交能力を疑わせる危険を内包していた。朝鮮の書契は鬱陵島と竹島を別個の島として認識していたため、一つの島という前提が少なくとも書契上では違うことになる。また、幕府が鬱陵島と竹島が同じ島だという事実を知った場合に朝鮮の回答書契をそのまま受け取るわけにはいかないからである。

　したがって橘が帰国したその年の5月に「竹島事件に対する回答書契を修正することを要請する差倭」として橘が朝鮮の回答書契を持参し再び渡航した[60]。橘が使節として渡海するという先文に接した朝鮮は「答書を受け取り帰った後に再び来るのは実に規定にないことであるため、常例に従い接待できないこと」を明確にした。また、第一次渡航の際に発給した書契とは異なる強力な内容の書契を送った。

　　わが国、江原道の蔚珍県に属す鬱陵島という島があるが、県の東海の真中にあり、波が険しく船道が便利ではないため、数年前に百姓を

---

59)『粛宗実録』20年2月辛卯條
60)『邊例集要』巻1、「別差倭」；『同文彙考』附編、巻26「島主争辣鬱陵島書」

移して土地を空かして、①随時官吏（公差）を送って守っておりました。……昔からわが国に伝えられてきた島であることは明らかです。今回、わが国の海辺の漁民がこの島に行ったところ、意外にも②貴国の人々が勝手に侵犯してきて遭遇すると、むしろわが国の人々を捕まえて江戸まで連れて行きました。……③一つの島を二つの名前で呼ぶ状況は単にわが国の書籍にだけ記録されているのではなく、対馬の人々もみな知っていることです。ところが今回来た書契の中に竹島を貴国の地方であるといってわが国をして漁船が再び出て行くのを禁じようとしており、④貴国の人々がわが国を侵犯してきてわが国の百姓を捕まえて行った過ちについては論じず、どうして誠信の道理に罅が入ることになりえませんでしょうか。心から望むことですが、こうした意味をもって東都に伝報し、貴国の辺方海岸の人々を繰り返し取り締まり、鬱陵島を往来し事端を引き起こすことがないようにするならば、互いに仲良くする義理においてこれ以上幸いなことはありません[61]。

　書契の修正を要請した対馬の要求に朝鮮は以前の書契とは異なり、竹島が朝鮮の土地であることを明確にし、自国の境内に入りわが漁民を捕まえていくことは過ちであるという回答書契を作成した。竹島に入ったわが民を「越境」と表現したのに比べれば、外交的修辞を放棄し朝鮮政府の意図を正確に表現したのである。差倭の橘が「侵犯してきた（侵渉）」「捕まえて行った（拘執）」などの改正を要求したが、接慰官の兪集一は冷静に拒絶した。

　朝鮮政府が、1回目の回答のときとはちがって鬱陵島と竹島が同じ島であり、朝鮮の領土であることを明確にし、自国の島に勝手に押しかけて漁民を捕まえて行った事に謝罪しなかったと詰責したのである。こうした態度の変化があらわれた理由は何であろうか。

　これについて朝鮮政府内部の政治勢力の変化を理由としてあげられる。橘が派遣される頃、朝鮮政府では甲戌獄事によって老論の政治勢力に代わり小論政権が成立していた。つまり小論勢力による対日強硬政策に転換したとい

---

61)『同文彙考』附編、巻26「礼曹参判答書」;『粛宗実録』20年8月己酉條

うことである[62]。強硬策のもう一つの要因は安龍福らの陳述にある。安龍福が鳥取藩とはちがって対馬での待遇が大変薄く、礼物と書契などすべて奪われたと陳述したことで、朝鮮政府は対馬に対し対馬藩が幕府に功を立てるために無理な行動をしたと把握したと思われる[63]。この他にも、第一次協商のときでさえも、朝鮮政府も空島である鬱陵島での漁撈行為によって両国間に外交的摩擦が起こりうるという点を憂慮していたためである。つまり拉致漁夫の送還と日毎増加する漂流民の処理問題が山積している状況の中で、この問題が領土問題に拡大することを望まなかったからである。だからといって対馬の書契のように竹島だけを表記すると、領土を放棄したようにみられるため「わが国の鬱陵島と貴国の竹島」という二重の表現を使用したのである。しかし再三渡航した橘が繰り返し鬱陵島の文言を削除するよう要請したことに対し、これは対馬の奸計で、それをそのまま放置した場合、鬱陵島に対する領有権問題が引き起こされるかもしれないという判断の下、強硬策に転換したものと考えるべきだろう。

このように朝鮮政府の強硬策への旋回は対馬に対する牽制の意味を内包していた。朝鮮政府が第二次回答書契を発給する際に、通常の外交手続き、つまり事前に書契の写本を送りその内容を検討した後、密封された書契を渡すのが常例であるにもかかわらず、口頭で書契の内容を簡略に説明するだけで、書契の写本を作成していなかった[64]。

鬱陵島に関する朝鮮政府の態度は、その年の9月に張漢相をして鬱陵島・独島を管理するようにし、1〜2年の間隔で島に暮らす百姓を捜討するという一連の対応にもつながる。対馬との外交交渉が領土問題に転換すると朝鮮政府は「鬱陵島＝竹島」が朝鮮領であることを明確にした一方、鬱陵島・独島に対する調査を行ったのである。

両国の張りつめた緊張感漂う意見対立で少しも解決の糸口が見えなくなると、対馬藩摂政の宗義真は次のような4項目の質問書を送った[65]。

---

62) ナム・キフン남기훈（2005）「17世紀朝日両国の鬱陵島・独島認識」『韓日関係史研究』23集、21頁
63) 宋炳基（2006）前掲書、152頁
64) 池内敏（2006）前掲書、290〜294頁
65) 『粛宗実録』21年4月甲辰條；『竹島考證』中；『竹島記事』元禄8年5月

第一、随時官吏（公差）を派遣し、往来捜索させているというが日本の漁民は一度も遭遇したことがないし、もし遭遇したならば貴国にも報告があったと思われるが、そうした事実は今まで一度もなかったのでその意図がわからない。
　第二に、「突然貴国の人々が勝手に国境を越えてきて」、「貴国の人々がわが国を侵犯してきて」という文言があったが、すでに78年、59年と30年前の3度の書信のなかには国境を越えたとか国境を侵犯したというような言葉はなかったのでその意図がわからない。
　第三に、「一つの島が二つの名で呼ばれるということは、ただわが国の書籍に記録されているのみならず、貴州の人々もみな承知しているところであります」としているが、なぜ前回の回答書契に「貴国の竹島」、「わが国の鬱陵島」と述べているのか。
　第四に、82年前の「礒竹島は実にわが国の鬱陵島」とした東莱府使の回答内容と「わが国の鬱陵島」、「貴国の竹島」とした内容とが合わないがその理由は何であるのか。
　宗は第一次交渉の時とは違って対馬は、「竹島と鬱陵島」についてそれ以前の事例をすべて挙げて問い詰めている。これについて朝鮮政府は各条項別に答える代わりに82年前、つまり1614年の事例を挙げて次のように回答した[66]。

　　貴州（対馬）から頭倭1名と格倭13名が礒竹島の大小様々な様子を探査する仕事で書契をもってきたが、朝廷ではこれを、無作法に境界を越えることだとして対応を許さず、ただ、東莱府使の朴慶業から答えるようにしました。大体、「いわゆる礒竹島という島は実にわが国の鬱陵島です。……願わくは貴州は土地に区分があるのをよく見て国境は侵しがたいものだということをよく知り、各々が信義を守り私利によって背くことがないようにと思います」という内容です。この書信はたとえ簡略ではあるが送っていただいた四つの疑問条項に対する返事を含んでい

66）『粛宗実録』21年4月甲辰條；『竹島考證』中；『竹島記事』元禄8年5月

ます。……その後、3度にわたり漂流してきた倭人がおり、鬱陵島に魚を捕りに来たといったり、竹島に魚を捕りに来たともいっているが、礼曹参議は書信で、その漂流民たちを船に乗せて貴島に戻したといいます。
　そして国境を越えたり（犯越）、国境を侵犯した（侵捗）と責めなかったのは前後のことが各々、それなりに意義をもっていたからでした。頭倭が来たとき信義で咎めたのは国境を侵犯しようという魂胆があったからです。船が漂流し、流されてきたときに無言で帰したのも……親しい隣国の礼儀で当然のことでした。そのことがどうしてわが国土を許容する意思からだったといえるでしょうか。……貴州の摠兵衛という人間が訳官の朴再興に言うには、『輿地勝覧』でみると鬱陵島はいかにも貴国の土地である」と言いました。この本はまさに貴州の人が早くから見た本であり、間違いなくわが国の人間が書いたものです。

　朝鮮政府は1614年の事例を挙げて対馬の四つの質問に答えている。これは過去に犯越などで責めなかったのは自分たちなりの意義があってのことであり、わが国土を許容する意思があってそうしたのではないという点を明らかにしている。また、第一次回答書契で、「貴国の竹島」と「わが国の鬱陵島」とした表現は礼曹の官員が古事に詳しくなかったためだと答え、朝廷がその失言を咎めたと明かした。朝鮮の答書が遅れると対馬に帰還するよう命令を受けていた橘は6月10日に乗船した。橘は答書を受け取れないまま帰路に就くことについて「羞恥と憤怒を抱き」ながら帰るところだったが、絶影島の海で風を待つ間に朝鮮の答書が届いた。答書をみた橘は東萊府に送る書信に罵りの言葉を書き連ねながら、朝鮮の答書内容を一つ一つ批判した。竹島が日本に属したのは80年前以来のことであるから82年前の書信では説明できず、そこに漂流した倭人を帰したことについての説明は窮する弁明に過ぎず、『輿地勝覧』もしかり200年前の書籍であるため80年前以来竹島で魚を捕っていた事実と公差派遣の証拠にはならない。そして礼曹の官員が誤って書いたという点に対しては、両国の大事に関する外交文書を朝廷が確認しないとは疑わしく、こうした朝鮮の答書を読んで帰国することになり

「非常に恥ずかしく」思うと詰問した[67]。

　朝鮮との外交協商を成功させるための橘の努力は、使節に定例的に支給されるすべての雑物を受け取らず、ボロを着て飯を乞う苦労をしてもその態度を変えなかった。橘のこうした強硬な態度によって「国の内外が物騒になっており壬辰年のような変乱が近々起こりそうだ」と噂が立つほどであった。

　橘の帰国後、宗義真の詰問四項に対する両国の外交交渉は水面下に沈むことになった。対馬の立場では「鬱陵島＝竹島」が日本領に属するという外交戦略の下に進めていた安龍福拉致事件が、結果的には「鬱陵島＝竹島」が朝鮮領だと明らかにした朝鮮政府の態度のみを確認するのに留まってしまった。

Ⅳ　1696 年　安龍福の渡日と韓日関係

1．江戸幕府の竹島渡海禁止命令

　1693 年、安龍福・朴於屯の拉致問題が朝鮮政府の書契改正要請問題で、差倭の橘が特別に得るものもなしに 1695 年 6 月に帰国した後、1696 年 1 月江戸幕府は竹島渡海禁止を鳥取藩と対馬藩に命令することになる。

　安龍福を送還した当時、最初の回答書契に書かれた対馬との再協商がむしろ鬱陵島と竹島は同じ島で安龍福を連行したのは不法な行為であるとした朝鮮政府の強硬な態度に直面したことで、送還および朝鮮人の竹島渡海禁止協商を担当した宗義真は、これ以上この問題を隠すことができなかった。

　宗義真が報告した交渉内容について幕府が注目したのは、竹島と鬱陵島というのが一つの島に対する異なる名称であり、このすべてが朝鮮の領土だという朝鮮の回答内容と、『輿地図書』と『芝峰類説』の内容であった[68]。対馬の報告は当時まで安龍福の拉致事件に対する幕府の判断に問題があったこと

[67) 『粛宗実録』21 年 4 月甲辰條；『竹島考證』中；『竹島記事』元禄 8 年 5 月
[68) 『竹島記事』巻 3、11 月 25 日・28 日

を認知させうるものであった。ただ、漁撈権が妨害されるのを防ごうとしたのが領土問題にまで拡散されたのであった。このために幕府は鳥取藩に竹島についての質問書（御尋之御書付）を送った[69]。7項目になっていたこの質問書の核心内容は竹島がいつから因幡と伯耆に属し、その時点が鳥取藩主の領地になった以前なのか以後であるのかというものだった。そして安龍福を拉致した後の状況と竹島以外に領属されている島があるのかなどであった。これに対して鳥取藩は「竹島は因幡と伯耆の付属ではありません」と前置きした一方で「（因幡、伯耆両国に属する島は）竹島と松島（独島）、それ以外に両国に属する島はありません[70]」とし、場合によっては竹島と松島以外の島はないとも受け取られる曖昧な返答を送った。

朝鮮との交渉内容と鳥取藩の返答を通して幕府が下した結論は「隣国と友好関係を損傷させる程度の価値はないもの」であるため、島の領有問題で争わず、日本人が竹島に行くのを禁じることが互いの平和友好関係の維持につながるというものであった。

> 竹島について明確にはわかっていない。伯耆国の人たちも渡海し漁撈をしているというが……以上のような理由で渡海し漁撈をしたにすぎず、朝鮮の島を日本が取ろうとしたのではない。島に日本人が住んでいるわけでもない。……また、万一日本人居住者がいるなら当然こちらが取らなくてはいけないほどの島であるから、今更渡すことなどできないが、そうであるという証拠もないので……竹島に関する件はさっぱりと諦めることにした。毎年行っていたことが行かなくなった。外国人（朝鮮

---

[69] 幕府が鳥取藩に下した質問書と鳥取藩の答弁内容は大西敏輝著、権五葉・権正訳（2004）前掲書、224〜226頁による。

[70] 「竹島松島其外両国之付属ノ島無御座候」の意味を「竹島・松島は（もちろん）そのほかに（いかなる）両国の付属島もありません」と解釈（李薫（1996）「朝鮮後期独島領属論争」『独島と対馬』知性の泉）しており、日本で理解している「竹島と松島以外に両国に属する島はない」という解釈と反対の意味になる。鳥取藩のこうした答弁は場合によって、つまり状況の変化によって渡海免許が許可される場合に備えてどちらにも解釈される可能性を開いている答弁だと判断される。最初の条項に対する答弁、つまり竹島と松島は因幡と伯耆のどちらにも属さないという答弁と結びつけてみると、韓国側の解釈と同じ「竹島と松島そしてそれ以外のどのような島もない」という意味で把握するべきだろう。

人）の渡海があったから、二度と渡海しないように命令せよという老中土屋相模守様のお言葉があり、基本的には禁止することにした。……これから日本人は渡海しないようにするというのが将軍のご意向だと、上で決まったのだからというので「では竹島を返してやるというお言葉ではありませんか」と尋ねると、いかにもそうであるという。元々奪った島ではないので返すというのは道理に合わない。こちらをずっと見守りながら沈黙していた頃のことで、こちらからは絶対何も言えない事柄である[71]。

つまり領土問題に拡大した安龍福拉致事件と竹島渡海に対し、領土であるか否かを判断せず単に漁撈禁止だけを考えていた幕府が、拉致事件の本質を認知して下した最善の政策的判断で、日本領土だとも、朝鮮領土だとも宣言しない新たな解決法[72]を提示したのである。鳥取藩も「（竹島が）我藩の支配地たるにも非ざるを知るに及び、むしろ事端を発生せず、無事に問題を落着せしむとせしものの如し[73]」と判断していた。

幕府の命令は 1696 年 1 月 18 日、土屋政直、戸田忠昌、阿部政武、大久保忠朝など老中 4 人の連名で鳥取藩に伯耆商人の渡航を禁じた奉書として伝達された。同月 28 日には対馬藩を摂政していた宗義真にも伝えられた。

このように竹島が鳥取藩に属するという前提の下に出発した幕府の政策は、朝鮮と対馬の外交交渉によって竹島の領属問題に拡大すると、竹島の領有についての韓日外交協商を中止し、その代わりに日本人の竹島渡海を禁ずるというものに変化したのであった。このように江戸幕府の安龍福拉致事件に対する認識ははっきりと定まっているものではなかった。拉致された顛末の報告を受けてから朝鮮に渡海禁止を要請するようにした幕府の決定は、幕府が正確な情報を確保していない状態で下した早まった決断であった。送還交渉

---
[71] 「日本海内竹島外一島地籍編纂方向」『對馬文書』第 1 号、元禄 9 年 1 月 28 日；金柄烈・内藤正中共著、金寛元ほか訳（2006）前掲書、200～201 頁再引用
[72] 大西敏輝著、權五葉・権正訳（2004）前掲書、227 頁
[73] 「竹島渡海禁止渡海沿革」『鳥取藩史』第 6 巻、473 頁（ナム・キフン（2005）前掲書、30 頁から再引用）

表6　1969年安龍福一行の渡日の行跡

日時	主な行跡
1969年1月28日	竹島渡海禁止令命じる
春	安龍福蔚山に赴き渡日を準備する
3月18日	蔚山を出発し夕刻に鬱陵島に到着
5月5日	伯耆州赤崎浦に到着した後、東進している途中に座礁
5月8日	青谷津に停泊
5月12日	鳥取藩の御普請奉行を訪問
5月18日	于山島を経て隠岐に到着
5月20日~22日	隠岐の左藩役人中瀬弾右衛門・山本清右衛門の取り調べを受ける
5月22日	民家で訴状草案を作成する
5月23日	石州御用所に報告、鳥取藩にも報告される（6月2日）
6月4日	于山島を経て隠岐に到着
6月21日	加路港東善寺に留宿
6月23日	鳥取藩城下町会所に移拠
7月7日	幕府覚書作成（船舶の監視、上陸不許可、対馬藩通訳派送）
7月10日	対馬藩通事を鳥取藩に派遣せよという幕府命令を受ける
7月24日	幕府の覚書到着
8月1日	幕府、帰国させるように鳥取藩に指示
8月6日	竹島渡海禁止令を大谷・村川の両家に伝達
8月29日	安龍福ら襄陽県に帰国、逮捕
10月	対馬奉行らが訳官に文を送付
1697年3月	安龍福ら定配

の過程で領土問題が露呈し、関連事実を確認した後に日本人の渡海禁止命令をもって事件を曖昧にしようとしたことだけをとっても、自らの政策的失敗を認めたようなものである。

2．安龍福の渡日と帰国

　鬱陵島に対する日本の渡海禁止令が朝鮮に伝達される前、安龍福など11人が船に乗り、5月18日（日本暦）に隠岐を訪ねる事件が起こった。日本人が竹島に引き続き渡海する問題で伯耆州に訴訟しようと渡日した安龍福一行

の日程をまとめると〈表6〉のようになる[74]。

　1696年、安龍福の渡日から帰国までの行跡は1693年の時と大きく違っているだけでなく、朝鮮後期の韓日外交体制においても非常に特異な事例である。安の渡日と帰国過程であらわれた特徴を次のようにまとめてみた。

　まず、漂着民は対馬を経由して送還するように定めた規定を無視し、安龍福一行を江原道襄陽に送らせ、差倭が随行できないようにした点である。3年前に安龍福が連行された時には長崎に送り、対馬藩主をして送還させた前例があるにもかかわらず、その措置を取らなかったということである。しかも安龍福が3年前にも来たということを明かしたが、全く違う方法で帰国させた。「鳥取藩→長崎→対馬→釜山倭館」ではなく「蔚山→竹島→隠岐→鳥取藩→江原道襄陽」の道を選択したのである。

　このように幕府が安龍福一行に対して、長崎に送り訴訟させる原則を守らず、そのまま帰国させた理由は何であるのか。既存の研究によれば幕府の決定には対馬藩の役割が主に作用したという。対馬が幕府の竹島渡海禁止令を朝鮮政府に迅速に知らせていない状況の中で起った事件で、下手をすると罪を免れ難かったという指摘である。また、竹島渡海禁止令がよもやすると安龍福の請願によってなされたものと映る危険があり、そうなれば後日禍根を残すことになりえたというものである[75]。

　大久保加賀守が松平伯耆守に送った文書をみると、長崎と対馬を経ずまっすぐに帰国させるようにした理由は「対州之外にては朝鮮国の儀、取次不申御大法に候間[76]」だという。そしてこうした指示があったのは宗義真が使臣の加嶋権八を送ってロビー活動をさせたからだという。

　安龍福の渡日事件に対する幕府と対馬の協商態度は、1696年10月、宗義真と島主の襲封を祝うために対馬にやって来た問慰訳官の卞廷郁に差し出した文書によくあらわれている。

---

74) 宋炳基（2006）前掲書、160～174頁から抜粋整理し、8月29日以後を除いた日にちはすべて日本の暦である。
75) 川上健三（1966）『竹島の歴史地理学的研究』古今書院、165頁
76) 川上健三（1966）前掲書、165頁

口上書
　　今夏、朝鮮人11名が1隻の船に乗り訴訟することがあると因幡に来たが、朝鮮に関する公務はすべて対馬太守が一任されており、絶対にほかの場所で取り扱わないのが国法であるため、訴訟する理由を聞かずに追い返したという話を老中が私たちにしてくれて驚きました。昔から互いに合意したことがあるのに、こちら側（対馬）を除いてほかの場所で訴訟があると話したことについて、上の方たちは一体どのようなお考えをお持ちなのか憂慮され、いてもたってもいられませんでした。これが朝廷から公式に訴訟するために送ったものだとしたら不当極まりないことです。必ず、使者を通して了解を得なくてはならないことでしたが、もしかすると下の人間たちがしでかしたことかもしれないと思い辛抱しています。これからこうしたことがあれば、朝鮮国のためにも決してよいことではないので、この意を朝廷に必ずお伝えください。以上

　口上書に接した問慰訳官の卞らが漢文で作成して欲しいと公式に要請したことに従い対馬は下記のように清書し、対馬の年寄が連書した後、朱印を捺印した。

　　帰国人11名が今夏、因幡に来て帆を下ろしました。（ところが）両国間に通交することのできる道は唯一、対馬州1カ所だというのが昔から両国が結んだ固い約条であるため、今回のことがこの約条と少なからず関係があると言い聞かせ因幡に命令して直ちに帰すようにしましたが、（安龍福らが）受け入れず啓するといってききませんでした。わが対馬州が両国間の通交を担当してからずいぶんとなりました。今回の事はわが対馬州を捨てほかの道を探ったことになるのです。両国の約条を違反し私的な計画を立てたのです。もしこのことが議政府の命令を受けてしたことなら当然、使臣を派遣しその理由を問うのが当然でしょう。しかし、議政府で事理を突きとめ、国体を明白にし誠信の心でこのことを明らかにするなら、これをどうして貴国だけの問題として軽く考えられましょうか。したがって問うことはしません。貴国が命令を厳しく宣布し私的

な紛争の芽がむやみに生じないようにし、両国間の友好のために努力されることを願います。訳官にこのことを聞かせて帰すようにしました[77]。

　安龍福らの渡日に関する外交的な公式立場は、対馬を通さない外交交渉は許可しないという点と、安龍福が日本に来たのが議政府、つまり朝鮮政府の公式指示によるものなのか、あるいは下の人間の任意で行われたことなのか憂慮するということであった。
　一方、対馬は安龍福一行が帰国した後にこの問題を老中から伝え聞いたと説明しているが、この件は自らを中心に韓日外交を引っ張っていこうとする対馬の意図が含まれた表現であった。つまり安龍福の渡日に対し、対馬は関与していなかったという事実と幕府の対馬を通じた外交ルートがあるため安龍福らが訴訟しようとした内容すら聞かずに、そのまま帰国させたという点を強調することで自らの位相を定立させようとする目的が込められた表現なのである。
　次に、通信使行を除けば17世紀後半に日本の本州に行った事例がなく、問慰行の場合、対馬にだけ派遣された点を鑑みるとき、「朝鬱両島減税将」を称して鳥取藩に来た安龍福一行に対する処遇が曖昧だったという点である。隠岐での安龍福の処遇は1693年とは明確に区分されている。

　　（安龍福から文書で）……朝鮮では他国の船が来ると食事でもてなすが、ここではそうしないのかと尋ねたといいます。庄屋が言うには、ここでも他国の船が風を避けて来れば飯米など必要な物を調達するが、今回はそちらから鳥取の伯耆守様に訴訟をするためきたのだから、飯米などを準備して来なかったことは非常におかしなことです[78]。

　日本では訴訟するために来たという点に注目していた。そのため安龍福一行が食べる米を準備してなかった点について奇異に思っていたのである。幕

---

[77]『竹島考證』中、1696年第11号；『同文彙考』附編、巻26「馬島奉行等以漂民事興任譯書」
[78]『元禄九丙子年朝鮮舟着岸一巻之覚書』孫承喆（2005）「1696年安龍福の第二次渡日供述資料」『韓日関係史研究』24から再引用。

府もやはりこの一行について対馬藩の通訳官を送るので、乗ってきた船をしっかり監視し、上陸させないように指示していた[79]。対馬藩の通訳官の派遣を命令した後、20日にもなる前に幕府は、安龍福一行をそのまま帰国させるように鳥取藩に命令した。

最後に、『元禄九丙子年朝鮮舟着岸一巻之覚書』には、安龍福一行に対する鳥取藩と幕府の措置内容が詳細に記録されていない。少なくとも現存する記録によると渡日した安龍福の処理問題について傍観的な態度をとっていたことがわかる。日本人の竹島渡海禁止という原則を立てていたため、安龍福の渡日と鬱陵島渡海禁止要請の件はこれ以上議論の対象ではなかったのである。そのため安龍福の渡日事件を契機に竹島(鬱陵島)をめぐる韓日外交の主導権を自分たちに移そうとした対馬の外交戦略として活用されたのである。対馬が問慰官に差し出した上記の口上書はそうした目的で作成されたのである。

このような対馬の外交戦略が彼らの意図通りに進んだわけではなかった。卞ら問慰官が帰国したのち、礼曹参議の名義で送った回答書契[80]をみると「(鬱陵島がわが土地であること)たとえ、初めは貴州(対馬)が誤解していたとしても後にはよくわかるようになりました」、「貴国において命令が下り永遠に魚を捕りに行くのを許可しないという志を丁重に書信に記されたので……わが国はこれに対し鬱陵島がわが国の土地であるため、官吏を送り時々見回りながら両国の人間が互いに殺したりすることがないように厳しく見張る」とし、併せて「送ってくださった奉行の文に"老使君が直接教えてくださった"という言葉が出るが、これからは一介の官吏が書信を送ることがないようにしてください」などの内容が含まれていた。安龍福の事件から出発した鬱陵島問題に対し朝鮮の土地であることを今一度はっきりと提示したのである。

朝鮮の回答書契に対し対馬は「わが国鬱陵島」、「貴州が初めから誤解していた」、「諸奉行」などの文言に対し改正を要求した。これに対し朝鮮は最初

---

79) 『竹島考』下、「朝鮮渡海使船于本藩」;宋炳基、前掲書、167頁
80) 『竹島考證』中、丁丑年4月礼曹参議の書契

に、対馬が初めから誤解していたという文言だけを削除したが、対馬からの再度の改正要求を受けて諸奉行の文言を追加削除しただけで、鬱陵島がわが国に属するという内容は変更しなかった。

これをもって 1693 年、安龍福の拉致から始まった竹島（鬱陵島）をめぐる韓日外交協商は終わった。朝鮮は「鬱陵島＝竹島」が朝鮮の土地であることを明示し、対馬は韓日外交において自らの位相を維持することができ、幕府は日本人の竹島渡海禁止決定で竹島の隷属問題をめぐる韓日間における外交紛争の拡散を防いだのである。

一方、帰国後の安龍福についての処罰議論がどのように進んだのかをみてみよう。

安龍福の処罰に対し領議政柳尚運は対馬を介して送還しなかったということと、文書を対馬に送らずに直接伝達したことはよくないことだったので渡海訳官が戻った後に処断すると主張し、刑曹判書金鎮亀は安龍福が伯耆州にすでに訴訟したことを対馬州が後日わかると対馬を通さないほかの通路があるかとわれわれを疑うだろうから、渡海訳官をして先に通報させ、その返答を聞いた後で論断しなくてはならないと主張した。ほとんどの大臣の悩みは対馬を通さない安龍福の事案について対馬がどのように考えるかというものであり、対馬に通告するのが誠信に通ずるという態度を取っていた[81]。

一方では鬱陵島・独島問題をめぐる交渉において対馬の奸計を警戒するためにむしろ安龍福を誅殺することは大きな利益にならないので、対馬をして朝鮮政府が対馬ではないほかの通路で日本と交渉できるという点を前面に押し出し不安を抱かせるのだという意見も開陳された[82]。

こうした朝廷の大臣の多様な意見は、朝鮮後期韓日関係において対馬の位置と役割をどのように規定するのかについての認識の違いに起因する。つまり従来のような関係性、対馬を媒介にする外交体制の持続的な運営を前提とするが、対馬が勝手に外交業務を処理できないようにするという強硬・穏健策によって区分できる。対馬に対する友好的立場を取る際、通告後の処理、

---

81) 『承政院日記』22 年 9 月 27 日
82) 『承政院日記』22 年 10 月 13 日；『粛宗実録』22 年 10 月丙申條

誠信に合致すと言及はするが、鬱陵島・独島交渉における対馬の役割に否定的な側面においては対馬に新たな外交ルートが可能であるという緊張感を与えなくてはならないという立場を取るものである。

V 結論

　壬辰倭乱と丁酉再乱で断絶した韓日関係が1607年の回答兼刷還使の派遣と1609年の己酉約条の締結によって再開するに至った。侵略によって断たれた外交の再開はこのために最初から朝鮮の主導で進められ、「東莱府－対馬」を通じた間接外交方式を採択することになった。以後、17世紀には韓日外交に関する諸般の規定がつくられるようになり、諸般の規定は倭館を中心にする通交貿易関連規定に集中され、互恵的な関係としては韓日間に頻繁に起こる漂流民の処理問題が主要な問題であった。安龍福事件が起こった1693年以前に倭館の移転と通交規定が整備されるにしたがい、両国の主要な規定が完備したのである。
　1693年に起こった安龍福の被拉事件と1696年の安龍福渡日問題は韓日外交体制が整備された後に発生したため、通常の外交処理手続きによって解決されなくてはならない事案であった。1693年に拉致された安龍福が漂流民の送還手続きで正常に処理された点に比べ、1696年の安龍福渡日問題は規礼から外れる異例な措置であった。
　安龍福の被拉事件に対し朝鮮政府は最初、拉致された朝鮮人の安全な帰還を前提に両非・両是論的な態度を取った。しかし帰還後には、鬱陵島と竹島が同じ島で朝鮮領土であるという立場を確固として維持した。こうした朝鮮の態度は鬱陵島と竹島が長期間空いていたため日本領にしようとした対馬の意図通りには安龍福の事件が処理されなかったことを反証することになる。安龍福問題が韓日間の外交的膠着状態になったのは、この事件に対する朝鮮と対馬、幕府、鳥取藩などの関連者の意図と目的が互いに異なっていたからである。

竹島渡海は大谷・村川両家と鳥取藩、幕府の三者の利害関係が形成され推進されたものである。大谷・村川が竹島に渡海し漁撈できる権限を確保する代わりに幕府に竹島鮑などの特産物を献上する相互利益の結び付きが形成されていたのである。このために幕府は安龍福を拉致した後、朝鮮人が竹島に渡海できないようにし、自らの漁業権が維持できるように要請した鳥取藩に対し、事件の前後をはっきりと調べず朝鮮に送還し、朝鮮人の竹島渡海禁止を要請するようにしたのである。こうした幕府の態度とは異なり対馬は外交協商のために竹島が鬱陵島なのか、そうでなければ別の島であるのかについての正確な情報を必要としていた。そして同じ島であるという認識の下、この問題が自らに有利に展開できるように努力した。対馬のこうした態度は朝鮮政府からすでに奸計として把握されていたため順調に進めることはできなかった。

　安龍福拉致問題と朝鮮人の竹島渡海問題が両国間の領土問題に拡大していくことで外交交渉が膠着状態に陥ると、仔細な状況を報告された幕府は鳥取藩に対し竹島についての情報を確認し、結局、竹島に対する領有権の問題に拡大させるよりも日本人の竹島漁撈禁止で事件を縫合しようとした。この過程で安龍福が1696年5月に再渡日し、訴訟するという事件が起こったのである。幕府においてすでに政策的判断が完了した後のことだったので、安龍福を正常な外交ルートを通じて送還し、再び交渉しなくてはならない煩わしさを避けるためそのまま帰国させてしまったのである。そして対馬は安龍福の渡日の件を契機に窮地に追いやられた竹島交渉の主導権を握ろうと試みたが、終始一貫、鬱陵島の朝鮮領有を強調した朝鮮政府の態度によって成功できなかった。安龍福の拉致・渡日問題は相互間の友好関係を維持しなくてはならないという朝鮮政府と対馬・幕府の基本態度が変えられない状況の下に置かれていた。日本領地であるのか朝鮮領地であるのかに対する協商結果なく日本人の竹島漁撈禁止を決定した幕府の態度と、鬱陵島の朝鮮領を再三確認し両国の衝突が起きないようにしようとする朝鮮の政策判断が合わさって最善の結果を導き出すことになったのである。

文献

『増正交隣志』

『接倭事目抄冊』

『回謝差倭謄録』

『邊例集要』

『同文彙考』

『肅宗實錄』

『増補東國文獻備考』

『星湖僿說』

『承政院日記』

『竹島考』

『元禄九丙子年朝鮮舟着岸一卷之覺書』

『御祐筆日記』

『竹島記事』

『因府年表』

『竹島考證』

『古事類苑』

김병렬・나이토 세이츄 공저, 김관원 외 역 (2006)『한일전문가가 본 독도』다다미디어

남기훈 (2005)「17세기 朝・日 양국의 울릉도・독도인식」『한일관계사연구』23집

손승철 (1994)『조선시대 한일관계사연구』지성의 샘

손승철 (2005)「1696년, 안용복의 제2차 도일 공술자료」『한일관계사연구』24

송병기 (2006)「안용복의 활동과 울릉도쟁계」『역사학보』제192집

양흥숙 (2009)「조선후기 東萊 지역과 지역민의 동향」부산대학교 박사학위논문

오니시 토시테루〔大西俊輝〕저, 권오엽・권정 역 (2004)『독도』제이앤씨

尹裕淑 (1999)「約条にみる近世の倭館統制について」『史観』138

이훈 (2000)『조선후기 표류민과 한일관계』국학자료원

이훈 (2007)「조선후기 동래부와 왜관의 의사소통」『한일관계사연구』27

장순순 (2001)「조선시대 왜관변천사 연구」전북대학교 박사학위논문

호사카 유지 (2007)「다케시마(竹島) 도해면허의 불법성 고찰」『일본문화연구』13

홍성덕 (1992)「17세기 별차왜의 도래와 조일관계」『전북사학』15

홍성덕 (1997)「17세기 대일외교정책 학립 과정과 그 성격」『전북사학』19・20집

홍성덕 (2000)「조선후기 대일외교사행 문위행 연구」『국사관논총』93

池内敏 (2006)『大君外交と「武威」』名古屋大学出版会

川上健三 (1966)『竹島の歷史地理學的研究』古今書院

高宗と李奎遠の于山島認識の分析

保坂祐二［世宗大学］

I　はじめに

　高宗は 1882 年に李奎遠を鬱陵島検察使に任命した後、李奎遠が鬱陵島に発つ前に謁見した。この時の対話の内容をみると、高宗と李奎遠は于山島に対し大きな認識の違いをみせていた。筆者はすでに 2 人の于山島認識の違いについて詳述したことがある[1]。その論文の論旨は、高宗は独島を于山島と認識していたが、李奎遠が于山島を鬱陵島の別名だと主張したために高宗が李奎遠の意見を収斂して鬱陵島を「于山島（＝鬱陵島本島）、竹島、松島」という三つの島の総称としてまとめ、その高宗の認識が後に大韓帝国勅令第 41 号の土台となったという内容である。

　ところが当時の論文では高宗と李奎遠の于山島認識がなぜそのような違いをみせたのか、言い換えれば、彼らの認識の土台となった資料は何であったのかについては考察しなかった。

　この論文の目的は高宗と李奎遠の于山島認識の土台となった資料を提示することで、現在、日本政府が主張している内容、つまり于山島とは独島ではなく鬱陵島のもう一つの名前であるという内容を批判、克服することにその目的を置く。この内容を研究した先行研究はないが、単行本の中で『わが歴史独島』（2009）[2] を先行研究として位置づけられるだろう。

---

[1]　保坂祐二（2007）「第 5 章－3．高宗と李奎遠の独島認識分析」『独島領有権に対する韓日及び周辺国の認識と政策の比較研究』韓国海洋水産開発院、130 ～ 141 頁
[2]　保坂祐二（2009）『わが歴史独島』冊問

Ⅱ　高宗と李奎遠の対話にみる于山島と松・竹島

　まず高宗と李奎遠の于山島認識の違いを分析するために『高宗実録』に出てくる2人の対話文を見ることにしよう。

　　　検察使　李奎遠を召見した。辞陛をしたためだ。
【御上聞に】
「鬱陵島には近来、他国人がいつでも往来して勝手に便宜を企図している悪事があるという。そして松・竹島と芋山島は鬱陵島のそばにあるが、その離れている距離がどれくらいなのか、またとのようなものが採れるのか子細にわかっていない。今回其方が行くことになったのは特別に考慮して差任した故、格別検察せよ。そしてこれから邑を作る考えなので、必ず地図と一緒に別單に子細に記録し報告せよ」とおっしゃると、
【李奎遠が申し上げるに】
「芋山島はまさに鬱陵島であり、芋山とは昔の芋山国の国都の名前であります。松・竹島は一つの小さな島ですが、鬱陵島と離れた距離は三数十里ほどになります。ここで採れるものは檀香と簡竹だといいます」といった。
【御上聞には】
「芋山島ともいい松・竹島ともいうがみな『東国輿地勝覧』に載っている。そしてまたあるいは松島・竹島ともいうが芋山島と一緒にこの三つの島を通称鬱陵島と呼んだ。その形勢についても調べよ。
　鬱陵島は本来、三陟営将と越松萬戸が交代しながら検察した場所だが、ほとんど疎かにしたと言わざるをえない。ただ外部だけ巡検して戻ってきたため、このような弊害があった。其方は必ず詳細に調べるように」とおっしゃると、
【李奎遠が申し上げるに】
「しっかりと検察いたします。ある人は松島と竹島は鬱陵島の東側にあ

るといいますが、これは松・竹島のほかに松島(ソンド)と竹島があるのではありません。」

【御上聞には】

「もしや前に検察した者の話を聞いたことがあるか？」

【李奎遠が申し上げるに】

「以前に検察した人に会ったことはありませんが、大体の内容を伝え聞きました[3)]」

上記の引用文にあらわれた高宗と李奎遠の于山島認識をまず分析してみよう。

１．高宗の基本的な于山島認識

高宗は「松・竹島と芋山島は鬱陵島のそばにあるが、互いに離れている距離がどれくらいになるのか、またとのようなものが採れるのかよくわからない」と述べている。高宗は鬱陵島（＝鬱陵島本島）のそばに松・竹島と于山島という島があると認識しているのだ。ここで高宗が述べた松・竹島とは現在の竹島（鬱陵島東側のおよそ２キロにある小さな島）のことのようだ。そして于山島は独島を指すものだと思われる。于山島の漢字表記は元々于山島であるが、ここで芋山島と表記されているのは記録者の誤りだろう。高宗は松・竹島と于山島が鬱陵島からとれくらい離れているか知らないと述べた。当時、まだ正確な測量が行われなかったため高宗は「鬱陵島－竹島」間の距離、「鬱陵島－独島」間の距離についてこのように述べたのである。そして

---

3) 『高宗実録』巻19、19年（1882任午）4月7日（任戌）、"初七日．召見檢察使李奎遠．辭陛也．教日：" 鬱陵島，近有他國人物之無常往來，任自占便之弊云矣．且松竹島，芋山島，在於鬱陵島之傍，而其相距遠近何如，亦月何物與否未能詳知．今番爾行，特爲擇差者，各別檢察．且將設邑爲計，必以圖形與別單，詳細錄達也．" 奎遠日："芋山島卽鬱陵島，而于山古之國都名也．松竹島卽一小島，而與鬱陵島，相距爲三數十里．其所産卽檀香與簡竹云矣．" 教日："或稱芋山島，或稱松竹島，皆《輿地勝覽》所載也．而又稱松竹島，竹島，與芋山島爲三島統稱鬱陵島矣．其形便一體檢察．鬱陵島本以三陟營將，越松萬戶，輪回搜檢者，而擧皆未免疎忽．只以外面採來，故致有此弊．爾則必詳細察得也．" 奎遠日："謹當深入檢察矣．或稱松島，竹島，在於鬱陵島之東，而此非松竹島以外，別有松島，竹島也．" 教日："或有所得聞於曾往搜檢人之說耶？" 奎遠日："曾往搜檢之人，未得逢著．而轉聞其梗槩矣．"

その島でどのようなものが採れるのかについても知らなかった。結局、高宗は李奎遠に鬱陵島と小さな島々の距離、そしてそこで採れる特産品について調べるように命じた。
　この段階で高宗は于山島と鬱陵島を別個の島として認識している。こうした高宗の于山島に対する認識は『高麗史地理志』(1451)、『世宗実録地理志』(1454)、『東国輿地勝覧』(1481)、『新増東国輿地勝覧』(1531)などにある記録や附図に立脚しているといえる。高宗は自身の話の根拠に『東国輿地勝覧』を挙げた。
　そのほかにも『東国文献備考』(1770)、『萬機要覧』(1808)などに出る文言、「鬱陵島・于山島すべて于山国の土地、于山は倭のいう松島である」という文言に影響を受けていた可能性も排除できない。結局、高宗は鬱陵島の隣に松・竹島と于山島という島が存在しているのを知っていた。
　しかし松竹島という島は『朝鮮王朝実録』の中にある高宗と李奎遠の対話以外にみつけることは出来ない。したがって高宗が松・竹島という島の名前について何を根拠に話したのかについてはわからない。

2．李奎遠の基本的な于山島認識

　高宗の于山島認識に対し李奎遠は「于山島はまさに鬱陵島」であると答えた。つまり李奎遠は鬱陵島に行く前に于山島は鬱陵島本島を指す名称だと知っていたのだ。続けて李は「于山とは昔の于山国の国都の名前」と付け加え、新羅に服属する以前の于山国について言及した。では于山という名称が于山国の昔の首都の名前であるという話についての文献的根拠は何であるのか。『世宗実録』に次のような記事がある。

　　　江原道監査の柳季聞曰く「茂陵島の牛山は土地が肥沃で産物も多く、東西南北がそれぞれ50里余りで、四方が海で、石壁で囲われ、また船舶が停泊できる処もあるので、百姓を募集しこれに住まわせ萬戸守令を置くと実に長久の策となりましょう」と要請したが、許されなかった[4]。

---

4) 『世宗実録』巻73、世宗18年（1436）閏6月甲申條

この記事をみると、江原道監査の柳が于山島という地名を茂陵島（鬱陵島本島）のなかにある地名と思っていたことがわかる。つまり于山島という地名は鬱陵島の昔の名前であり、その名前からして于山国の首都だったと李奎遠は思ったと考えられる。
　李奎遠の于山島認識は現在、日本人が韓国側の独島領有権の主張を批判する論理と類似している。日本の外務省のウェブサイトにある「竹島問題」というページをみると于山島に対し日本政府は次のように主張している。

　　　朝鮮のほかの古文献に出てくる「于山島」に関する記述をみると、その島には多くの人が暮らしており、大きな竹の木が育っているという点など、竹島（＝独島）の実際の姿とは違う点を叙述しており、むしろ鬱陵島を想起させる内容だと言えます[5]。

　この外務省のウェブサイトの主張のように、現在まで韓国は独島の歴史的名称を「于山島」と主張してきた。しかし日本側は、于山島は鬱陵島のもう一つの名称だと主張している。李奎遠の主張は日本側の主張と同じ脈絡だという点で徹底した究明と克服が必要であると考える。
　つまり鬱陵島に行く前の李奎遠の知識には問題があったと言える。李奎遠は「于山は倭がいう松島」という言葉が『粛宗実録』、『東国文献備考』、『萬機要覧』、『増補文献備考』などに載っている事実をよく知らなかったようである。しかし高宗に「于山島はまさに鬱陵島」だと断定した李奎遠の言葉によって、それまで朝鮮で形成されてきた「于山島＝松島（＝独島）」という認識が変わり始めたのである。なぜなら高宗が李奎遠の言葉をいったん受け入れたからであった。高宗が李奎遠の言葉を受容したという事実は、高宗も「于山島＝鬱陵島」という李奎遠の言葉に同調したという意味を帯びる。それが事実ならば朝鮮内に「于山島＝鬱陵島、于山島＝松島＝独島」という二

---

[5] http://www.mofa.go.jp/region/asia-paci/takeshima/position1-k.html（2009. 8.8 検索）、日本外務省のウェブサイト、〈竹島問題〉
　　現在ではこのページを見ることはできない（訳者注）

つの見解が混在していたという意味になる。この問題を詳述する前に高宗と李奎遠が話した松・竹島について調べてみよう。

3．李奎遠の松・竹島認識

まず、はっきりさせておく必要がある点は「松・竹島」という名称は高宗と李奎遠の対話の中にだけ出てくる名称であり、『朝鮮王朝実録』のほかの箇所では出てこないという点である。したがってこの名称の出処については分からない。

李奎遠は松・竹島が小さな島で鬱陵島との距離が「三数十里」と述べた。この「三数十里」をほとんどの国文訳は「30里ほど」と訳してきたが、筆者はこれに反対である。もし「30里ほど」と言いたいのであれば李奎遠が「30里ほど」と言ったはずだろう。「三数十里」とは30〜50里程度という意味をもつと筆者はみる。したがって朝鮮の1里が約0.4kmであるから「三数十里」とは約12〜20kmになる。この距離は鬱陵島から独島までの距離（87.4km）よりも短く、鬱陵島から竹島までの距離（約2km）よりも大変長い距離である。しかし竹島は鬱陵島から常に肉眼で確認できるほど大変短い距離にある。よって李奎遠のいう「三数十里」にある島にはならない。結局、ここで李奎遠が主張する松・竹島は独島であるしかない。より正確にいえば李奎遠は鬱陵島の隣にある島が松・竹島だけだと知っていたため、結局、鬱陵島に発つ前の李の認識における松・竹島とは、竹島と独島が混合した概念だったように思われる。距離は竹島よりはるかに遠くにある島だが、その名称が竹島と類似しているという点で李は、伝え聞いた話を基にそうした松・竹島像を頭に描いたのであろう。

4．高宗の松・竹島認識と大韓帝国勅令第41号

高宗は、松・竹島は「松島・竹島というが于山島とともにこの三つの島を通称で鬱陵島といった」と述べた。ここで注目すべき部分は、高宗は松・竹島が松島と竹島という二つの島であるという点を強調した点である。そしてこの部分で高宗のいう「于山島」は「鬱陵島本島」を意味する。高宗が李奎遠の言葉を受け入れ「于山島と竹島・松島という三つの島を通称して鬱陵島

図1　鬱陵島からみた竹島。鬱陵島と非常に近い距離にある

といった」と訂正したのである。まず高宗は「鬱陵島の隣に于山島と松・竹島がある」という具合で話した。この時の高宗の考えは鬱陵島とは「鬱陵島本島と于山島、松・竹島」と3島で構成される群島だった。その後、「于山島は鬱陵島」という李奎遠の言葉を受容し高宗は、鬱陵島本島（＝于山島）と竹島、松島という3島を鬱陵島群島と規定したのである。これがいうなれば高宗の「鬱陵島群島論」であり、この構想の概念が1900年の大韓帝国勅令第41号にそのまま反映されたと筆者はみる。なぜなら勅令とは皇帝の命令であるため高宗の考えが最も多く反映される命令であるはずだからである。

大韓帝国は1900年10月25日に勅令第41号を官報に載せたがその第2条は次のように定めた。

　　（鬱島）郡庁は台霞洞に置き区域は鬱陵全島と竹島、石島を管轄すること

大韓帝国は鬱陵島の領域に鬱島郡という新たな名称をつけて管轄区域を定めたのである。大韓帝国勅令第41号はまさに高宗の「鬱陵島群島論」の表れであった。高宗は勅令第41号を通じて鬱陵島群島を鬱島郡と命名した。そして李奎遠との対話の中で独島を松島（ソンド）と呼んだが、勅令第41号はそれを

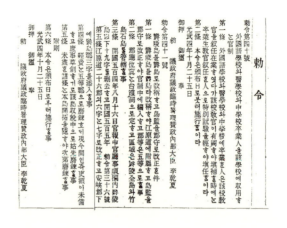

図2　大韓帝国官報に載った「大韓帝国勅令第41号」(1900.10.25)

石島と表記した。

　松島とは日本人が歴史的に独島に対する呼称として使っていた松島(マツシマ)の韓国語発音であり、1880年代に入り日本で島の名称が混乱するようになり、日本人が鬱陵島を松島と呼んだりもしたので、日本式の名称である松島(マツシマ)をやめて勅令第41号で独島の名前を石島と表記することになったと考えられる。

　鬱陵島本島を指す場合、勅令第41号では「鬱陵島全島」という名称を使用したが、この時点で鬱陵島という名称は鬱陵島本島だけを指す名称となった。つまり鬱島郡の中に鬱陵島、竹島、石島(独島)が入るのである。

　言い換えれば、大韓帝国勅令第41号で高宗が李奎遠と交わした会話の中で松島(ソンド)と呼んだ島が石島という新たな名称を得ることになった。高宗が言った松島(ソンド)という名称は、『東国文献備考』(1770)や『萬機要覧』(1808)に出てくる文言、すなわち「于山島は倭のいう松島(マツシマ)=独島」から由来したと思われるので松島(ソンド)の代わりに使用した石島はまさに独島なのである。日本側は石島とは観音島だと主張するが観音島はカクセソム、または島項という名称を別に持っており、決して松島(ソンド)と呼ばれたことはなかったので石島になりえない[6]。そして1880年代以後、日本人が鬱陵島も松島(マツシマ)と呼び始めたため、その

---

[6]　保坂祐二(2005)「日本の官認古地図と「鬱陵島外図」の証明する韓国の独島領有権」『日語

ことを知った高宗としては松島(ソンド)という名称を使えなくなったといえる。

　李奎遠は于山島が鬱陵島であり鬱陵島東側に松・竹島という小さな島が一つあると高宗に話した。一方、高宗は于山島が鬱陵島(＝鬱陵島本島)だという李奎遠の話を受け入れたが、鬱陵島東側に竹島と松島(ソンド)という島が別にあるという認識を最後まで表現を変えながら主張したのである。高宗は鬱陵島を群島とみていたということである。これは李奎遠が鬱陵島に実際に渡る前の状況だったが、結果的に高宗の認識が李奎遠よりも正確だった。つまり高宗が述べた竹島は日本がいう竹嶼島であり、松島は日本の言う松島(まつしま)、すなわち独島だったのである。前述したように朝鮮の官纂書で「于山島は倭のいう松島(まつしま)」という文言が出るため高宗にはその知識があったとみられる。反面、李奎遠はその文言をみていなかったと言わざるを得ない。

5．聖人峰に登った後の李奎遠の于山島認識

　李奎遠は鬱陵島に渡り高宗の命令を遂行しようと努力した。彼は船に乗って鬱陵島を一周し、周辺に島といえるのは竹島と島項(＝観音島)だけだと記録した[7]。彼が作成した『鬱陵島外図』には竹島と島項が描かれている。しかし島項が二つの岩で別々に描かれているため地図は正確ではない。

　『鬱陵島外図』を描く際、船で島を一周した李は、高宗の言った竹島が鬱陵島東側約2キロの距離にある島だということを知ることになった。そして島項は鬱陵島との距離がほとんどないので、鬱陵島にくっついている島のように見えた(図3)。したがって島項(＝島の首根っこ)という名称がつけられたようである。実際、筆者は独島博物館の学芸員のイ・ジェワンさんと2009年6月末頃に観音島と鬱陵島の間の距離がよくみられる場所に行き写真撮影をしたことがある。観音島と鬱陵島の間はほとんど距離がないだけでなく、水深も深くないことを確認したことがある。〈図4〉に写った所はきっと人が100年以上足を踏み入れたことのない場所である。竹林が生い茂っていて下りて行くのに苦労した。観音島の対岸に下りた結果、鬱陵島と観音

　　　日文学研究』55集、2巻、445〜448頁
7)　　愼鏞廈(2000)『独島領有権の資料の探求』第3巻、独島研究保全協会、32頁

図3　最も右にみえる島が島項(観音島)。鬱陵島との距離は数十mにすぎない

図4　鬱陵島と観音島の間。距離は30m程度で、海には小さな岩が多く、水深がほとんどないので観音島と鬱陵島はつながっている島のようにみえる

島の間は30m程度だと確認できた。のみならずその間には岩が多く観音島は鬱陵島とつながっている島だといっても過言ではないことを知った。したがって日本人は観音島を観音岬と呼び、島というよりも岬とみなしていた[8]。そのため日本人が勅令第41号のなかに出てくる石島を観音島と主張するが、

---

8)　朴柄渉ほか著、保坂祐二訳(2008)『独島=竹島論争』報告社、152頁

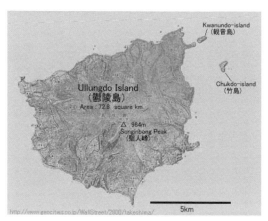

図5　現在の鬱陵島の地図

名称が三つ（観音島、島項、カクセソム）もあった点や、観音岬と呼ぶ様に岬として考えていたという点を考えると、勅令第41号のなかの石島が観音島だという可能性は希薄である。

　李奎遠は高宗の言う松島を発見することができなかった。李奎遠は「松・竹島」が鬱陵島と三数十里（12～20km）の距離にあると知っていたが、竹島は2km程度という非常に至近距離にあったため、彼はより遠距離に高宗の言う松島（ソンド）のある可能性があると思い、聖人峰に登ったと考えられる。しかし聖人峰に登ったとき李は、松島（独島）を目撃することができなかった。その事実を彼は次のように『鬱陵島検察日記』に記している。

　　　　四方を見渡しても海には一点の島嶼の姿もなかった[9]。

　高宗のいう竹島を確認した李奎遠がその次の段階で聖人峰に登った理由は、鬱陵島からもっと遠くにあるかもしれない松島（ソンド）（独島）を確認するためだとみなすべきである。1694年に鬱陵島を捜討した張漢相は聖人峰に登り独島

---

9)　下條正男（2004）『竹島は日韓どちらのものか』文藝春秋、112頁

を目撃した[10]。

　結論からいうと李奎遠の于山島認識は「于山島＝鬱陵島」という観点から変化することはなく、それが現在も、日本人に批判される根拠として提示されている。李奎遠の于山島認識は、于山島が独島を指すという概念が確立する以前の朝鮮王朝の概念を代表しているのである。では朝鮮王朝が于山島＝独島という概念を確立した時期はいつ頃とみるべきだろうか。その時点を筆者は世宗大王による刷還政策が終わった時期とみる。

III　于山島名称の変遷過程と「于山島＝独島論」の確立

1．「流山国島」と刷還政策の実施

　于山島が独島を指す名称に定着した最初のきっかけは朝鮮王朝の刷還政策にあった。刷還政策、あるいは空島政策として知られた鬱陵島政策の実施は、李芳遠、すなわち朝鮮第3代王太宗の命令によるものであった。太宗は女真族や倭寇に対する強力な処断政策と同時に懐柔策を用いた。太宗は高麗時代と同様に日本の室町幕府のみならず、西日本の豪族たちに倭寇の取り締まりを依頼した。

　では太宗時代の鬱陵島、独島などに対する政策はどのようなものであったのだろうか。

　鬱陵島と独島の歴史において太宗時代は大変重要な意味がある。前述したように太宗が鬱陵島を空けておく空島政策の実施を命令したからである。太宗が島を空けるために島民たちを刷還せよと命令した理由は何であろうか。それは倭寇の脅威がきっかけであった。

　『太宗実録』をみると鬱陵島の居住民を陸地に行かせるよう命じた太宗の記録がある。当時の時代的背景をみるとこれが倭寇の存在のためだと解釈でき

---

[10]　張漢相（1694）「鬱陵島史跡記」、『独島＝竹島論争』報告社、231頁

る部分である。

　江陵道（現在の江原道）の茂陵島居民に陸地に出てくるよう命じたがこれは監司の指示に従ったものであった[11]。

　日本側は空島政策とは島を放棄したものと同じことだと批判している。しかし島を空けておくからといってその島を放棄したとみることはできない。なぜならば鬱陵島、独島地域はその後にも朝鮮が管理したからである。そして太宗は倭寇に対し強力な退治政策を用いていたため、万一、空島政策の隙を狙って倭寇が鬱陵島や独島を占領する事態が起こったとしても即軍隊を送り鎮圧しただろうと推測できる。高麗末期の朴葳による対馬討伐作戦をみてもそれがわかる。倭寇もそうした朝鮮の政策を熟知していたため鬱陵島、独島地域を本格的に攻めることができなかったようである。

　太宗が鬱陵島などの空島政策を命令したが、実際に鬱陵島の住民たちを本土に連れてくるには時間がかかった。政策の推進が遅れていたとき、鬱陵島の人々が漂流するという事件が起こった。太宗12年（1412）に鬱陵島で島民12名を乗せた船が高城の於羅津で停泊していたが、乗っていた島民たちがそのことについて詳しく話してくれた。

　彼らは茂陵島で育ったが島の戸数は11戸で男女全員で60名住んでいたが今は本島に移り住んでいると話した。彼らが話す本島を鬱陵島だとみなす場合、茂陵島とはどのような島であるかという点が問題になる。彼らは自らを流山国島（ユサンクッ）の人間だと話した。ここで流山国島とは于山国（ウサンクッ）を聞きちがえて誤記したものだと推測される。

　朝鮮の官吏らは茂陵島とは別に本島である「流山国島」という島があるといった陳述に注目したことだろう。つまり議政府が、人が住める島として「流山国島（＝于山島）」と茂陵島の二つがあるかもしれないと考えた可能性を排除することはできない。問題は于山国が512年に新羅によって征服され、その後にも于山国について『高麗史』に何度か記されたにも関わらず、官吏

---

11)『太宗実録』巻6、太宗3年（1403）8月條、"命出江陵道茂陵島居民于陸地　從監司之啓也."

らが于山国を流山国島と誤記したという点である。あるいは鬱陵島から来た人々の話が正確でなかった可能性もある。結果的にこの記事をもって陸地の人々は鬱陵島等地には島がいくつもあるかもしれないと考え始めたのである。

　議政府に命じて流山国島の人々を処置する方法を議論した。江原道の観察使が報告した。「流山国島の人々、百加勿など12名が高城於羅津にて停泊し、曰く「私たちは茂陵島で育ったが、その島の人戸が11戸で男女合わせて60名だが、現在は本島に移り住んでいます。……この者たちが逃げるかもしれないと心配し、まだ通州、高城、杆城に離れております」[12]。

結論的にいえば、昔の于山国の人々は自分たちが居住する現在の鬱陵島を、国の名称をとって「于山島」または「于山国」と呼んだ可能性がある。なぜなら自分たちが暮らす本島に国の名前をつけて呼ぶのがむしろ自然であるからである。しかし前述したようにこの記録には若干の混線があるのが事実である。本島が「流山国島」、つまり現在の鬱陵島だとすれば漂着民のいう茂陵島はどの島を指すものなのか。彼らのいう茂陵島は鬱陵島から東に2kmの距離にある竹島、または独島なのか。しかし彼らが言うように竹島や独島は60名以上の人間が住むことは不可能である。竹島では無理に人が住もうとすれば60名程度住めるかもしれないが、すぐ目の前に鬱陵島がある状況で、無理に竹島に60名が住む理由がない。当時、全部で150名未満の人々が住んでいた鬱陵島群島だったが、広い鬱陵島を置いて竹島に住まなくてはならない理由は全くないのである。したがって漂着民の話を記録する過程で混線があったという可能性は拭えない。

当時、朝鮮王朝ではこうした曖昧な点を確認しなくてはならないと考えたようである。その後、鬱陵島から人を連れてくる刷還過程を経ることで茂陵島が鬱陵島であり于山島が独島だという認識にまとめられていった。

---

[12] 『太宗実録』巻23、太宗12年（1412）4月條、" 命議政府議處　流山國島人　江原道觀察使報云　流山國島人　白加勿　等十二名　求泊　高城於羅津　言曰　予等生長武陵　其島內人戶十一　男女共六十餘　今移居本島……竊慮此人等逃還　姑分置于　通州　高城　杆城."

江原道観察使は漂着民12名を三つの場所に分けて収容し逃亡できないように措置を取った。朝廷は漂流してきた鬱陵島島民たちを島に帰さず、ほかの島民もみな鬱陵島から撤収させるという方針を立てた。したがってこの事件をきっかけに、いうなれば、「鬱陵島民本土刷還政策」が具体化された。鬱陵島に人が暮らしていると倭寇に拉致される憂慮があるし、彼らの住居などが倭寇らに利用されるかもしれない。そのために鬱陵島から出た人々が鬱陵島に再び戻れないように措置を取りほかの島民もみな撤収させようとした。
　このように朝廷が刷還政策を再び決心したのは1412年であった。それは太宗が刷還政策を命令してから9年も過ぎた時点であり、その後、鬱陵島に島民を刷還しに行ったのは1416年が初めてであった。
　朝鮮王朝は太宗16年、つまり1416年に金麟雨を「武陵等処按撫使」として鬱陵島に送った。太宗が最初に命令してから13年も経った時点で刷還政策が実行されたのであった。
　金麟雨の官職名が「茂陵島按撫使」ではなく「武陵等処按撫使」であったという点をみると周辺の島々まで考慮した官職名だったといえる。つまり独島などそのほかの島々を考慮した官職名だったのである。
　高麗から朝鮮に政権が移り、朝鮮王朝では鬱陵島と独島に対する正確な認識が確立していった。朝鮮王朝では武陵などに島がいくつあるかは知っていたが、名称を確実に定めるには時間がかかった。
　いうなれば、独島が初めから于山島という名称をはっきりもっていたのではなかった。鬱陵島島民たちが自分たちの暮らす鬱陵島を于山島だと呼んでいた可能性が大きく、朝鮮本土では鬱陵島を茂陵島や于陵島と呼んでいたと考えられる。

　　　金麟雨を武陵等処按撫使とした。……金麟雨がまた申し上げるには「茂陵島が海の真ん中にあり人々が往来しないので軍役を避ける者が逃亡して島に入ります。もし島に接する人が多くなると倭賊が必ず入り盗みを働きこれによって次は江原道に侵入するでしょう。」と言った。王

がこれを正しいと見なして金麟雨を武陵等処按撫使にされた[13]。

　金麟雨は茂陵島に軍役を避けて本土から逃げた人々がいると報告し、そうした人間が茂陵島に多くなるほど、倭寇が茂陵島を拠点に江原道に侵入するだろうと警告した。流山国島の人々の話では本島が流山国島于山島だったが、この時点では朝鮮王朝は鬱陵島を茂陵島とみなしていた。

2．朝鮮の刷還政策の展開と于山島

　金麟雨は第一次刷還作業のために武陵等地に赴き、島の状況を調べ居住民3人を引率して帰ってきた。その時の記録には、金麟雨「于山島から帰ってきた」と記されている。そして于山島には15の家族、男女合わせて86名が暮らしていたと記録されている。ここで金麟雨が述べた于山島とは現在の鬱陵島のようである。

> 按撫使金麟雨が于山島から戻り、土産物である大竹・水牛皮・生芋・綿子・検樸木などを献上した。またそこの居住民3名を連れて来たがその島の戸数は15戸で、男女合わせて86名だった。金麟雨が戻って来る時に、2度も台風に遭いどうにか生き延びたそうである[14]。

「武陵等処按撫使」の金麟雨は武陵等ではなく于山島から帰還した。彼は于山島の土産物と居住民3名を連れて来た。于山島に暮らす人は86名ということなので、ここで金のいう于山島は少なくとも独島ではない。では、竹島だろうか。その可能性も低い。竹島も86名が住むには狭く、于山国島民12名を乗せた船が陸地に漂着したとき「本島に移り住んでいる」と話していたのでここでいう于山島は鬱陵島を意味しているとみるべきである。

---

[13]　『太宗実録』巻32、太宗16年（1416）9月條、"以金麟雨　爲武陵等處　按撫使……麟雨又啓　茂陵島遙在海中　人不相通　故避軍役者　或逃入焉　若此島多接人　則倭終必入寇　因此而侵於江原道矣　上然之　以麟雨爲武陵等處　按撫使."

[14]　『太宗実録』巻33、太宗17年（1417）2月條、"按撫使金麟雨　還自于山島　獻土産大竹水牛皮生苧綿子檢樸木等物　且率居人三名以來　其島戸凡十五口　男女幷八十六　麟雨之徃還也　再逢颶風　僅得其生."

ところが金麟雨が連れてきた島民は3名だけだったので、朝廷では3日後に金麟雨に兵船2隻と水軍の有能な者たちを選び再び鬱陵島に送ることにした[15]。

第二次刷還作業の際の金麟雨の官職名は「于山武陵等処按撫使」となった。官職名が「武陵等処按撫使」から「于山武陵等処按撫使」に変わった理由は、金麟雨が連れてきた人々が于山島から来たと言ったので、朝鮮王朝は于山島と茂陵島について正確な情報を得ようとしたからだと思われる。したがって金麟雨の官職名である「于山武陵等処按撫使」に明記された于山は独島ではない。いうなれば、于山島、茂陵島ともに「鬱陵島」なのである。1882年に李奎遠が「鬱陵島の昔の名称が于山島」だと高宗に主張した根拠は王朝実録のこうした記録からも推定される。

金麟雨は第二次刷還作業として鬱陵島島民17名を本土に連れて来た。鬱陵島から陸地に来ることになった住民に対し1419年に王位に就いた世宗は生活保護を指示し、刷還作業が円滑に行われるよう気を使った[16]。

世宗が王位に就いた時点では太宗が上王としてまだ権力を握っていた。太宗は世宗の王権を強固にするため実際の権力を行使していた。よって世宗の初期政策は太宗の時の政策をそのまま継承したものである。

金麟雨が第二次刷還作業で連れて来た17名と、第一次刷還作業のとき連れて来た3名、漂流して来た12名を合わせてもまだ32名しか鬱陵島から出て来なかった。彼らの話によれば80～90名が鬱陵島に暮らしている可能性があるため、まだ50名あまりが鬱陵島に残っているとみて、朝鮮王朝は三次刷還作業を計画した。

世宗7年（1425）に世宗は三次刷還作業のために再び按撫使として金麟雨を任命した。そして三次の際にも金麟雨の按撫使官職名は「于山武陵等処按撫使」であった。前述したように一次のときに送還した3名の島民が「于山島から来た」と話したため王朝は于山と武陵という二つの島について、より正確な情報を得ようとしたのである。こうした過程を通じて朝鮮王朝は東海

---

15)『太宗実録』巻33、太宗17年（1417）2月8日條
16)『世宗実録』巻3、世宗元年（1419）4月條

にある島についてより正確に知ることができたのであった。

> 甲戌以前に判長鬐縣使金麟雨を于山武陵等処の按撫使とした。……麟雨が軍人50名を連れて軍器と3カ月の量食を準備し船で出発した[17]。

三次刷還作業のとき、金麟雨は50名ほどの軍人とともに鬱陵島へ発った。その結果、島民20名ほどを連れて来たが、一つの船が遭難して軍人40名余りが失踪してしまった。それで世宗は「麟雨が20名ほどを連れてきたが40名余りを失った。これの何が有益といえるのか」と嘆いた。

> 于山武陵等処按撫使金麟雨が本島に避役した男女20名を捜索し捕らえ復命した。最初、麟雨が兵船2隻で茂陵島に入ったが、先軍46名が乗った船1隻は風にやられ行方不明となった。数人の大臣に王曰く「麟雨が20人ほどを捕まえてきたが40人余りを失ったので何も有益ではない。……この者たちは隠れて他国に潜伏したのではない。また以前に犯した際に赦免してあげたことがあるので、新たに罪を与えるのは不可能だ」といった[18]。

上記の記録を見ると、このとき金麟雨はまず茂陵島に入ったが、そのとき1隻の船が失踪した。そして金麟雨は本島から男女20名を捕まえて陸地に連れて来た。この記録では茂陵島が本島なのか、本島と違う島なのかはっきりしない。「茂陵島＝本島」と読めばこの頃、茂陵島が鬱陵島群島の本島という認識が朝鮮王朝に根付いていたといえるだろう。しかし本島が茂陵島ではないと読めば、未だに本島は于山島であり茂陵島は周辺のほかの島、つまり竹島あるいは独島ということになる。読む人によって解釈に違いが生じる

---

17)『世宗実録』巻29、世宗7年（1425）8月條、"甲戌以前判長鬐縣事金麟雨　爲于山武陵等處按撫……麟雨率軍人五十人　備軍器齎三月粮　浮海而去．"

18)『世宗実録』巻30、世宗7年（1425）10月條、"于山茂陵等處　安撫使　金麟雨　搜捕本島避役男婦二十人來復命　初麟雨領兵船二艘　入茂陵島　船軍四十六名所坐一艘　飄風不知去向　上謂諸卿曰　麟雨捕還二十餘人　而失四十餘人　何益哉……此人非潛從他國　且赦前所犯　不可加罪．"

文章なのである。

　ここで茂陵島の「武」の漢字が「茂」になっている。このように鬱陵島に対する漢字表記はいくつにもなっていて統一されるまで時間が経っている。記録者たちにも問題があることを指摘せねばならない。

　しかし結果的に金麟雨の三次刷還作業を通じて中央では本島が茂陵島だという認識が確立したようだ。鬱陵島群島の中心は茂陵島であり于山島は茂陵島の付属の島という認識が徐々に生まれたようだ。それはその次の刷還作業の官職名をみればわかる。

　金麟雨の三次刷還作業で島民20名余りを連れて来たので、あと30名ほどが鬱陵島に残っているという計算になる。だとすると次の鬱陵島民の刷還作業はいつ頃に実施されたのだろうか。

　それは世宗20年、1438年であった。そのとき、護軍の南薈と司直の曹敏が茂陵島に入りそこに暮らす男女全員を連れて来た。そのときの島民は66名にも上った。ところがその人々はみな朝鮮本土から渡って行った人たちであった[19]。

　そしてこのとき鬱陵島を捜索しに行った南薈と曹敏の官職名は「茂陵島巡審敬差官」だった。このときは鬱陵島を茂陵島と呼んでいたからか「于山武陵」という官職名は使われなかった。

> 護軍南薈と司直の曹敏が茂陵島から戻り復命し、捕獲した男女みな66名とそこで産出される沙鐵・石鍾乳・生鮑・大竹などの産物を捧げ、報告するに「発船してから一昼夜ぶりにようやく到着し日が明ける前に人家を掩襲したが抗拒する者がおらず、みなが本国の人間で、自らが言うに、『この土地が肥沃で豊饒だと聞き、数年前の春に密かに逃げて来た』と言います。そしてその島は四方がみな石で囲まれており、雑木と竹で林をなしており、西側の1カ所に船舶が停泊できるし、東西は1日の路程であり南北は半日の路程でした[20]。

---

19)『世宗実録』巻82、世宗20年（1438）7月條
20)『世宗実録』巻82、世宗20年（1438）7月條、"護軍南薈　司直曹敏　回自茂陵島復命　進所捕男婦共六十六及産出沙鐵石鍾乳生鮑大竹等物　仍啓曰　發船一日一夜乃至　日未明　掩襲

金麟雨が二次と三次刷還作業の際に任命された官職名は「于山武陵等処按撫使」で「于山」という名称が入っていた。それは于山島と茂陵島という名称に該当する島を確定するための目的があったからである。しかし南薈と曹敏のときには「于山」や「等処」という言葉は官職名から外されていたのである。

　そして現在の鬱陵島を茂陵島と呼んでいる。この時点において茂陵島が現在の鬱陵島であり于山島は独島という概念が世宗時代に根付いたものと判断できる。したがって現在の鬱陵島にのみ人が住んでいたため派遣される人の官職名に「茂陵島」だけ入ったのである。

　このとき鬱陵島を茂陵島と呼んだのであり、その後この認識が朝鮮王朝で確定された。それは後に記録の中で鬱陵島を于山島と呼ぶ事例が完全に消えた事実からも確認できる。たとえば、1471年に永安道の人々が茂陵島に密かに入ったという情報が入り、成宗は世宗のときにそうしたように百姓を捕らえるよう命じた。この記録をみると世宗のときから鬱陵島を茂陵島と呼んだということがわかるため、于山島という名前が世宗の刷還政策を通じて独島の名前として位置づけられたということができる。

　　江原道観察使　成順祖に下書するに、「今聞いたところによると、永安道に暮らす百姓のなかで密かに茂陵島に入った者がいるというので、人を使って彼らを逮捕することにした。世宗朝時代に早くからこの島の人々を探し出し討伐したが、今、必ずその時に往来した者がいるはずだから、すぐに探し審問せよ。またそこに行くのを願い出る者を募集し併せて船艦を準備し報告せよ」と言った[21]。

　　人家　無有拒者　皆本國人也　自言聞此地沃饒　年前春潛逃而來　其島四面皆石　雜木與竹成林　西面一處　可泊舟楫　東西一日程　南北一日半程."
21)『成宗実録』巻11、成宗2年（1471）8月條、"下書　江原道　觀察使　成順祖　日　今聞永安道居民有潛投　茂陵島　者　欲使人徃捕之　世宗　朝嘗尋討此島人口　今必有其時徃來者　可速訪問　且募願行者　竝備船艦以啓."

李奎遠はこのような記録を読んで、「于山島＝鬱陵島＝茂陵島」と解釈したようである。李は『疆界考』(1756)や『東国文献備考』(1770)、『萬機要覧』(1808)などに出てくる「于山島は倭の言う松島(＝独島)」という内容には接しなかったようである。

3.『高麗史地理志』(1451) にあらわれる于山と武陵

　官で作成した地理志に鬱陵島と于山島が登場する。1451年に編纂された『高麗史地理志』に于山島が明記されている。ところが『高麗史地理志』は高麗時代ではなく世宗時代に編纂された地理志である。朝鮮が建国されてから約60年が経った時点で編纂された地理志であるため、高麗の地理志としては大変遅く編纂されたといえる。
　『高麗史地理志』には于山島と茂陵島(＝鬱陵島)が元々二つの島だという叙述が初めて出てくる。原文の訳は次の通りである。

> 　鬱陵島がある。縣の正東の海の真中にある。新羅時代には于山国と呼び、武陵または羽陵とも呼んだ。地方は100里である。……あるいは話では、于山と武陵は本来二つの島で互いの距離が遠くなく風が吹き天気が晴れていると眺めることができるという[22]。

　この文献に出てくる于山島と茂陵島は高麗時代の認識を反映したものとみるべきである。高麗時代までは于山島と茂陵島の区別がうまくできていなかった。于山国とは于山島と茂陵島の二つの島で構成されており、于山国の別名が鬱陵島だとしている。鬱陵島と茂陵島を区別する記載は朝鮮時代に入ってからあらわれるのである。したがって『高麗史地理志』には高麗時代の鬱陵島、于山島(独島)認識をそのまま反映したという意味で、「あるいは話では」という伝聞形式で「于山と武陵は本来二つの島で、互いに距離が遠くないので晴れた日には眺めることができる」という説明を入れたのである。

---

22)『高麗史』巻58、地理志12、地理、東界、蔚珍県 (1451)、"有鬱陵島　在縣正東海中　新羅時稱于山國　一云武陵一云羽陵　地方百里……一云于山武陵本二島　相距不遠　風日淸明則可望見."

鬱陵島等地にいくつかの島があるという認識は当然高麗時代にもあったが、于山島と鬱陵島が別々の二つの島だと確実に明記したのは朝鮮時代である。よって『高麗史地理志』は若干、曖昧な表現となっている。ただ、「互いに距離が遠くないので晴れた日には眺めることができる」と書かれている点をみると、こうした説明に合う二つの島は現在の鬱陵島と独島しかない。日本側はこれを陸地から鬱陵島を見た際の記載だと批判する。しかし「互い(相)」という字が明らかに入っているため、二つの島の間で互いの島をみたときという意味に解釈するしかない。

　そしてここに出てくる于山島に対し、日本人の学者のなかには于山島は鬱陵島東側2kmの距離にある竹島と主張する人がいるが、そのような可能性はあるだろうか。

　結論から言うと、そういった可能性はまったくない。なぜなら鬱陵島から竹島は常にみえるからである。いくら険しい天気でも竹島は鬱陵島からよくみえるため、晴れた天気の時だけみえるのは于山島と独島しかなかった。

　李奎遠はこうした地理志を読んで「鬱陵島＝于山国」と考えたであろうし、于山国を于山島に拡大解釈したはずである。注記に出てくる「于山と武陵は本来二つの島」という部分は注記なので深く認識しなかったかもしれない。

4．『世宗実録地理志』(1454)にあらわれる于山と武陵

　次に編纂された地理志は『世宗実録地理志』である。この地理志は『高麗地理志』が編纂されてから3年後にあたる1454年に完成した。しかしこれの基礎となった地理志は1424年に世宗の命令で編纂され始め、8年目の1432年に完成した『新撰八道地理志』であった。『世宗実録地理志』はこの『新撰八道地理志』を土台に作られたのである。

　世宗は1450年に亡くなったため『世宗実録』の編纂はその死後に始まった。1451年に完成した『高麗地理志』はそういった面で大変遅く編纂されたもので、それから3年後に完成した『世宗実録地理志』は高麗時代の認識とは違う新しい視点を含めたという点で意味が大きい。この『世宗実録地理志』には世宗時代の人々が于山島と茂陵島に対する刷還作業を継続推進する過程で得ることのできた二つの島に対する正確な認識が含まれている。

まず、『世宗実録地理志』は于山島と茂陵島が二つの違う島だと断定している。この記録は于山島という実体の島を、世宗をはじめとするその時代の人々がはっきりと朝鮮領土と認識したという点で大変貴重な資料である。

> 于山と武陵、二つの島が縣の正東海の真中にある。二つの島の距離が遠くないので晴れた日には眺めることができる。新羅の時代には于山国、または鬱陵島といったが地方は100里である[23]。

この記録には二つの島、つまり于山島と茂陵島を新羅時代の于山国と称したと記されている。まさに于山国が鬱陵島と独島を合わせた国だという話である。ところが于山国が茂陵島と于山島を含めるという記述は『世宗実録地理志』で初めて出てくる内容である。これが世宗時代の刷還政策で得た地理的知見であった。

ここでは于山島と茂陵島を于山国といい、于山国が鬱陵島でもあるとしている。したがって鬱陵島という名称は于山島と茂陵島の総称としてみなしている。『高麗史地理志』では鬱陵島を別名、茂陵島、于陵島であり、昔は于山国と称したと記録したが、『世宗実録地理志』では「于山島と茂陵島の総称が鬱陵島であり鬱陵島は昔、于山国と称した」という認識を新たに確定した。つまりこれが「鬱陵島群島論」の始まりだと言える。

そうした面で『世宗実録地理志』は世宗時代の認識をよくまとめている。二次刷還以後から金麟雨の官職名は「于山武陵等処按撫使」だった。そして金麟雨の三次刷還のとき、事実上、茂陵島が現在の鬱陵島本島だということがほぼ判明された。南薈などが鬱陵島に派遣されたときには彼らの官職名が「茂陵島巡審敬差官」であった。このとき于山島と茂陵島が現在の独島と鬱陵島だという認識が定着されたのである。

結局、世宗時代、于山国には于山島と茂陵島という二つの島が確実に含まれており、于山国とは鬱陵島だとも言うとしたので、鬱陵島は二つの島が合

---

[23] 『世宗実録』巻153、地理志12、江原道、三陟陟護部、蔚珍県(1454)、" 于山武陵二島在縣正東海中　二島相去不遠　風日清明則可望見　新羅時　稱于山國　一云鬱陵島　地方百里."

わさった群島概念の名称で整理された。

　言うなれば、茂陵島と鬱陵島をしっかり区別したのである。世宗時代には茂陵島が鬱陵島のもう一つの名称ではなく、于山島と茂陵島を総じて鬱陵島（＝于山国、鬱陵島群島）だとすることに帰結されたのである。

　そして説明文に「二つの島は互いに距離が遠くないので晴れた日にはよく見ることができる」と記述することで于山島、つまり独島の存在を明らかに確認している。『世宗実録地理志』には于山島と茂陵島が一つの島だという話はなく、明確に二つの島として記載していたという点が重要である。

　最後に出てくる「地方は100里」という言葉は、于山島と茂陵島を合わせた言葉だと考えられる。事実、独島である于山島は小さな島であるため茂陵島の大きさだけを記載したようにみえる。結局『世宗実録地理志』の于山島と茂陵島に関する記述は、独島に対する朝鮮の確実な領有宣言となったのである。

　結局、高宗の于山島認識は『世宗実録地理志』の認識と同じだったといえる。高宗は『東国輿地勝覧』を言及したがそれは『世宗実録地理志』の内容を含めた言及だったと思われる。

5.『新増東国輿地勝覧』（1531）にあらわれる于山島と鬱陵島

　以上で李奎遠の于山島認識、つまり于山島は鬱陵島だという認識は、世宗時代に于山島と茂陵島（鬱陵島本島）を確認する作業が終わるまでの混乱していた認識を反映したものだといえる。しかし彼の認識は『世宗実録地理志』の明確な二つの島に対する認識を反映できなかったのである。

　そしてまた一つ確認しなくてはならない問題は、『新増東国輿地勝覧』の注記に「二つの島は本来一つの島」と出てくる問題である。『新増東国輿地勝覧』が『世宗実録地理志』よりも後に発行されたため問題が大きいのである。ここではこの問題を整理してみたいと思う。

　元々、『新増東国輿地勝覧』は1481年に編纂された『東国輿地勝覧』を増補した地理志である。しかし『東国輿地勝覧』が現存しないため『東国輿地勝覧』の鬱陵、于山島部分がどのように記述されているのか、それが『新増東国輿地勝覧』になってからはどのように増補されたのかについて正確に

比較するのは難しい。しかし『東国輿地勝覧』が引用したほかの文献をみると『新増東国輿地勝覧』の鬱陵島、于山島部分の内容が変わったようにはみえないため、二つの『輿地勝覧』に出てくる鬱陵島、于山島の記述はほぼ同じ内容だったと推測できる。

したがって『新増東国輿地勝覧』の鬱陵島、于山島部分をみることにしよう。

> 于山島・鬱陵島、武陵だともいい羽陵ともいう。二つの島は縣の正東海中にある。三つの峰がまっすぐに伸び天に達しており、南側の峰が少し低い。風と天気が清明なら峯の頂きの樹木と山の下の沙渚が鮮明に見え、順風であれば2日で到着する。一説には、于山と鬱陵は元々一つの島で地方は100里である[24]。

上記のように『新増東国輿地勝覧』では、于山島と鬱陵島を二つの島と叙述しているが説明文（注記）に于山島と鬱陵島が元々一つの島だという説があると追加した。

「一説に」という言葉で鬱陵島、于山島の一島説は誰かに聞いた話として記載されている。そのために日本側は注記であるとはいえ鬱陵島と于山島を一つの島だといった点を問題にしている。つまり韓国には独島について正確な知識がなかったという批判である。

このように、注記に一島説が出た訳だが疑問点は『高麗史地理志』や『世宗実録地理志』では二島説を主張しているのに、なぜここではそれと異なる一島説が出てきたのかということである。

まず考えられる要因としては、当時、鬱陵島等地に対する空島政策がほぼ完璧だったために、実際に人が住んでいない鬱陵島や独島等地に対する調査を疎かにしたという可能性である。

『世宗実録地理志』には実際に鬱陵島等地に官吏が行き、直接体験した内容

---

24) 『新増東国輿地勝覧』巻45、蔚珍県　于山島　蔚陵島條、"于山島鬱陵島　一云武陵一云羽陵　二島在縣正東海中　三峯岌嶪撐空　南峯稍卑　風日清明則峯頭樹木　及山根沙渚歷歷可見風便則二日可到　一說于山蔚陵本一島　地方百里."

を盛り込んだため于山島を目撃した経験をそのまま文章化した。そのため『世宗実録地理志』には「二つの島が互いにその距離が遠くないので晴れた日には見ることができる」という直接確認した内容を記したが、『新増東国輿地勝覧』で二つの島に関するこのような内容は少し曖昧となった。

『新増東国輿地勝覧』の「三つの峰がまっすぐに伸び天まで達し、南側の峰が少し低い」という記述は独島についての記述としてみることもできる。しかし続く文章の、「風と天気が清明なら峰の頂上の樹木と山の下の沙渚が鮮明に見え」るという描写をみるとこの表現は独島に対する描写ではないことがわかる。

なぜならば、島の峰に樹木があり海岸に沙渚があるという描写は、独島でなく鬱陵島についての描写と判断するしかないからである。そしてその次に続く「順風であれば2日で到着する」という内容は本土から鬱陵島までの距離としてみるべきである。こうしてみると『東国輿地勝覧』や『新増東国輿地勝覧』は主に鬱陵島に関する内容を叙述したのである。

ところが17世紀末、于山島の帰属をめぐり朝日間で紛争が起こった際、朝鮮側が『東国輿地勝覧』の記述は本土から鬱陵島がみえるという記述だと主張し、鬱陵島は朝鮮の領土である根拠として数回も引用した。朝鮮の朝廷が当時、その記述を根拠に鬱陵島が朝鮮に属するとしたので、日本はこれを受け入れたことがあった。1694年に南九萬が対馬の使者に送った書簡のなかに次のような『東国輿地勝覧』についての話が出てくる。

> わが国、江原道の蔚珍縣に属する鬱陵島という島があるが、本縣の東海真ん中にあり波が険しく船道が便利でないため、数年前に百姓を移し土地を空け、随時、公差を送っては捜検させるようにしました。本島は峰巒と樹木を内陸からもはっきりと眺めることができて、山川の屈曲と地形の広さと狭さ、および住民の遺址と採れる土産物がみなわが国の『輿地勝覧』という書籍に記録されており、歴代に伝えられる史跡であることが明らかです[25]。

---

[25] 『粛宗実録』巻27, 粛宗20年(1694)8月條, "弊邦江原道蔚珍縣, 有屬島曰鬱陵, 在本縣東

ここには「本島は峰巒と樹木を内陸からでもはっきりと眺めることができて……みなわが国の『輿地勝覧』という書籍に記録されており」となっている。まさに『東国輿地勝覧』に載っている内容を例に挙げて鬱陵島が朝鮮の土地であると主張しているのである。内陸から鬱陵島の山頂と樹木をはっきりとみることができるという話である。

ところで本土から鬱陵島がみえるという話はどこから出てきたのだろうか。本土から島がみえるという話はまず世宗時代の蓼島捜索過程で下記のように出たことがある。

> 今から調査しようとする蓼島……人がムシ岬に上って海の真ん中をみると、東側と西側の二つの峰が島のようになっているが、一つは少し高く一つは少し小さく、中間には大きな峰が一つあるが、標を立てて測量してみると南側に該当します（後略）[26]

上の引用文では本土から蓼島をみたという者が「東側と西側の二つの峰が島のようになっているが、一つは少し高く一つは少し小さく、中間には大きな峰が一つあるが」と報告している。これが『新増東国輿地勝覧』の「三つの峰がまっすぐにそびえ天に至り、南側峰が少し低い」という記述ともっとも類似した内容である。そして三峯島を捜索した成宗が三峯島という世宗時代に捜索した蓼島と同じだと次のように話したことがある。

> 三峯島はわが江原道地境にあるが、土地が肥沃で百姓たちがたくさん移り居住するため世宗時代から人を送りここを探したが探すことができなかった[27]。

海中, 而風濤危險, 船路不便, 故中年移其民空其地, 而時遣公差, 徃來搜檢矣, 本島峰巒樹木, 自陸地歷歷望見, 而凡其山川紆曲, 地形濶狹, 民居遺址, 土物所産, 俱載扵我國《輿地勝覽》書, 歷代相傳, 事跡昭然."
26)『世宗実録』巻50、世宗12年（1430）10月條、"今所訪　蓼島……人往無時串登望海中有東西二峯如島嶼　一微高　一差小　中有一大峯　立標測之　正當巳午間　遂送闘于京."
27)『成宗実録』巻16、成宗3年（1472）3月條、"三峯島　在我　江原之境　土地沃饒　民多往

成宗が三峯島を「世宗時代から人を送りこれを探したが探すことができなかった」としたが世宗時代に探すことのできなかった島は三峯島ではなく蓼島であった。したがってこの文章は成宗が三峯島と蓼島を同一視しているということを示している。そして三峯島も本土からみえると金漢京という人物が次のように言っていたという。

　　金漢京曰く、「慶興では清明な日には三峯島を眺められるが…(後略)」[28]

　この文章をみると金漢京が慶興(咸境北道慶興郡にある邑)で「清明な日には三峯島を眺めることができるが」と言っているが、こうした表現も『新増東国輿地勝覧』の記述内容と相通ずる。したがって『新増東国輿地勝覧』の于山島、鬱陵島に関する記述は蓼島と三峯島捜索過程で得た二つの島に対する知見、つまり本土から島をみたという者たちの話を総合し作成された可能性がある。
　一方、日本側は「晴れた日には」という文言が『高麗史地理志』と『世宗実録地理志』、『新増東国輿地勝覧』にすべてあらわれるという点を挙げながら、三つの文献でいう「眺めることのできる」という文章の意味をすべて「朝鮮半島から鬱陵島が眺められる」という意味で解釈できると主張した。
　しかし『高麗史地理志』と『世宗実録地理志』には「二島相去不遠、風日清明則可望見(二つの島が互いに距離が遠くないので晴れた日には眺められる)」と記されている。ここで「互いに(相)」という言葉が明らかに使われているため「于山島と鬱陵島は互いに距離が遠くないので晴れた日には眺められる」という意味で解釈しなくてはならない。一方で『新増東国輿地勝覧』には「互いに(相)」という言葉が入っていない。
　したがって『高麗史地理志』と『世宗実録地理志』は鬱陵島から独島を、あるいは独島から鬱陵島をみるとき二つの島が可視距離にあるという内容で

　　居之故　自世宗　朝　遣人尋之　而未得."
28)『成宗実録』巻26、成宗4年(1473)1月條、"金漢京言　在慶興　遇淸明日　可望見三峯島."

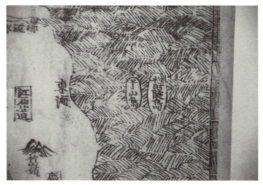

図6 「八道聡図」(上) と「八道聡図」の于山島、鬱陵島部分の拡大図 (下)。
于山島 (独島) が鬱陵島の西側に描かれている

あり、『新増東国輿地勝覧』の記述は朝鮮本土を基準にして鬱陵島と独島をみたときの記述と判断できる。

こうした叙述の観点が変わったのは、空島政策、つまり刷還政策と無関係ではないだろう。『高麗史地理志』と『世宗実録地理志』は鬱陵島等地にまだ人々が暮らしており、世宗時代の刷還政策の影響で鬱陵島等地に按撫使などがたくさん派遣されたため、二つの島に対する認識が深化された。

しかし『新増東国輿地勝覧』が編纂されたときには刷還政策が事実上終わり、鬱陵島等地に人が暮らしていなかったため官吏の派遣自体が珍しかった。したがって本土から二つの島を眺める内容を書くしかなかったようにみえる。

ところが『新増東国輿地勝覧』に挿入された地図である「八道総図」には于山島と鬱陵島がちゃんと描かれている。付図に二つの島がしっかり描かれているのをみると「一説に于山と鬱陵は元々一つの島」だという叙述は大きな比重を占めていないと判断される。しかし付図には二つの島の位置が間違って記載されている。これは『高麗史』や『朝鮮王朝実録』、各種『地理志』などに于山島と鬱陵島に対する位置関係が正確に記載されなかったためであると思われる。

こうして世宗時代に確実になった二つの島に対する知見が15世紀後半頃から若干曖昧となりはしたが、鬱陵島等地に二つの島があるという基本的認識と鬱陵島等地を統治するという朝鮮王朝の認識に大きな変化はなかったといえる。

6.『新増東国輿地勝覧』と付図「八道総図」

この地図は『東国輿地勝覧』と『新増東国輿地勝覧』に付図として挿入された「八道総図」である。東海に于山島と鬱陵島を描いている。『東国輿地勝覧』と『新増東国輿地勝覧』には于山島と鬱陵島一島説が注記として載っているが、この付図をみると実際に于山島と鬱陵島を二つの島として認識していたことがわかる。しかし前述したように于山島（独島）と鬱陵島の位置が間違っているのである。この地図は17世紀末に日本との鬱陵島紛争を経験することで是正されている。

Ⅳ 鬱陵島捜索と捜討で得られた于山島に対する知見

高宗は李奎遠との対話の中で18世紀の鬱陵島の捜討について次のように述べた。

鬱陵島は本来三陟営將と越松萬戸が交代しながら捜検した場所だが、ほとんど疎そかにしたと言わざるをえない。ただ、外部だけ巡検して戻

ってきたため、このような弊害があった。其方は必ず詳細に調べよ[29]。

つまり18世紀に鬱陵島を捜討したが島の外部だけをみて回っただけで、捜討を疎かにしたというのである。そのために高宗は李奎遠に鬱陵島とその周辺の島を詳しく調査するように要求した。そうならば、『東国輿地勝覧』が出た後、鬱陵島群島に対する捜索や敬差、捜討がどのように行われたのか簡略にみてみよう。

1. 疎かになり始めた鬱陵島捜索作業

今までの考察で、太宗と世宗の時代に独島が于山島という名称で定着した過程が分かった。前述したように鬱陵島周辺に小さな島があるというのは昔から知られていた。しかし鬱陵島に暮らす人々は誰もが独島の存在を知っていたといえるが、陸地にいる人々は直接確認しない限り、独島の存在を具体的に認識することが容易ではなかったのは当然の話である。

したがって世宗時代に刷還作業を何度も行った結果、鬱陵島と周辺にある島々に対する認識が正確になっていったのであり、晴れた日には鬱陵島から独島を確認できるということも認知するようになった。

ではこうした認識は引き続き深まったと言えるのだろうか。鬱陵島島民たちの刷還が一段落した後、朝鮮朝廷は鬱陵島等地に対する調査を定期的に実施したのではなく、必要があれば官吏を送るという方法で実施した。したがって時代が流れるにつれて陸地の人々の具体的な鬱陵島、独島体験が減少し鬱陵島等地に対する認識問題が起こり始めた。それは鬱陵島ほどの島がほかにも存在するという報告から始まった。

2. 失敗に終わった蓼島、三峯島捜索作業

世宗時代、東海に鬱陵島以外に蓼島という島があるという報告が届いた。それは鬱陵島等地に対する刷還作業が一段落する数年前の1430年のことで

---

[29] 『高宗実録』巻19、19年（1882 任午）4月7日（任戌）、"鬱陵島本以三陟營將　越松萬戶輪回搜檢者　而擧皆未免疎忽　只以外面探來　故致有此弊　爾則必詳細察得也."

あった。咸吉道(現在の咸鏡道)咸興府に暮らす金南連という人物が蓼島に行ったことがあるという話をしたのである[30]。

世宗は鬱陵島ではない新たな島が東海にあると信じ江原道と咸吉道監司に蓼島の正確な位置を調べるよう指示するなど、捜索作業を始めるよう命じた。咸吉道の山や岬から蓼島をみたという者があらわれ、蓼島は二つの峰が島のようになっており一つは少し高く、一つは少し小さく、中間に大きな峰がもう一つあるという報告が入ってきた[31]。

その後にも襄陽の東側に蓼島があるなどの情報提供が朝廷に入ってきた。そしてようやく「茂陵島巡審敬差官」として1438年に茂陵島から島民をみな連れて来た南薈が三陟の海の真ん中にある蓼島をみたとして世宗は彼を「蓼島捜索敬差官」に任命し海に送った。

しかし海をみな捜索し戻ってきた南薈は蓼島を探せなかったと報告した。このことで世宗は、蓼島は実際に存在しない島ではないかと考え、蓼島の捜索を諦めることになる。それが1445年のことで蓼島捜索を始めてから16年が経った時点であった。

世宗は蓼島を鬱陵島ではない、新たに発見された島だと信じ捜査を推進させた。しかし繰り返される捜索活動にも関わらず、蓼島を探し出すことができず南薈までもが捜索に失敗して戻ってくると世宗は、蓼島をみたという南薈らの言葉に虚偽があったかもしれないと捜索活動を中断させたのである[32]。

鬱陵島や独島をみた者たちがそれを新しい島と錯覚した事件だったといえるだろう。問題は蓼島の捜索に力を注いだため緊要な鬱陵島等地の捜索活動が疎かになったという点である。

その後、成宗元年(1470)に永安道(朝鮮時代に咸境道を指した言葉の一つ)

---

30) 『世宗実録』巻47、世宗12年(1430)1月條
31) 『世宗実録』巻50、世宗12年(1430)10月條
32) 『世宗実録』巻109、世宗27年(1445)8月條,"諭 江原道 監司 世傳東海中有 蓼島久矣 且云見其山形者亦多 予再遣官 求之不得 今甲士 崔雲渚 言 嘗登 三陟 烽火峴 望見 其後因往 茂陵 亦望此島 南薈言 年前在 洞山縣亭上 望見海中有山 質諸其縣吏 答曰 此山 自古有之 使其吏終日候之 日 非雲氣 實山也 予謂此島 海中必有之 然ири山平微 海浪遠天 在岸者未得詳見……且聞南薈之言 悉心尋訪 竝海候望 竟未得而遷 蓼島 之說妄矣 苟在海中 凡有目者所共見 何獨南薈 得見 而他人不能 孟孫 輕信南薈之言 遽聞于上 其爲欺罔一也 竟不得 其爲誕妄益明矣。"

から三峯島に賦役を避けて逃げた者らがいるという報告があった。成宗は翌年の1471年、三峯島でなく鬱陵島に逃げた者を連れて来るようにしたが、このことから成宗が三峯島を鬱陵島ではない新しい島だと確信していたことがわかる。

　成宗は1472年3月に朴宗元を「三峯島敬差官」に任命し軍服などを下賜しながら日本語と女真語の通訳を付けた。それは、三峯島で日本人や女真族と遭遇した際に備えた措置だった。朴宗元らは4隻の船に分けて乗り、1472年5月に三峯島捜索に出かけた。しかし朴の船は三峯島を見つけず漂流し、鬱陵島を遠くから眺めるだけで戻ってきた。残り3隻の船も鬱陵島に到着し鬱陵島だけを調べて戻り、世宗時代から始まった刷還作業によって鬱陵島には居住民がいなかったと報告した。

　その後にも永安道の者らが船から三峯島をみたという情報が何度か朝廷に入ってきた。1475年5月には金漢京をはじめ鏡城（現、咸境北道鏡城郡にある邑）の者らが船に乗り海で三峯島を見たが、島には7～8名の人々がいたと報告し、同年6月には永興（現、咸境南道永興郡にある邑）に住む金自周という者が三峯島の近くまで行ったが30名ほどの朝鮮人が白い服を身にまとい入口に立っていたのをみたと報告した。金自周は怖くて島に入れず島の形だけ描いてきたといった。

　その後、成宗は数回、三峯島捜索を命じたが探す道が険しいとか、史書をみると三峯島など存在しないなどの話があり、捜索に送る者のみ決定し続けるばかりで出発はずっとできずにいた。しかし三峯島に賦役を避けて逃げた者がいるという情報があったり、実際に島に暮らす人々を近くでみたという者があらわれ、三峯島の居住民を刷還しなくてはならないという成宗の決心は変わらなかった。

　そうして1479年10月、ようやく三峯島に入居を希望する者と、親戚が先に三峯島に住んでいるといった者らを中心に30名ほどを選び3隻の船に分けて乗せ、第二次三峯島捜索を本格的に始めた。彼らの中には初めて三峯島をみたといった金漢京などが含まれていた。彼らは3カ月後に三峯島から戻り、そのことについて報告した。

　その後1480年3月に「三峯島招撫使」に任命された沈安仁が三峯島に出

発するため永安道に下ったが、梅雨の季節にぶつかり出発できなかった。ところが1481年1月に永安道観察使の李克敦が成宗に次のように建議する。

> （前略）過去に往来した者たちの中である者は「遠くからみた」といい、ある者は「みることができなかった」といい、真実なのか嘘であるのか分別ができません。今、人を送り探し出し、もし最後までこの島がみつからないのなら最初にこのことを言った金漢京らがでたらめを言ったことになり、大衆に迷惑をかけた罪は明らかなので、極刑に処しその死体を全道にさらせば、愚かな百姓たちも三峯島がないということを知り、互いに扇動し迷惑をかけることが徐々になくなるでしょう（後略）[33]。

ここで永安道観察使は、1475年に三峯島で暮らす人々を海でみたと言って1479年に3カ月間、三峯島の搜索に参加した金漢京などを調査した結果、彼らの話は辻褄が合わないと報告していた。したがって彼は三峯島の存在自体が虚偽であるかもしれないという疑問を提起した。金漢京らについては引き続き調査が行われ、結局、三峯島に関する話は虚偽であるということが明らかになった。

三峯島搜索は金漢京を極刑に処し、彼の娘を奴卑にすることで締めくくられた。1482年2月のことである。三峯島搜索のため13年の歳月が費やされたのである。

蓼島や三峯島搜索中にも何度か鬱陵島等地に対する官吏の派遣がほかにも行われた。これは朝廷が鬱陵島等地と蓼島、三峯島を区別していた証拠だといえる。

蓼島や三峯島を陸地からみたというのが事実であるなら鬱陵島である可能性が高い。なぜなら陸地からみえるならそれが独島であるはずがない。しかし近くで蓼島や三峯島をみた者は独島をみた可能性がある。当時、朝廷が鬱陵島等地を除いて鬱陵島北部に焦点を合わせ搜索を行ったため、いくら探しても的を外れた搜索活動になるしかなかったはずである。鬱陵島等地には当

33）『成宗実録』巻125、成宗12年（1481）1月條

時、官吏らが近くまで接近できたにもかかわらず蓼島や三峯島を探すことが出来なかった理由は、結局、その島が存在しなかったからである。

東海にある島としては鬱陵島と独島しかないため、鬱陵島周辺水域を除いた捜索活動が無駄なことになってしまうのは至極当然のことであった。問題は蓼島と三峯島捜索に多くの力を注いだため、相対的に鬱陵島等地に対する管理が疎かになった点である。したがって世宗時代以後には一時、鬱陵島と独島に対する知見が具体的でなくなってしまった。

3．180年ぶりに鬱陵島等地に派遣された張漢相

朝鮮王朝は1511年を最後に1694年まで180年間、鬱陵島等地に人を派遣しなかった。そのため1620年頃から日本人が約70年もの間、鬱陵島、独島を往来する事態が起こった。1693年には安龍福らが日本の漁夫によって鬱陵島で拉致され日本に連行されたことで、鬱陵島紛争が起こった。朝鮮朝廷と対馬藩が論争を繰り広げている間、朝廷は、張漢相を鬱陵島等地に派遣した。約180年ぶりに行われた鬱陵島等地に対する官吏の派遣であった。日本側が執拗に鬱陵島に対する領有権を主張する間に朝廷では、よもやするとあるかもしれない日本の鬱陵島等地占領に備える次元でも官吏の派遣が緊要であった。そして鬱陵島等地の状況がどのようなものであるのか、現地調査をしなくてはならない状況だったのである。

張漢相は鬱陵島等地を調査した記録を「鬱陵島事蹟」という文にまとめ朝廷に上げた。その記録をみると、彼が鬱陵島だけでなく独島までも調べた事実が詳しく報告されている。鬱陵島等地に派遣された朝鮮の官吏が張漢相のように調査したと仮定すれば、昔から多くの人々が独島を目撃したことになる。張は「鬱陵島事蹟」に下記のように記録を残した。

> 東側5里ほどに一つの小島があるが、さほど高くなく海長竹が一面に茂っている。雨が止み霧が晴れた日に山に入り、中峯に登ると南北の両峯がみ上げるほどに高く向き合っているが、これを三峯という。
> 西側をみると大関嶺のくねくねした姿がみえ、東側をみると海の中に一つの島がみえるが、遠く辰の方向に位置し、その大きさは鬱陵島の3分

の1未満で（距離は）わずか300里に過ぎない[34]。

　張漢相は9月に船に乗り、10月に三陟に戻ってきた。つまり鬱陵島から独島がよくみえる時期に鬱陵島入りしたのである。独島は夏から初秋まで鬱陵島からもっともよくみえる。彼が鬱陵島の中峯に登り、南北に両峯をみて「これが三峯」といった言葉は『新増東国輿地勝覧』にある三峯を意味する。
　彼が東側5里ほどにみた小島は竹の木が一面に茂っているという記録などからみて鬱陵島の東側2km先にある竹島である。
　そして張漢相は独島を目撃した。「東側をみると海の中に一つの島がみえるが、遠く辰の方向に位置し、その大きさは鬱陵島の3分の1未満で（距離は）わずか300里に過ぎない」と記述した部分がまさに彼が独島をみた記録である。鬱陵島から東側、遠方にみえる島は独島しかない。張漢相は独島の大きさを鬱陵島の3分の1未満といった。実際には3分の1よりもはるかに小さいが遠くから眺める独島には峰があるので実際よりも大きくみえただろう。張は鬱陵島から独島までを300里だといった。約120kmということである。鬱陵島と独島の間の実際距離は87.4kmであるから30kmほど遠くみたのである。こうして17世紀末から18世紀にわたり鬱陵島の捜討が始まった。この過程で制作された地図には鬱陵島東側に「いわゆる于山島」や「于山島」が描かれた。「いわゆる于山島」は前述したように竹島と于山島（独島）の混合型だといえるが、「于山島」と記載された島を竹島とはみがたい。とくに山の峰が描かれた于山島は山の峰がない竹島であるはずがなく、確実に独島をあらわしている[35]。
　したがって18世紀の鬱陵島等地捜討作業によって『世宗実録地理志』の鬱陵島、于山島認識はより深まり「于山島＝独島」は朝鮮の土地であるという認識が再確認された。李奎遠は18世紀以後に描かれた地図をみることはできなかったであろうし、高宗は于山島が鬱陵島東側に描かれた地図をみた

---

[34]「蔚陵島事跡」"東方五里許　有一小島　不甚高大　海長竹叢生於一面　霽雨霽捲之日　入山登中峯　則南北両峯　岌崒相面　此謂三峯他　西望大關嶺透迤之狀　東望海中有一島　杳在辰方　而其大未滿蔚島三分之一　不過三百余里."
[35] 朴炳渉ほか著、保坂祐二訳（2008）前掲書、268〜271頁

可能性が大きい。

4．朝鮮王朝の鬱陵島等地捜討

　鬱陵島捜索が終了したころ、肅宗は鬱陵島等地に対し2年間隔で人を送り、巡視と取締まりを行うよう命じた。それが肅宗23年（1697）4月13日のことであった。その後、3年に1度鬱陵島等地を捜討するという方針は18世紀末まで例外的な年を除いて基本的に守られた。

　しかし朝廷や儒生たちのなかには、3年に1度鬱陵島等地を捜討するだけでは十分ではないと考え、鬱陵島に鎮を設置することを建議する者たちもいた。そして空島政策を中止し、人を住まわせ農地を耕作させるべきだと主張する者もいた。倭寇などの外敵から鬱陵島等地を守るため軍事基地の設置および人の居住というレベルの建議であった。1710年と1714年には倭船が頻繁にあらわれたという報告もあった[36]。

　日本人は鬱陵島に入ってもすぐ出ていき居住はしなかった。彼らも鬱陵島が朝鮮の島であることをよく認知していたからである。従って18世紀に朝鮮と日本の間で鬱陵島をめぐって紛争が起きたことはない。

　1714年に鬱陵島から東側に島が続いているので日本側の境界に接しているという記録があった。これは鬱陵島から竹島、独島など、朝鮮の島が続いているという意味に解釈されるため、朝鮮が独島を朝鮮領土として認識していたという証拠の一つになる。

　　　江原道の御使趙錫命が永東地方の海防の未熟な状況を論じたが、浦人の言葉を詳細に聞くと、「平海・蔚珍は鬱陵島と距離が最も近く海路に少しも障害がなく、鬱陵島東側には他の島がそれぞれ続いており倭境に接している」と言いました[37]。

36）『肅宗実録』巻49、肅宗36年（1710）10月條
37）『肅宗補闕正誤』巻55、肅宗40年（1714）7月條、"辛酉/江原道御使趙錫命, 論嶺東海防疎虞將. 略曰：詳聞浦人言, 平海, 蔚珍, 距鬱陵島最近, 船路無少礙, 鬱陵之東, 島嶼相望, 接于倭境."

その後にも朝鮮では鬱陵島を耕作したり鬱陵島に人を住まわせることを建議する者が多かった。そして英祖時代には鬱陵島の人蔘を内緒で掘り販売する潜商がいると報告されることもあった。

　　　領議政洪鳳漢曰く「聞くところによれば鬱陵島で採れる人参を商買らが人知れず採取するというので、倭人がもしこれを知ったらきっと争蔘の種になるのではないかと心配です」[38]。

　鬱陵島で商買が人知れず人蔘を掘ることに江原道監司の洪名漢が関連したことが発覚した（1769）。洪が親戚である三陟営将の洪雨輔と結託して人々を集め鬱陵島にひそかに送り人蔘を掘らせそれを販売した嫌疑で逮捕された。英祖は1770年に鬱陵島で人蔘を掘ることを厳しく禁じた。
　18世紀後半になると朝鮮の陸地の者らが官吏にわざと公文を作らせ鬱陵島に入って漁撈することがたびたび起こった。

　　　原春道観察使の金載瓉が状啓するに、「蔚山に住む海尺14名がひそかに鬱陵島に入り魚鰒・香竹を採取していて、三陟の浦で捕まりました。その島は防禁が至極厳しいにもかかわらず、蔚山の百姓がしょっちゅう兵営の採鰒公文をもって毎年防禁を犯すので、あの兵使と府使を勘罪しなくてはなりません」[39]。

　ところが鬱陵島は人蔘だけでなく山蔘が有名だった。そのため英祖時代に禁じた人蔘（山蔘）採取は正祖時代にまた許可されたようである。鬱陵島等地を捜討するたびに鬱陵島で山蔘を掘ったという記録がある。
　2年ごとに山蔘を掘ったが、掘る時期が適当ではないので山蔘が台無しに

---

[38] 『英祖実録』巻113、英祖45年（1769）10月條、"領議政洪鳳漢奏曰：聞鬱陵島産人蔘，商買潜入採之，倭人若知之，恐有争桑之患矣."
[39] 『正祖実録』巻24、正祖11年（1787）7月條、"原春道観察使金載瓉啓言：蔚山海尺等十四名，潜入鬱陵島，採取魚鰒，香竹，被捉於三陟浦口．本島防禁至嚴，而蔚民毎持兵営之採鰒公文，年年犯禁．該兵使，府使，宜勘罪."

なってしまうので、6〜7月に掘るのが適切だとして1年早く鬱陵島に人を送ろうという建議などが記録されている。3年に1度鬱陵島等地を捜討するという役目が山蔘や人蔘を掘る採蔘軍に任されたのである。

　　更曹の判書、尹蓍東が「鬱陵島は本来山蔘が生産される地方です。ところが各年で山蔘を探すのがいつも3、4月の間になるため掘る時期が適切ではないので、毎度、用無しの品物になってしまいます。……一度、試験的に掘っても損することはないので来年春に予定されていたのを今年の6、7月に早めて三陟の営将にさせて採蔘軍数名を連れて採取するようにしましょう。……というので許した[40]。

しかし鬱陵島の人蔘が陸地の人蔘と品質が特に変わらないという話が出たので、19世紀初めには採蔘軍を鬱陵島に送らないようになった。問題はこの結果、鬱陵島捜討が16〜17世紀のように疎かになり始めた。この隙を狙って鬱陵島に潜入して生活する日本人が増え始めた。19世紀に差し掛かり、ひそかに鬱陵島で暮らし始めた日本人は、1883年に朝日間の合意によって日本に引き揚げるまで254名にも上った。結局、朝鮮王朝が鬱陵島等地に対する捜討を疎かにすると日本人がひそかに入ってくるという一種の公式が17世紀以降にも成立したという話である。

　もう一つ重要な点は、こうした鬱陵島等地捜討過程を記載した『朝鮮王朝実録』の記録の中には「于山島」という言葉が一度も出なかったという点である。よって李奎遠がもし『朝鮮王朝実録』を丁寧に読んだとしても鬱陵島と別途に于山島があるという認識を持つのは難しかったといえる。結局、李の鬱陵島、独島認識は主に『朝鮮王朝実録』を中心に形成され、高宗の認識は『朝鮮王朝実録』のみならず『東国文献備考』、『萬機要覧』、各種朝鮮地図などで形成されたといえる。高宗の于山島認識がより正確だったことは言うまでもない。

---

[40] 『正祖実録』巻42、正祖19年（1795）6月條、" 更曹判書尹蓍東啓言 ' 鬱陵島自是産蔘之地, 而間年捜討, 毎在三四月間, 故採非當節, 便作無用之物……一番試採, 亦無所損. 明春捜討之當次, 以今六七月進定, 使三陟營將領率略干採蔘軍, 入去採取. '……允之."

V　結語

　1882年、鬱陵島検察使に任命された李奎遠は鬱陵島に発つ前に高宗と面談した。その場で高宗は鬱陵島と別途に于山島があると言ったが、李は鬱陵島と別途の島の存在を認めつつ、于山島とは鬱陵島であり、于山とは鬱陵島の昔の都邑の名称だと主張した。高宗は彼の言葉を受け入れて、「于山島（鬱陵島）、竹島、松島（ソンド）など三つの島を総称して、鬱陵島という」と言葉を変えた。

　この事実をみると李と高宗は「于山島とは鬱陵島」という点で同意したものと判断される。事実、于山島が鬱陵島として解釈できる記録は世宗時代の刷還作業完了までの記録に多数存在する。したがって李奎遠と高宗はその点を熟知していたといえる。しかし李奎遠は世宗時代を通して于山島が独島を称する名称に定着する過程を知らなかった。そうした記録は『朝鮮王朝実録』とそのほかの官纂書にも出てくるが、李奎遠はそうした部分をよく読んでいなかった可能性が大きい。

　李奎遠と違って高宗は于山島が独島の名称になっていく過程をよく知っていたとみるべきである。彼は『世宗実録地理志』、『東国輿地勝覧』のなかの于山島に関する記録をよく知っていたのはもちろん、『東国文献備考』、『萬機要覧』のなかに記載されている「于山島は倭の言う松島（まつしま）（独島）」だという記録を読んでいたと思われる。そして彼はきっと多くの朝鮮地図のなかで鬱陵島の東側に描かれた「于山島」をみたはずである。したがって高宗は于山島、つまり独島の存在を知っていたから李奎遠に鬱陵島周辺の島に対する調査を命じたのである。

　ところがまた高宗は朝鮮王朝初期の文献のなかには、鬱陵島が于山島と記載されているという事実についても知っていたため李の主張する「于山島＝鬱陵島」説を受け入れ鬱陵島に対する新たな定義をしたのである。それが鬱陵島を「鬱陵島本島、竹島、松島」としてみる「鬱陵島群島論」であり、これが1900年の勅令第41号に、鬱島郡が「鬱陵島全島と竹島、石島」を管

轄すると記載されるにいたった。高宗のいう「松島」は江戸時代に日本が言った「松島」、つまり独島を意味するが、当時、日本人が鬱陵島を松島と呼ぶなど、松島という名称は紛らわしいので朝鮮王朝は独島を石島という名称に変えて勅令第41号に記載したと判断すべきである。

　この論文は李奎遠の認識を、日本側が引き続き問題視しており、于山島は鬱陵島だと日本外務省のサイトで主張しているために、これに対する批判を目的に『朝鮮王朝実録』に記載された于山島についてまとめてみたものである。この論文を通じて日本側の主張が李奎遠のように、于山島に対する知識不足と没理解に立脚していることが証明されたといえる。

文献

『朝鮮王朝実錄』

『高麗史』

『新增東國輿地勝覽』

박병섭 외 저, 호사카 유지 역（2008）『독도 = 다케시마 논쟁』보고사

신용하（2000）『독도영유권 자료의 탐구』제 3 권, 독도 연구보전협회

장한상（1694）「울릉도 사적」『독도 = 다케시마 논쟁』보고사

호사카 유지（2005）「일본의 관인 고지도와 '울릉도외도' 가 증명하는 한국의 독도영유권」『일어일문학연구』55 집 2 권

호사카 유지（2007）『독도영유권에 대한 한일 및 주변국의 인식과 정책 비교연구』한국해양수산개발원

호사카 유지（2009）『우리역사 독도』책문

下條正男（2004）『竹島は日韓とちらのものか』文藝春秋

http://www.mofa.go.jp/region/asia-paci/takeshima/position1-k.html（2009. 8. 8. 検索）日本外務省 Web サイト〈竹島問題〉

明治初年太政官文書の歴史的性格

朴三憲［建国大学］

I　はじめに

　日本の国立公文書館のホームページには、『御署名原本』（1886〜1979）、『公文録』（1867〜1885）、『太政類典』（1867〜1881）、『公文類聚』（1882〜1954）、『公文雑纂』（1886〜1950）、『内閣公文』（1955〜）が主要所蔵文書として紹介されている[1]。このなかで『公文録』は、太政官が設置されていた1868年（明治1[2]）から1885年（明治18）までの太政官と各省の往復文書、太政官および各省と各府県の往復文書が収録された文書集であるため、明治初年の国家政策が決定される過程を具体的に追跡できる基礎資料である。したがって当時はもちろん、現在も太政官文書の根幹と評価されており[3]、その史料的価値が認められ1998年には日本の重要文化財に指定された。

　こうした性格を帯びている『公文録』には、1877年（明治10）3月29日付で作成された「日本海内竹島外一島地籍編纂方伺[4]」という文書が収録さ

---

1)　「主な公文書」http://www.archives.go.jp/owning/typical.html.
2)　1868年9月8日に発布された「一世一元の制」によって、それ以前の「慶応」という元号から「明治」に改められた。したがって、この時期までは「慶応」という元号を使わなければならないが、この論文においては、記述の便宜上、1868年度から「明治」という元号を使うことにする。
3)　1885年（明治18）以後の内閣制においては、『公文類聚』（1882〜1954）と『公文雑纂』（1886〜1950）が政府記録の根幹として評価されている。
4)　この文書は、国立公文書館アジア歴史資料センターのホームページ（http://www.jacar.go.jp/）にて、「竹島」で検索すると参照することができる（件名：日本海内竹島外一島ニ編纂方伺、レファレンスコード：A07060000300、画像数20）。一方、『太政類典』にもこれと同様の（内容をまとめた）「日本海内竹島外一島ヲ版図外ト定ム」というタイトルの文書が載っている（図2）。この文書も、国立公文書館アジア歴史資料センターのホームページで検索することができる（件名：日本海内竹島外一島ヲ版図外トス、レファレンスコード：A07060000100、

れているが、そのなかには内務省が「質疑したように竹島外一島は本邦と無関係であることを心得る事」という太政官指令文が載っている〈図1〉。

　これを日本の国立公文書館で初めて発見した研究者は京都大学の堀和生教授である[5]。堀教授はここに記されている「竹島」は鬱陵島を、「外一島」は独島を指すという事実を明確にし、1877年太政官指令文（以下太政官指令文）の存在こそ「当時の日本最高国家機関である太政官は島根県と内務省が上申した"竹島＝鬱陵島"と"松島＝独島"を一組にとらえた理解に基づき二つの島を日本領ではないと公式に宣言[6]」した決定的な証拠だと評価した[7]。この後、韓国でもこの太政官指令文は「幕府に次いで明治政府も鬱陵島・独島が朝鮮の領土であり、日本の領土ではないことを明確に保証[8]」した史料と

　　画像数13）。『太政類典』は行政運用上の便宜を考慮し、『太政官日記』、『太政官日誌』、『公文録』などから典例条規（先例・法令等）を採録して、慶応3年（1867）から明治14年（1881）までを、年代順に編集したものである。『公文録』に比べ、ある特定内容の法令を手軽に検索できるという便宜性があるだけでなく、『公文録』以外のところからも資料を集合しているため「厳密な意味においては二次資料であるが、史料的価値としては一級」であると評価されている（石渡隆之（1979）「太政官・内閣文書」『日本古文書学講座』第9巻　近代編Ⅰ、雄山閣出版、35頁）。

5)　堀和生（1987）「1905年日本の竹島領土編入」『朝鮮史研究会論文集』第24集。この論文の韓国語翻訳は、玄大松編（2008）『韓国と日本の歴史認識』ナナム に収録されている。一方、最近、島根大学の内藤正中教授は、堀の論理をさらに深化した、内藤正中（2005）「竹島は日本固有領土か」『世界』6月号、「竹島固有領土論の問題点」『郷土研』第69号、2005年8月、などの論文を発表している。内藤の2編の論文は、金炳俊編（2005）『独島論文翻訳選』Ⅰ、東北亜の平和のための正しい歴史定立企画団、に翻訳・収録されている。

6)　玄大松編（2008）前掲書、98頁。

7)　しかし、去る2007年5月28日に「竹島問題研究会」が島根県に提出した「竹島問題に関する調査研究最終報告書」では、「太政官の言う日本領土外になった二つの島は両方とも竹島ではないという主張」であり、その原因を「シーボルト」のせいにしている。これは太政官指令文の「竹島外一島は本邦と無関係であると心得る事」という内容そのものを否定しているというよりも、西洋の間違った情報による太政官の認識の錯誤であったという観点である。このような「竹島問題に関する調査研究最終報告書」の見解に対する批判的検討は、保坂祐二（2008）「竹島問題研究会の『竹島問題に関する調査研究最終報告書』の問題点－太政官指令文に対する下條正男の見解を中心に－」『日本文化研究』第25集、を参照。その他にも、太政官指令文の内容をどのように解釈するかをめぐる日本側の研究動向に関しては、チェ・ジャングン최장근（2007）「一部の日本学者の独島資料の捏造による領有権本質の毀損」『日本文化学報』第32集、418～419頁；ハン・チョルホ한철호（2007）「明治時代、日本の独島政策と認識に対する研究の争点と課題」『韓国史学報』第28号、333～339頁、を参照。

8)　ヒョン・ミョンチョル현명철（1996）「開港期日本の独島認識」韓日関係史研究会著『独島と対馬島』知性の泉、75頁；ヒョン・ミョンチョル（2005）「明治政権と独島」『韓日関係史研究』23集、189～190頁、を参照。その他にも、指令文を引用した韓国側の研究には、愼鏞廈（1989）「朝鮮王朝の独島縁故と日帝国主義の独島侵略」『韓国独立運動史研究』3、韓国

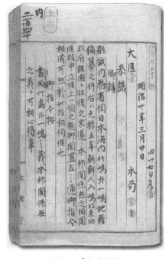
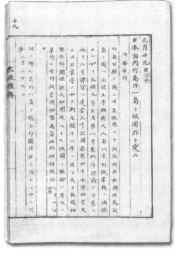

図1 『公文録』　　　　　図2 『太政類典』

して評価されている。

　この論文では太政官指令文がつくられた明治初年文書行政のメカニズムを検討することで、独島は日本領土と無関係だという太政官指令文の内容が帯びる歴史的な重みを再確認する。具体的には太政官指令文という公文書が存在しうる土台である明治時期の太政官制がどのように成立し変遷されたのか（〈表1〉参考[9]）そしてその過程で文書行政はどのように成立されたのかにつ

　　独立運動史研究所、などがある。
9)　明治初期の太政官制については、法制史分野における研究が多数存在する。太政官制全般に関する主な研究としては、鈴木安蔵（1944）『太政官制と内閣制』昭和刊行会；吉井蒼生夫（1981）「中央権力機構の形成」福島正夫編『日本近代法体制の形成』上巻、日本評論社；宮地正人（1999）『幕末維新期の社会的政治史研究』岩波書店；松尾正人「維新官僚の形成と太政官制」近代日本研究会編『官僚制の形成と展開』山川出版社；笠原英彦（1991）『明治国家と官僚制』芦書房、などがある。一方、太政官制の変遷過程に関する主な研究としては、堀田暁生（1976）「太政官制三院制創出過程について」『関西学院史学』第17号；堀田暁生（1983）「明治六年太政官制潤飾について」永島福太郎先生退職記念会編『日本歴史の構造と展開』山川出版社；角田茂（1977）「太政官正院制の成立」『史叢』第21号；松尾正人（1981）「明治初期太政官制度と左院」『中央史学』第4号；藤田正（1984）「留守政府における太政官三院制の変質過程」『中央史学』第7号；毛利敏彦（1985）「太政官代について」平井友義・毛利敏彦・山口定編『統合と抵抗の政治学』有斐閣；中川壽之（1992）「太政官内閣創設に関する一考察」明治維新史学会編『幕藩権力と明治維新』吉川弘文館；中川壽之

いて検討する[10]。

　文書行政は大きく文書処理過程、文書施行過程、文書保存過程など三つの過程に分類できる。この論文の目的は太政官指令文の作成過程を通じてその歴史的意味を再確認することであるため、文書行政のなかでも文書処理過程を中心に検討したい。

　参考までに、明治初年に使用された「太政官」という用語には二つの意味がある。一つは、1867年（慶応3）12月9日の「王政復古大号令」にて宣言されて以来、1885年（明治18）12月22日に内閣制が設置されるまでの18年間存在した中央政府機構の通称としての太政官であり、二つ目は、1869年（明治2）7月8日「職員令」で神祇官と一緒に設置された最高行政機構を意味する太政官である。この論文では明治初年に中央政府が作成したものや、中央政府に提出されたすべての公文書を分析対象にしているため、一つ目の意味における太政官という用語を使用する。

II　王政復古と太政官制

1.「政体書」太政官制と文書行政

　1867年（慶応3）10月14日、将軍徳川慶喜は国家の統治権を天皇に返納するといういわゆる大政奉還を実施した。しかしこれに対して薩摩・長州を中心とした武力、倒幕派は幕府を排斥し新たな政権を樹立するために12月

　　（1998）「太政官三院制下の右院に関する基礎的考察」中央大学人文科学研究所編『人文研紀要』第32号、などがある。
10）　太政官文書をはじめとする明治初期の公文書についての研究は、文書そのものに含まれている要素、例えば、文書の名称・様式・性格・形態・文体などを分析の主な対象とする文書学的研究が中心となっている。主な研究としては、大久保利謙（1960）「文書から見た幕末明治初期の政治――明治文書学への試論」『史苑』31－2；丹羽邦男（1976）「近代史料論」『岩波講座日本通史』別巻2、岩波書店；山室信一（1992）「法令全書と法規分類大全」『日本近代思想大系 別巻 近代史料解説・総目次・索引』岩波書店；中野目徹（2000）『近代史料学の射程――明治太政官文書研究序説』弘文堂、などがある。

9日、宮廷クーデターを起こした。

　この日、発布された「王政復古大号令」では従来の摂政と関白および幕府を廃止し、臨時に総裁・議定・参与で構成された三職制を新設した。このとき「太政官始追々可被為興候間其旨司心得居候事[11]」という内容も一緒に公布された。これは古代太政官制に基づき国家統治機構を組織するという方針を国内に公式に表明したものだ。

　同月18日には王政復古を各国に通知する案件に関する三職会議が開催された。このとき作成された通知文案のなかには「条約は大君の名義で結んだが、今後太政官に変える[12]」という内容が含まれていた。これは対外的にも日本を代表する主体が太政官（＝中央政府機構）であることを明確にしようとしたものである。

　このように太政官は、「王政復古」を名分にして幕府を打倒し成立した政府機構の名称であり、新政府はこれが国内外に日本を代表する唯一の中央政府であることを標榜した。しかしこれはどこまでも宣言に過ぎず、その物質的土台はもちろんのこと、その機構的実態もまだ備わっていなかった。その具体的な動きは翌年の1868年（明治1）1月7日、鳥羽・伏見戦闘で新政府が幕府軍に勝利した後から本格的に始まった。

　まず1月12日、「九条家」に「太政官の臨時の庁舎[13]」を意味する「太政官代[14]」が設置され、その5日後である17日には三職制が整備された[15]。ここで「総裁」の職務は「萬機ヲ統率シ総テノ事務ヲ裁決」することに定められた。こうした「総裁」の統率の下に「議定」と「参与」の事務を神祇事務科・内国事務科・外国事務科・海陸軍事務科・会計事務科・刑法事務科・制度寮など七科に分けた。各科の決定権者に該当する総督には「議定」が、各科の実務責任者にあたる掛には「参与」が任命された。続いて21日には

---

11) 1867年（慶応3）12月9日（1887）内閣官報局編『法令全書』第1巻、原書房、1974年復刻、7頁
12) 太政官編纂（1930）東京帝国大学蔵版『復古記』第1冊、巻11、内外書籍株式会社、310頁
13) 毛利敏彦（1985）前掲書、76頁
14) 1868年（明治1）1月12日、内閣官報局編、前掲書、10頁。「太政官」は1月27日、二条城へ移転された。
15) 1868年（明治1）1月17日、内閣官報局編、前掲書、15頁

「毎日巳時定刻に出勤し申時定刻に退庁し、毎日巳時半刻から議事をはじめ」る、職務規定と「議事には総裁をはじめ参与までみな出席」するようにすると議事規定が定められた[16]。このように三職七科制は近畿地方を中心に確保された直轄領の管理と戊辰戦争の拡大による新たな行政体制の必要性に対応するための措置であった。

2月3日には七科が八局に改編された。ここでは七科の事務分配を機構的に確立するため総裁局・神祇事務局・内国事務局・外国事務局・国防事務局・会計事務局・刑法事務局・制度事務局など八局が設置され、各局の長官を独任制に定められた。これは総督を複数に任命することでその機能と権限が分散された七科の問題点を改善し、総裁局の指揮下に行政事務を一元的に処理するための措置であった。

以上のような三職制の特徴は、国内外に太政官の設置が宣言されたが、まだ太政官という称号は使用されていなかったという点である。太政官という称号は同年、閏4月2日に制定された「政体書」[17]で初めて公式に登場する。「政体書」は天皇が毎日午前8時に学問所で「政務を総攬」するように定め、これとともに「すべての天下の権力を太政官に帰属」させると宣言することで国家権力を太政官に集中させた。「天皇親政」の名分を掲げながらもその名分を太政官が排他的に独占しているのである。しかし、ここで太政官は具体的な機構名ではなく、議政官・行政官・神祇官・会計官・軍務官・外国官・民部官・刑法官など八官で構成した中央政府機構の通称であった[18]。そしてこれは「立法・行政・司法の三権」分立という原則の下に議政官が立法権を、行政官が行政権を、刑法官が司法権を担った。

議政官は上局と下局で構成された。上局には議定と参与が属したが、このうち議定には政体創立、法制造作、機務決定、条約締結などの権限があった。上局の諮問機関である下局は各藩士を任命した貢士で構成され、この後1869年（明治2）3月7日に公議所に変更された[19]。

---

16) 1868年（明治1）1月21日、内閣官報局編、前掲書、21頁
17) 1868年（明治1）閏4月21日、内閣官報局編、前掲書、137～146頁
18) 民部官は、1869年（明治2）4月8日に設置された。
19) 公議所は、1869年（明治2）7月8日の「職員令」によって、集議院として改編された。

行政官には議定が兼任する輔相2名、弁事10名で構成された。行政官の責任を負う輔相の職務は天皇を補佐し、議事を奏宣し、国内事務および宮中庶務を総括するのである。また神祇官以下各官は行政官の管轄だった。したがって行政官が行政業務の方針や政策を決定する一次行政機関であるなら、神祇官・会計官・軍務官・外国官・民部官は行政官が定める方針や、政策に従い行政業務を分けて遂行する二次行政機関といえる。当時、刑法官が担う司法権も実質的には行政事件に対する裁判権のみを意味していたため、刑法官も行政官の指揮・監督を受ける二次行政機関だったといえる。この後、太政官で発布された法令をすべて行政官の名義で発布するようにしたり[20]、法令制定順序とその様式を定め、布告などの重要法令は必ず行政官の裁決を経るようにしたのは[21]、太政官内で行政官が占める一次行政機関としての機能を明確にしようとした措置であった。

　以上のように「政体書」によって成立した太政官は、古代の太政官制を「再興」しながらも形式的には西欧の三権分立の立憲政治組織を模倣し、11官という行政機関を整えた「皇国の政府[22]」の通称となった。しかし幕府に代わる国内外唯一の中央政府という名分とは異なり、これの実質的な統治権はおおよそ800万石規模の旧幕領を接収し、設置した直轄府県に限定された。これは「全国田地の石額は3000万石」だといわれていた当時の約27%程度にすぎない規模であった[23]。

　だとすれば「政体書」太政官制において文書行政はどのように行われていたのだろうか。

　1868年（明治1）2月3日、七科から八局に改編され新設された総裁局に定員4名の弁事が設置され、願・伺・届などのようなすべての公文書は弁事役所に提出するよう定められた[24]。弁事は三職中の一つである参与が兼任しているが、これは新政府の実力者らが、文書事務を主管する弁事も兼職する

---

[20]　1868年（明治1）8月7日、内閣官報局編、前掲書、252頁
[21]　1868年（明治1）8月13日、内閣官報局編、前掲書、254頁
[22]　1868年（明治1）2月17日（1966）「太政官の責任」（1868年2月『太政官日誌』第1）橋本博編『改訂　維新日誌』第1巻、名著刊行会、2頁
[23]　「大蔵省沿革誌」上巻『明治前期財政経済史料集成』第2巻（1931）改造社、127頁
[24]　1868年（明治1）2月28日、内閣官報局編、前掲書、53頁

ことで国政の実務を掌握するための措置だと考えられる[25]。

「政体書」では、総裁局が廃止されこれに代わる行政官が設置された。先にみたように行政官は太政官内で一次行政機関として中枢的な役割を遂行した。これを文書行政の側面で支えるのが弁事局だった。弁事の職務は「掌受付、内外庶事糾判、宮中庶務[26]」に定められた。その官位は勅授官に該当する三等官で非常に高く、定員は10名に定められていた。1868年10月29日、行政官は次のように文書処理過程を具体化した。

> 今般辨事分課別紙之通相成リ候ニ付テハ以後五官府縣ヨリ相伺候諸事件必其引受之辨事ヘ可差出……五官府縣諸侯大夫士ヨリ学校寺院等ニ至迄諸願伺等夫々引受之辨事ニテ篤ト逐吟味調印之後議参ヘ可差出尤御決定之上夫々引受辨事ヘ相下リ候得ハ其事件ヲ委細相記其後夫々ヘ可相達事[27]。

ここでは太政官に提出するすべての文書を「担当弁事」に提出するようにすることで、弁事を中心にした文書行政の一元化が試みられていたことがわかる。このような行政官の試みは、12月7日に幕府派の主要戦力だった東北地方の藩が処分され、徐々に戊辰戦争に対する勝利が見通せるようになるなか、1869年1月18日、次のように一層明確に提示された。

> 諸願伺等紙面其分課辨事見込相付参與ヘ出シ参與商量シ議定ヘ出シ議定議判シ輔相ヘ出ス輔相決ヲ宸断ニ取リ然後辨事ヘ可付事[28]。

---

[25] 参与には、公家5人と共に、尾張・越前・安芸・土佐・薩摩・長州など、「王政復古のクーデター」を主導した藩の下級武士が各3人ずつ任命された。

[26] 日本史籍協会編『太政官沿革志』3、東京大学出版会、1987年復刻、300頁。1869年(明治2)4月8日、宮中事務を専担する内弁事が設置された。

[27] 1868年(明治1)10月29日、前掲書、340〜341頁。この際、決定された分科と担当弁事の人数は、「宮内・内侍所」=3名、「諸侯」=2名、「中下大夫上士」=2名、「府県・寺院・印鑑」=2名、「各種願・伺・届・調の5官の受付、伝達、布告」=2名、「学校、職務進退」=2名、である。

[28] 1869年(明治2)1月18日 (1887)内閣官報局編『法令全書』第2巻、原書房、1974年復刻、19頁

ここでは太政官の文書処理が、「すべての公文書→各分科の弁事→参与→輔相→弁事」という形式に一元化され、最終決定権が輔相に与えられている。これは天皇を「補佐」し行政官の首長として国政に責任を負う「輔相」に、国家の意思決定権を集中させた「政体書」太政官制の特徴が文書行政にあらわれているということを示している。

　以上のように「政体書」太政官制が徐々に行政官所属の弁事局を中心に文書行政の業務を一元化した理由は、「政体書」が西欧の三権分立の立憲政治組織を形式的に模倣したとしても、その根幹が大宝令や養老令のような古代太政官制にあったためである。古代太政官制には行政事務を担当する官職である「左・右弁官[29]」があった。「左・右弁官」はすべての官省と各地方から提出される庶務を弁理し納言に上申し、宣旨・官符・官牒を作成するなど、太政官内のすべての文書行政を担当した[30]。したがって「政体書」太政官制で実施された弁事職務の改正は、古代太政官制の弁官に近いかたちでつくられる過程であり、このような弁事の職務は版籍奉還後に実施された「職員令」太政官制において、より明確になった。

2．「職員令」太政官制と文書行政

　明治天皇の母方の祖父である中山忠能らのような宮廷勢力は、「政体書」太政官制に反発し、「王政復古」の名分にふさわしいように「皇国ハ皇国ニテ制法相立度事と存候」と主張した[31]。これは「政官制」が西欧の三権分立の立憲政治組織を形式的にでも模倣したことに対する批判であった。当時、「王政復古」という政治的名分の中で宮廷勢力の政治力を無視することはできなかったため、新政府内でも「職官ノ名ハ大宝ノ令に依リ古今ヲ斟酌シテ

---

29) 左弁官は、中務、式部、治部、民部の四省を、右弁官は兵部、刑部、大蔵、宮内の四省を管轄した。左・右弁官と共に文書行政を担当した役としては「少納言」があったが、これは主に詔勅、宣旨などを清書する業務を担当していた。和田英松・所功（1983）　校訂『新訂 官職要解』講談社、62〜64頁を参照
30) 和田・所（1983）前掲書、68頁
31) 1868 年（明治 1）4 月 19 日「中山忠能書翰草稿」『中山忠能履歴資料』9、東京大学出版会、1975 年復刻、298 頁

之（太政官を意味する—引用者）ヲ設クヘシ」という意見が提出されることもあった[32]。中央政府機構の総称ではなく具体的な実体としての機構設置が議論されはじめたのである。

一方、1869年6月17日、明治天皇は、薩摩・長州・土佐・肥前など四つの藩主を含めた262名の藩主がそれまで提出した版籍奉還の請願を受け入れた。いわゆる版籍奉還の実施である。版籍奉還は「府藩県三治制＝郡県制」の宣言を意味した[33]。したがって今後の主要な課題は郡県制をどのように徹底的に貫徹させその内実をどのように形成していくのかにあった。同年7月8日の「職員令[34]」はその具体的な法案だった。

「職員令」は古代太政官制に則り「祭政一致」を掲げ、神祇官を太政官より上位に置いた。しかし、これとともに従来の「百官」などを廃止し、新たな位系と官位相当を制定することで既存の宮廷勢力に大きな打撃を加えた。「旧官の名称を従うも更始の内容を取ることで太政官体制下に維新官僚の強化[35]」を成し遂げたのだ。

ここでは行政官が廃止され、実体を帯びた機構の名称としての太政官が設置された。太政官には三職［左・右大臣各1人、大納言3人、参議3人］と弁官［大・中・小弁］などが設置された。左・右大臣は天皇を補佐し、大政を総理し官事を総判し、大納言と参議がこれを参預するように定められた。既存の五官（会計官・軍務官・外国官・刑法官・民部官）は廃止され、これに代わり太政官の管轄下に六省（民部省・大蔵省・兵部省・刑部省・宮内省・外務省）が設置された。このほかにも大学校、弾正台、皇太皇后宮職、海軍、陸軍、留守官、宣教師、開拓使、按察使などが設置された。

直轄府県の行政に関しても7月に「府県職務章程」、「府県官吏定員」、「府

---

32) 1869年（明治2）1月25日（1906）「具實政體建・君徳培養・議事院創置・遷都不可ノ四件ヲ朝議ニ附スル事」多田好問編（1906）『岩倉公實記』中巻、岩倉公旧蹟保存会、686頁
33) 版籍奉還から廃藩置県まで、直轄の府・県と各藩が共存する地方制度を「府県藩三治制」と呼ぶ。この時期の地方政策の過程については、朴三憲（2004）「明治初期の地域『民政』と地方官会議——明治2年の京都府会議を中心として」『日本学報』第61集；朴三憲（2007）「明治初期の直轄県の成立と展開——久美浜県の場合」『日本研究』第32号、を参照
34) 1869年（明治2）7月8日、内閣官報局編、前掲書の第2巻、250～264頁
35) 松尾正人（1992）「明治初年の宮廷勢力と維新政権」明治維新史学会編『幕藩権力と明治維新』吉川弘文館、171頁

県常備金規則」などを制定した[36]。ここでは地方官が任意に租税を軽減したり、財政を備蓄することを禁じ、任意に軍隊を統率できないようにするなど徹底した地方官の官僚化を図ることで、地方行政に対する中央政府の規制を強化した。

　藩主の領地も「直轄地」として規定し、藩主には藩知事という地方官の地位が与えられた。もっとも既存の藩主らをそのまま藩知事に任命はしたが、これは藩主にも天皇の土地を管轄する地方官僚という性格が強調され始めたことを意味する。これによって各藩に対する規制も強化された。藩の行政機構については府県と同一に知事の下に大小参事という官職を定め、複雑な行政機構を簡素化すると同時に画一化し、藩知事以下の家禄に対する改革も下達された。

　以上のように「職員令」太政官制は「府・藩・県三治一致体制の活動を前提に、維新政府が諸藩の上に超越的に存在し機能[37]」する統一権力を志向する体制であった。これをもって太政官は形式的には神祇官よりも下であるが、実質的には天皇直属の最高議決機関となった。「厳密にいうと太政官制度の復活は明治2年7月8日の官制[38]」からだといえる。

　では、このような「職員令」太政官制の特徴は文書行政にどのように反映されたのだろうか。

　「職員令」太政官制の文書行政は「太政官規則」でその概略が定められている[39]。これは〈表2〉でみるように2度にわたり改正された。この過程で「各省卿といっても要件は一旦弁官が確認した後に許可」を受けてから、御前会議に参席するよう定められた。文書行政についても「弁官受付→各分課確認→参議に提出→参議の商量→御前会議で報告および三職評論→参議が分科の弁官に結果下達」という順序が定められた。

---

[36] 1869年（明治2）7月27日、内閣官報局編、第2巻、281～285頁
[37] 宮地正人（1999）前掲書、312頁。宮地正人は、その他にも「天下の公論」「公の世論」の制度化が明治政府の構造の内部において不可欠に定置されていたこと、明治政府はその成立と共にすでに不可欠の構成要素として固有の栄典制度、国家的価値の序列を作り出したことを言及している。
[38] 鈴木安蔵（1944）前掲書、3頁
[39] 1869年（明治2）7月13日、内閣官報局編、前掲書の第2巻、270～271頁

こうした規定改正は、御前会議に参加することのできる資格を原則的に三職（左・右大臣、大納言、参議）に限定することで三職会議が国政議決権を独占するための措置であると同時に、大久保利通のような下級武士出身が任命された少数の参議が、三職会議の主導権を掌握するための方法として弁官の権限が強化されたことを示している。また「六官の文書を府藩県に布告する際には弁事」を必ず通すように定めた[40]。このような「三職⇔弁官⇔府知事・大藩知事」という文書処理順序も、各藩の上に超越的に存在し機能する国家統治機関としての太政官が、弁官を媒介にして地方行政機関を掌握していたことを示している。

　以上のように弁官という存在は太政官の中央集権化において、なくてはならない中心的な官職だった。このように弁官の役割は「職員令」の官位相当にも反映された。「政体書」と「職員令」の官位相当を比較した〈表3〉によれば、「政体書」において弁事は二等府知事よりも低い三等官位だったが、「職員令」の大弁は、各府の地方長官といえる府知事および雄藩の旧藩主が任命された大藩知事と同一の官位である。また「政体書」の奏授官四等権弁事に該当する少弁も県知事と同一の官位だ。要するに各藩の上に超越的に存在し機能する太政官の役割を、文書行政的側面から支援するために弁官の官位も地方官より上位に位置しておかなくてはならなかったのである。

　しかし以上のような「職員令」太政官制の中央集権化は思ったようには順調に進まなかった。まず版籍奉還が実施された1869年は、洪水と冷害で全国的な凶作となり、これによって租税減免を嘆願する農民蜂起などが激化した年であった。こうした農民蜂起を背景にして1870年3月頃からは、租税減免および堤防工事の費用などを要求する直轄府県の地方官と租税減収の責任を地方官の怠慢におき、租税監督を強化する民部・大蔵の二省が対立することで新政府内に問題を起こした[41]。この時期は、1869年12月に鹿児島藩と山口藩へ大久保と木戸を送り島津久光・毛利敬親・西郷隆盛を政府に呼び寄せ、両藩の軍隊を政府の常備軍として編成し新政府を強化しようとした計

---

40) 日本史籍協会編（1987）前掲書、315頁
41) 「職員令」が発布された直後である8月12日、民部卿が大蔵卿を、民部大輔が大蔵大輔を各々兼任する形の民部・大蔵両省の形として合併された。

画が失敗に終わった直後であった[42]。

　この後、新政府は内部結束を図る一方、他方では各藩に対する規制を強化するため「藩制」を制定した（1870年5月28日）。これは各藩の現在の石高から藩主の家禄（10分の1）を抜いた残りの5分の1を各藩の陸海軍費（このうち半分を海軍費として新政府に上納）とし、残りを「公庁諸費、士族卒家禄」とする第4条を含む14ヵ条であった[43]。「藩制」については鹿児島藩・山口藩・高知藩のような有力な雄藩が強く反発した。有力雄藩の反発は政府の官吏らが「日本一円困窮就中浪花其外乞食餓死之傍鉄道鉄橋之御仕立[44]」などに気を使っているとして、新政府の開化政策に対し全面的に批判する雰囲気に転化していった。

　以上のように版籍奉還以後の国内政治の不安定が続くなかで、これを一挙に解消し中央集権国家体制の成立を試みたのは1871年7月14日に断行された廃藩置県であった。

III　廃藩置県後の太政官制

1．太政官三院制と文書行政

　廃藩置県直後の7月29日、既存の左・右大臣、大納言らを廃止し新たに正院・左院・右院で構成された太政官三院制が実施された。このとき初めて設置された太政大臣は納言・参議とともに正院に所属した。正院の職務は「天皇臨御シテ萬機ヲ総判シ太政大臣納言之ヲ補弼シ参議之ニ参与シテ庶政ヲ奨督スル所ナリ」と定められた。また「立法施政司法ノ事務ハ其章程ニ照シテ左右院ヨリ之ヲ上達セシメ本院之ヲ裁制」すると定められた。正院の長

---

42)　朴三憲（2004）「近代移行期の地方管轄機構に関する一考察」『日本研究』第24号、105〜106頁、を参照
43)　「集議院日誌」『明治文化全集』第1巻　憲政編、日本評論社、1955年改版、200〜202頁
44)　『大久保利通関係文書』2（1973）吉川弘文館、151頁

官といえる太政大臣の職務は「天皇ヲ補翼シ庶政ヲ総判シ祭祀外交宣戦講和立約ノ権海陸軍ノ事ヲ統治」と規定した。納言は「職掌大臣ニ亞ク大臣闕席ノトキハ其事ヲ代理スルヲ得ル」、参議は「太政に参与シ、官事ヲ議判シ大臣納言を補佐シ庶政ヲ賛成」できるよう規定された[45]。

左院は参議が兼任する議長と一等・二等・三等議員および書記で構成されており、主な業務は「議員が諸立法に関して議するところ」、つまり立法機関として規定した。しかし具体的には「議事の章程および本院の開閉はすべて太政官の特裁」によらねばならず、「議員の選挙免黜は正院の審判」によって制限をうけたため純粋な立法機関というより正院の立法部に位置づけられたとみるべきだろう[46]。

右院は「各省の長官が担当業務と関連した法案を考慮し、行政実際の理解を審議」するところだが、正院に制限されるようになっていた。

一方、廃藩置県によってその対象が全国的に拡大され、府県制度の確立も太政官三院制の重要な課題であった。廃藩置県が実施されてから3カ月にわたり全国の府県が統廃合された結果、地方行政区域は3府72県に統合された。このとき任命された府知事と県令は太政官官僚と比較すると顕著に低い地位であった。これは「天皇の臣下である太政官、その太政官の臣下である各府県の地方官という序列を地方官に認識」させる措置であった[47]。

以上のように廃藩置県直後の太政官三院制の特徴は、天皇を政治的絶対権力者に確定し、これを正院が補佐することで国家の最高議決権を一元化しようとした体制であった。このように太政官三院制の特徴はこの後若干の修正を経て1885年に内閣が設置されるまで継承されたため、明治時代の太政官制は廃藩置県直後の太政官三院制をもって確立されたといえる。

では、太政官三院制の文書行政はどのように変化したのだろうか。

まず太政官内で文書処理行政を担当してきた弁官が廃止され、1871年7

---

45) 1871年(明治4)7月29日(1988)「太政官職制竝ニ事務章程」内閣官報局編『法令全書』第4巻、原書房、1974年復刻、298〜305頁

46) 朴三憲(2004)「明治初期における地方官会議の性格」『日本語文化』第25集、76頁

47) 朴三憲(2001)「明治五年天皇(地方)巡幸——廃藩置県後、太政官成立の観点から」『日本史研究』465号、34頁

月29日、正院に枢密大史・枢密少史・大史・少史のような史官が設置された。この中で「正院の秘書記」的性格を担う枢密史官は「三職（太政大臣・左右大臣・参議）＝正院」の命にしたがい「文案を作成し奏書法案を検査・補正」すると規定され、その地位は三職の次に高く策定された。しかしこのような高い地位にもかかわらず、枢密史官には「ただ三職の命令にしたがい文書を作成するのみ、文書上の可否を検印したり自身の意見で提示すること」はもちろん、「自身の意見を立法・施政の各省に諮詢すること」も禁じられていた[48]。政策を決定する三職とこのために文書を準備し作成する官僚としての性格が厳しく区分されているのである。

しかし8月10日に改正された「正院庶務順序」では「枢密大・少史」が廃止され既存の大・少史に「内外」という名称が追加された。これは最高政策決定機関である「三職＝正院」を文書行政的側面で専門的に支援する専門官僚の役割が重視された結果ではないかと考えられる。「正院庶務順序」の具体的な内容は次の通りだ。

> 凡ソ、左院之法按及ヒ各省府縣ヨリ上奏スル一切文書ハ外史之ヲ受ヶ其部類ヲ区別シ番号月日件銘を簿記シ副本ヲ以ッテ三職ニ呈ス。三職決裁アリ裁印ヲ押シ外史ニ付ス
> 外史之ヲ受ヶ本紙ニ批文ヲ記し捺印シ且ツ其由ヲ簿記シテ後之ヲ其主任ノ官ニ達ス副紙ハ編次ニテ之ヲ存ス。凡ソ文書ノ草按ヲ作為シ若クハ勘査ヲ要スル者ハ三職之ヲ内史ニ命ス。
> 凡ソ文書儀式ニ係ル者ハ三職之ヲ式部寮に附シテ議セシム内外史受ル所ノ文書禮典疑ハシキ者亦之ヲ式部寮ニ質ス
> 官記位記ハ内史之ヲ作リ外史ニ移シ外史推校簿記ノ後式部寮ニ達シ式部寮乃チ之ヲ施行ス薦挙黜免ノ伺書正院決裁ノ後内史之ヲ受ヶ月日ヲ記シ…
> 凡布令ハ外史之ヲ頒行ス
> 届書ノ類ハ正院一覧ノ後外史編次シテ之ヲ存ス

---

48) 日本史籍協会編（1987）前掲書、320～323頁

  史官ニ面謁ヲ乞ウ者アレハ外史ニ出テ之ニ接ス
  <u>凡恒例ノ布告己發ノ公文ハ少外史之ヲ草シ大外史監査シ而ル後之ヲ發移</u>
  <u>ス諸省地方官ノ往復事ノ多岐ニ涉ル者モ亦之ニ準ス</u>……[49]（下線は筆者）

 ここで外史の職務は、左院や各省・府県が上奏する文書を受け付けこれを分類し、番号・月日・件名などを付記してから三職に提出し、三職が決裁した文書の内容を記録してから編次別に保管するなどと定められている。そして内史の職務は、三職で作成される文書の草案を作成したり、勘査を担当することと定めている。これを「職員令」太政官制の「太政官規則」と比較するとその役割が文書受付および処理という文書行政的側面に限られていることがわかる。つまり「職員令」太政官制の弁官には、自らの意見書を添付したり太政官に大臣・納言・参議とともに参加するよう定めているのに比して、内・外史には自らの意見を陳述することはなく、三職を中心に文書行政が円滑に行われるよう文書受付処理だけを担当するよう定めたのである。

 もっともこうした史官という官職は「政体書」太政官制から弁事とともに設置されていた。その本来の職務は受け付けた文書を検討し、関連書類を作成してから日誌を作成すること、つまり文書行政中、書記官としての性格が強い業務であった[50]。しかし廃藩置県後、文書行政において自らの意見を陳述することのできる弁官のような役割は廃止され、文書処理だけを専門的に担当する史官のような役割だけが特化され強化されたのである。その結果、史官の地位は「職員令」太政官制よりも低いものとなった。「職員令」で大弁の官位は諸省卿よりも低くなったが、各省の大輔と同一の従三位だった。しかし廃藩置県後には史官のなかで最も高い大内史が一等官である各省卿はもちろん、二等官である各省の大輔よりも低い三等官となったのである[51]。

 以上のように廃藩置県後の太政官三院制では、正院を中心にした最高議決機関の一元化を推進する過程で、その間の文書処理業務を専門的に担当した書記官的性格の史官の役割が強化されたことがわかる。これ以後、太政官で

---

49)　日本史籍協会編（1987）前掲書、324～326頁
50)　日本史籍協会編（1987）前掲書、300頁
51)　1871年（明治4）8月10日、内閣官報局編、前掲書、第4巻、317～318頁

文書を受付処理する官職は、1877年1月18日書記官設置→1879年3月10日内閣書記官・太政官書記官設置→1880年3月25日太政官書記官廃止および内閣書記官への一元化という過程を経ることになるが、その原型は廃藩置県直後に準備されていたと言える。

一方、新たに設置された各府県との文書行政はどうであっただろうか。

先に見たように1871年8月10日の「正院庶務順序」では「府県が上奏するすべての文書は外史が受け付け、その分類を区別し番号・月日・件名を簿記した後、副本を三職に提出」するよう定められた。しかし同年11月27日の「県治事務章程」では、府県が各省に必ず「稟議処分」しなくてはならない事務を上款の31項目と、府県次元で「専任施行」した後、その趣旨を主務の省に報告することのできる事項を下款の16項目で区分し提示している[52]。「府県が上奏するすべての文書」が「外史」を経て「三職＝正院」に提出されるようになっていたにもかかわらず、ここでは府県が必ず「稟議処分」される事務を正院でなく各省の「主務部処」に定めているのだ。

実際に太政官三院制において各省卿の権限は、天皇から庶政を「委任ヲ受ル宰臣」として規定され「總テ部事」に責任を負うため「失策錯アルモ已レ其譴ヲ受テ聖明ノ累トナス可ラサル事」とし、「卿ハ専ラ其部事ヲ総判スル全権ヲ有ス。敢テ他部ノ権ヲ干犯スルコトヲ許サス」と規定された[53]。その結果、各省が天皇から委任された権限を行使するなら、各省の割拠主義は必然的に起こるしかなかった。もちろんこうした問題点を発見してから10日余りに正院の主要な構成員である太政大臣・左右大臣・参議は「天皇ヲ輔翼スル重官」であるため「諸省長官ノ上タリ」であることを確認した[54]。しかし各省卿は天皇から庶政を「委任ヲ受ル宰臣」であったため、その「庶政」の内容といえる府県からの「稟議」は「県治事務章程」においてのごとく、正院ではなく「主務ノ省」で報告するようになるしかなかったのだ。

このような正院と各省、そして「庶政」に関する各省の間の不明確な権限規定はとうとう翌年の1872年5月、予算編成をめぐり起こった各省と大蔵

---

52) 1871年（明治4）11月27日、内閣官報局編、前掲書の第4巻、419～429頁
53) 1871年（明治4）7月29日、内閣官報局編、前掲書の第4巻、305～306頁
54) 1871年（明治4）8月10日、内閣官報局編、前掲書の第4巻、317頁

省の激しい対立につながり、これに対し正院の無気力な対応は再び太政官の関係改革をもたらした。1873年5月2日に実施された太政官潤飾がそれである。これは「立法も行政も各省之を兼持して而して正院は唯空権[55]」を握る事態を打開するために立法権を正院にのみ帰属させる措置であった。

2. 太政官潤飾と文書行政

　廃藩置県直後に成立した太政官三院制は、行政・司法・立法に関わるすべての意思決定を正院の太政大臣に一元化するものであった。天皇を補弼する直接的な責任は太政大臣にあり、正院の核心的存在である実力者参議は大臣と納言を補佐するのみで、天皇を補弼する地位にはなかった。したがって各省卿と開拓使長官は各省の業務に対する責任を負いながらも、最高機関である正院に参加できないという、つまり正院の実力者である参議が制度的には「庶政」を委任された省卿と別途の存在であるという矛盾によって今後、参議・省卿の兼任または分離問題がしばしば問題視された[56]。

　また、この時期に多発した地方法令は地方長官の個性と地域の実情を反映し、形式や内容面において、非常に多様で独自性があった。地方長官個人の統率力や政治的判断力が、しっかり整っていない中央の統一法令を補完する重要な要素として機能すると同時に、地方長官の行政理念やその個性が府県政治の形態に大きな影響力を及ぼす時代であった[57]。しかし、こうした時代だっただけに中央政府、とくに予算権を握っている大蔵省と府知事権令の対立も多かった。

　以上のような太政官三院制の問題点を改善するために実施されたのが、1873年5月2日の太政官潤飾であった。ここでは「天皇陛下の特任」によって任命された参議を「内閣議官にし、すべての機務を議判」するように定め、「凡ソ立法ノ事務ハ本院ノ特権ニシテ聴テ内閣議官ノ議判ニヨリテ其得

---

55) 1873年（明治6）1月15日（1977）「大久保利通・伊藤博文宛渋沢栄一書翰」『伊藤博文関係文書』5、塙書房、256頁
56) 原口清（1968）『日本近代国家の形成』岩波書店、87頁、を参照
57) 大島美津子（1994）『明治国家と地域社会』岩波書店、34頁

失緩急ヲ審按」する一方[58]、左院の「勅政章程」は後で定めることにして右院は常設ではなく「勅命で臨時開院」する機関として規定された[59]。これにおいて「内閣議員＝参議」には立法事務を議判し、勅任・奏任官の進退を諮問し、重大な裁判の場合には司法省臨時裁判所に出席し、審議する権限が与えられた。これをもって廃藩置県直後「太政ニ参與シ官事ヲ議判シ大臣納言ヲ補佐シ庶政を賛成[60]」することができるとし、多少、抽象的に規定されていた参議の権限は具体的に大幅に強化された。要するに太政官潤飾は、正院への権力集中を意図したが、その内実は「内閣議官」として新たに規定された「内閣議官＝参議」への権力集中にあったのである。

以上のように、太政官潤飾で正院の権限は強化された。しかしその結果、各省の積極性が消失し、「正院＝内閣」に各省の意向が反映されなくなっただけでなく、「内閣議官＝参議」も各省の実情を十分に把握できないまま、政策を決定するしかないという根本的な矛盾を解決することが出来なかった。そしてその根本矛盾は征韓論後にあたる10月24日に参議が各省卿を兼任することで解決した。太政官潤飾の目的であった正院の強化が、「政策決定機関である正院と政策実施機関である各省実務担当者の緊密な意思疎通」のための「参議・省卿兼任」を通じて実現されたのである[61]。

この後、1875年4月14日、『漸次立憲政体樹立の詔書』によって左院と右院が廃止され元老院と大審院が設置されると地方官会議が開始された。この時に残った正院も1877年1月18日には廃止され、太政官と左・右大臣の権限も縮小された。これによって廃藩置県後、設置された太政官三院制はその基本的な形態が失われたが、「参議・省卿兼任」は1880年2月から1881年10月までを除き1885年12月に太政官が廃止されるまで持続した[62]。

---

58) 1873年（明治6）5月2日（1989）「正院事務章程」内閣官報局編『法令全書』6－1、原書房、1889年、1974年復刻、767頁
59) 1873年（明治6）5月2日（1989）「太政官職制」内閣官報局編『法令全書』6－1、767頁
60) 1871年（明治4）7月29日（1988）「太政官職制竝ニ事務章程」内閣官報局編『法令全書』第4巻、原書房、1974年復刻、298～305頁
61) 堀田暁生（1976）前掲書、340頁
62) 1880年（明治13）2月28日に参議と各省卿の分離が断行され、省卿は各省の長官として行政事務に専念する体制に改編された。したがって、3月3日、参議と各省卿の連結機構として太政官の中の六部（法制・会計・軍事・内務・司法・外務）が設置され、これを参議に分任し、

したがってその後の国家の政策決定は「天皇の特任」によって任命された参議とこれが兼任する各省卿の合意によってなされたといえる。

では太政官潤飾以後の文書行政はどのように行われたのだろうか。

まず5月2日、太政官潤飾とともに制定された「内外史官職諸章程改定」では「内閣」に「財務・法制などの課を設置し、内史がその課長を担当し、内閣の文書を勘査」すると定められた[63]。このとき設置された内史少官の七課一局は履歴課、監部課、財務課、法制課、庶務課、歴史課、地理課、翻訳局だ。これとともに外史にも二課（記録課、用度課）二局（印書局、博覧会事務局）が設置された[64]。次いで制定された5月10日の「議案上申・下達順序」では次のように文書行政を改定している。

> 各省使等ヨリ上奏スル諸公文書類ハ外史其部類ヲ分カチ内史ニ送ルヘキハ之ヲ件銘録ニ記シテ各課長ニ附ス……上申ノ印ヲ押シ其議按ヲ議官ニ呈ス。議官之ヲ面覧歴議シテ其印ヲ押シ総印済ノ上議官ヨリ太政大臣ニ出ス太政大臣之ニ押印シテ内史受付掛ニ附ス[65]。

要するに、すべての「公文書類」関連の行政が正院の三職中「内閣議官＝参議」に優先的に提出されるように改正されていることがわかる。これは太政官潤飾が意図した正院の権限強化、つまり「内閣議官＝参議」の権限を文書行政の側面から実現したものだと言える。ところがこの過程で「内外史」、その中でもとりわけ「内史がその課長を担当」しながら正院内の文書行政に重要な役割を果たしたことがわかる。これは廃藩置県後の太政官三院制が志向する史官の「書記官」的性格強化が、内史に設置された各課を通して具体化されたことを示している。1877年1月18日に設置された大・少書記官

主務官庁を監視するようにした。しかし、1881年（明治14）10月、いわゆる明治14年政変を契機として再び「参議・省卿兼任」が復活し、六部も廃止された。

63) 日本史籍協会編（1987）前掲書、328頁
64) 日本史籍協会編（1987）前掲書、331〜333頁。これは1975年（明治8）4月14日、内史の所管の七課一局は六課（内務課、外務課、財務課、法制課、履歴課、兵務課）二局（翻訳局、修史局）と改編され、外史の所管の二課二局は三課（記録課、政表課、用度課）一局（印書局）と改編された。
65) 日本史籍協会編『太政官沿革志』4、東京大学出版会、1987年復刻、19頁

はその一次的帰結だと言える。そしてその二次的帰結は 1879 年 3 月 10 日に設置された内閣書記官・太政官書記官であり、これは 1881 年 10 月 28 日、法案基礎および審議するために太政官に設置された参事院につながった。

一方、以上のような太政官潤飾が実施されてから 3 日後の 5 月 5 日に起こった皇城の火災は、文書行政において文書保管という側面が備わる大きな契機となった。火災が発生してから 3 日後の 5 月 8 日、太政官は各省に「建省以来御達、願伺、届、往復書類及ヒ舊官省ヨリ引継ノ簿冊中同様ノ事件共総テ漸次謄寫可差出」と命じている[66]。また同年つくられた「記録課章程」第 1 条には「歴世経国」、つまり代々に国家を経営するためには、「記録」が不可欠だという意見とともに、「人事變換アリ天災送臻アリト雖之ヲ守護シ散逸ナラサラシムル事政府ノ要務[67]」であると記述されている。逆説的にも維新以来のすべての公文書が消失されたのをきっかけに、ようやく記録と編纂の必要性が認識され始めたのである。そして、こうした認識が具体的な実行に移されたのがまさに『公文録』の編纂であった。

以上のように王政復古大号令以後に成立した明治時期の太政官制は、度重なる改定を経て、1885 年 12 月 22 日、内閣制に移行することでその歴史的使命を果たした。18 年間も存続した明治時期の太政官を単に前近代的遺物としてみなさないなら、近代日本国家の太政官制は古代律令制国家の単純な「復古」ではない新たな側面を明確に持っているといえる。この論文で検討した明治時期の太政官制の文書行政はそうした近代的性格をはっきりと示している。なぜなら太政官制の文書行政は単純な制度改革の結果物ではなく、そのなかに文書処理を専門にする近代官僚の形成過程という特性が存在していたといえるからである。

---

66) 日本史籍協会編『太政官沿革志』8、東京大学出版会、1987 年復刻、47 頁。9 月 22 日、同様の内容を各府・県にも命じた。
67) 日本史籍協会編、前掲書、86 ～ 87 頁

Ⅳ　1877年太政官指令文の歴史的意味

　これまで検討した明治時代の太政官制の変遷過程の中で行われた1877年太政官指令文の作成過程および処理過程は次のようにまとめることができる。
　まず、1867年10月5日、地籍編纂のために島根県を調査していた内務省地理寮地理大属の杉山栄蔵とほか1名は、島根県地籍編制担当者に島根県の目の前の海にある竹島という島に関する情報を依頼した。
　その後、同月16日、島根県参事の境二郎は「1618年から1695年まで約78年間、鳥取藩領地内の伯耆国米子町の商人大谷九右衛門と村川市兵衛という者が旧幕府の許可を得て毎年渡海」し、「竹島」を開拓した経緯とともに「竹島」と「外一島＝松島」の略図を添付した「日本海内竹島外一島地籍編纂方伺」を内務卿大久保利通に提出した。これに対し内務省は独自に元禄年間の「竹島一件」に関する記録を調査し、これを島根県が提出した文書とともに検討した後、「竹島」と「外一島」は朝鮮の領土であり日本の領土ではないと結論を下した。
　しかし内務省は「版図の取捨は重大」であるため、翌年の1877年3月17日、右大臣岩倉具視に「日本海内竹島外一島地籍編纂方伺」を提出し、どのように処理するか判断を依頼した。
　これに対し太政官調査局は内部審査を通じて内務省の見解を認め、3月20日に次のような指令文を作成し、本局＝太政官調査局長官の土方元と太政官大書記官巖谷修の決裁を経て太政官に提出した。参考までに、当時の指令文は、「太政官が省庁の伺に指令」を出す文書の一つとして、まだ「成規されなかったものに対する問請」に対する「訓告」の性格を帯びていた[68]。

　　27日受付［印：牟田口］
　　明治10年（1877）3月20日

---

68) 日本史籍協会編（1987）前掲書、43〜45頁

大臣［印：岩倉］本局［印：土方］［印：巖谷］
参議［印：大隈］［印：寺島宗則］［印：大木］
卿輔
別紙内務省が稟議した日本海内の竹島外一島に関する地籍編纂の件。これは元禄5年（1692）に朝鮮人が入島して以来、旧政府（幕府）と該国（朝鮮）の間で調会と答申した結果、結局、本邦と関係ないと結論を下したことについて、このまま指令を下してもいいのか問議する内容です。
指令按
質疑したところ、竹島外一島は本邦と関係ないことを肝に銘じること。
明治10年3月29日［印：判読不能[69]］

このように指令文に対する太政官の決裁は、太政官調査局が太政官にこの書類を提出した3月20日と、太政官書記官室で受け付けた3月27日の間に実施されたとみることができる。これは「受付27日」の横に捺されている太政官少書記官の牟田口元学の確認の捺印をみればわかる。

当時、太政官会議では、1873年の太政官潤飾が実施された後だったため、右大臣岩倉の主宰下に各省卿を兼職する参議が参加した。1877年3月20日当時、各省卿兼参議は、大蔵卿兼職大隈重信、司法卿兼職大木喬任、内務卿兼職大久保利通、工部卿兼職伊藤博文、外務卿兼職寺島宗則、陸軍卿兼職山県有朋、開拓長官兼職黒田清隆など全7名だった[70]。このうち太政官指令文に決裁の印を捺した参議は大蔵卿兼職の大隈、司法卿兼職の大木、外務卿兼職の寺島で、本来これを上申したのは内務省だったので、内務卿兼職大久保の決裁も含まれていたとみることができる。したがって太政官会議に参加した参議のうち、工部省、陸軍省、開拓長官を除いた4名の省卿兼参議が決裁の判を捺したといえる。そして2日後の29日、この指令文は内務省に下達され、4月9日には内務省が島根県に下達することで6ヵ月間検討された「竹島外一島」についての議論は終息した。

---

69) 内務大書記官兼地理局長の杉浦譲と推定。
70) 金井之恭著（1967）三上昭美『校訂 明治史料顕要職務補任録』柏書房、8〜9頁、を参照

以上のような1877年の太政官指令文の文書処理過程は、1877年、太政官指令文がたとえ朝鮮と結んだ外交条約でなく日本国内に下りたものに過ぎないとしても、実際には国家領土の確定をめぐる外交的状況、そしてこれと関連する財政および法制問題を管掌する省卿兼参議らの総体的な検討による結果であったことを示している。しかも明治時期の太政官制が「天皇親政」を名分に掲げており、この時期の右大臣は「天皇を輔翼する重官」で、省卿兼参議もまた天皇から「庶政を委任された宰臣」であったため、彼らが決裁した1877年の太政官指令文には明治天皇の意思が反映されているものと言えるのである。

表1　明治初年官制変遷

　　1. 三職制

　(1) 三職：1867年12月9日〜1868年閏4月21日
　　　総裁1名、副総裁（1868年1月9日設置、2名、議定兼任）
　　　議定：皇族、公卿、諸侯
　　　参与：公卿、諸侯、徴士（藩士から任用）

　(2) 三職七科：1868年1月17日〜1868年2月3日

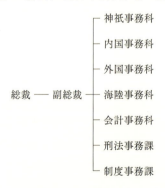

　　　＊各事務科は総督（副総裁・議定が担当）の管轄下で事務掛を
　　　　おきこれを参与が担当した

(3) 三職八局：1868年2月3日～1868年閏4月21日

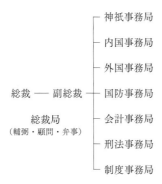

＊各事務局に督・輔・権輔・判事・権判事を設置した

2．太政官制
(1) 八官制（正体書）：1868年閏4月21日～1869年7月8日

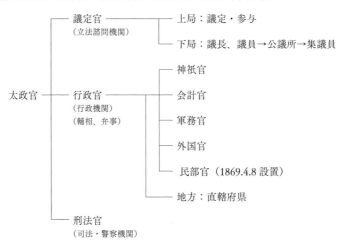

＊各事務局に督・輔・権輔・判事・権判事を設置した

(2) 二官六省制（職員令）：1869年7月8日～1871年7月29日

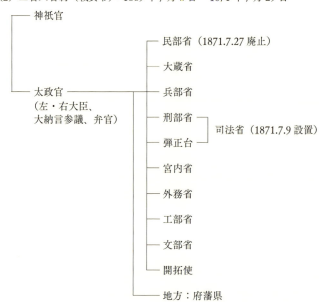

(3) 三院八省制（太政官職制）：1871年7月29日～1885年12月22日

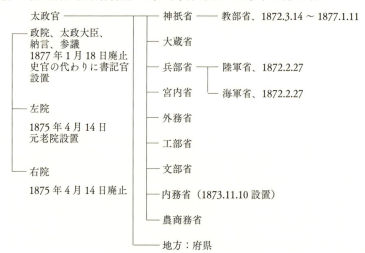

　＊1871年8月10日官制改定。1873年5月2日閏飾、1875年4月
　　14日改定。1880年2月28日改定。1881年10月21日改定

表2 職員令太政官規則変化過程

原案:1869年(明治2)7月13日	一次改正:1869年(明治2)8月7日	二次改正:1869年(明治2)11月22日
一、十字に出勤し二字に退勤すること 但し、暑気には八字に出勤すること 一、政府の座席順序 左右大臣は北上東面に着座、大納言、参議は北上西面に着座 一、宸断(天皇の裁可)を受けるときは第一字から待機すること 但し、上詔院所属の官員が予め待機すること 一、弁官が提出した書類は諸分課の確認印が捺されたものを提出し、これを議決した後に該当分課に送る 一、これからすべての願、伺は官を経て議事にあげること	一、毎日十字に出勤し二字に退勤すること 但し、節朔十六休暇 一、毎日十字から十二字まで小御所で万機宸断(天皇出席)下で大臣、参議の会議をすること 但し、諸省であっても用件は一旦、弁官に確認され許可を受けて出席すること。非常に重要な用件がある場合には待詔院の官員および以下の在職序列によらない 一、議事中、三職は勝手に起立し天皇を面謁することを禁ずる 但し、急な用務の場合は別途とする 一、面謁を要請するすべての課人は一字から待機すること 一、議決においては納言、参議も大臣と同じく全ての業務を執行できる 一、官庁に座る順序は上から大臣、納言、参議等が座り、弁官は東側に分課別に座る 但し、諸官員は勝手に上に上がってはならない。要請し許可されなくてはならない 一、すべての願、伺、届の書類は毎日十字から十二字まで弁官が調査士、意見書を添付して諸分課の確認印を捺した後、一字から参議に提出する。参議はこれを商量し翌日の朝、御前で三職議論をした後、参議は一字から二字まで諸分課の弁官に指示する 一、これからすべての願、伺は官を経て議事にあげること 但し、事案によって特別な場合がある 一、御前会議に出席する者は衣冠、狩衣、直垂等、室内服を着用すること	一、毎日十字から十二字まで小御所会議 一、十字から十二字まで政庁で議論した願、伺、届など各種書類は弁官が意見書を添付し、諸分課の確認印を捺した後、提出すること 但し、秘密案件は別途とする 一、出御中に、三職が提出した案件は奏聞、宸断を経て弁官に指示し施行すること 一、議事中、至急なことであっても全ての官員の許可なくして小御所会議にはいることはできない 一、すべての官省の伺等は十二字から二字まで弁官に提出すること 但し、弁官を経ずに提出することは法を犯すことになる 一、大臣が欠席時に制可された案件は納言、参議が施行することができる 一、官庁で座る順序は上から大臣、納言、参議等が座り、弁官は東側に分課別に座る 一、御前会議に出席する者は衣冠、狩衣、直垂等、室内服を着用すること 一、毎日十字に出勤し二字に退勤すること 但し、節朔十六休暇 以上の規則を破った者は弾正台がその違法を調査する
※出典:内外官報局編(1887)、『法令全集』第2巻、原書房、1974年復刻、270〜271頁、294〜295頁、476頁を参照し作成した		

明治初年太政官文書の歴史的性格　125

表3　政体書と職員令の官位相当比較表

		政体書			職員令	
		中央官職	地方官職		中央官職	地方官職
勅授官	一等	輔相 議定 知官事 一等海陸軍将		従一位	左右大臣	
				正二位		
				従三位	大納言 陸海軍大将	
	二等	参与 副知官事 二等海陸軍将	知府事	正三位	参議 諸省卿 集議院長官	
				従三位	大弁 諸省大輔 集議院次官	府知事 大藩知事
				正四位	中弁 諸省少輔	中藩知事
	三等	議長 弁事 判官事 三等海陸軍将	判府事 一等知縣事	従四位	少弁 諸省大承 集議院判官 陸海軍少将	府大参事 小藩知事 縣知事
奏授官	四等	権弁事 権弁官	権判府事 二等知縣事	正五位	諸省少承 諸寮権頭 権判官	府権大参事 縣権知事 大藩大参事
				従五位	諸省権大承 諸寮頭	府少参事 大藩権大参事 中藩大参事
	五等	史官 知司事	三等知縣事 一等判縣事	正六位	諸省少承 諸寮助 諸司正	府権少参事 大藩少惨事 中藩権大参事 小藩大参事 縣大参事
				従六位	諸寮権助 諸司権正	大藩権少参事 中藩少参事 少藩権大参事

※出典：朴三憲（2003）「『府藩縣三治期』地方官の人事変遷」『神戸大学史学年報』第18号、101頁から再引用

表4 明治期太政官の文書行政関連法令

法令発令年度	太政官制および機構の改革		太政官文書の処理	
	月日	関連法令	月日	関連法令
1868年（明治1）	1月12日	太政官代 設置	2月28日	各種の願、伺、届等は太政官代の弁事役所に提出する
	1月17日	三職七科制実施		
	2月3日	三職八局制実施	8月7日	すべての御沙汰文書は行政官が取り扱うようにする
	閏4月21日	政体書の発布、議政官・行政官設置	8月13日	法令制定順序と様式の制定
		宮中に太政官代を移転	10月29日	弁事分課の制定
1869年（明治2）	2月24日	東京に太政官を移転	1月18日	議定、参議、弁事分課の制定
	4月4日	修史局設置	2月5日	議政官、行政官規則の制定
	5月16日	京都に留守官を設置		※府県施行順序の制定
	6月17日	版籍奉還の実施	4月12日	議政官廃止、議事取調局の設置
	7月8日	職員令の発布、二官六省制の実施	7月13日	太政官規則の制定
			8月7日	太政官規則の改正
			11月22日	太政官規則の改正
1870年（明治3）	5月28日	集議院開院	4月22日	各種の願、伺、届等および往復書簡に干支を記載すること
			7月	各官省等伺書および往復書の提出所の制定
			閏10月7日	すべての願、伺、届等は弁官から該当官省に回付し、官省が検討した後、太政官に提出する
1871年（明治4）	7月14日	廃藩置縣の実施	7月14日	弁官の廃止
	7月29日	太政官官等職制、職制章程制定	7月29日	正院事務章程、枢密史官事務章程
			8月4日	各種の願、伺、届等は史官に提出
	8月23日	京都の留守官廃止	8月12日	各種の願、伺、届等は正院に提出
	8月	正院に記録局設置	8月17日	各種の願、伺、届等の書式を制定
		記録局5課：編集と史誌撰修課、政表課、印刷課、翻訳課	8月	正院庶務順序の制定
			9月15日	左院規則の制定
			11月27日	「縣治条例」、「縣治事務章程」制定
			12月27日	左院事務章程の制定
1872年（明治5）	1月20日	官等表制定	7月20日	左院建白書接収規則の制定
	9月20日	正院に印刷局設置		
	10月4日	正院分課、翻訳局設置		
1873年（明治6）	5月2日	太政官職制潤色	5月2日	正院事務章程の制定
	5月5日	皇城裁可	5月10日	議案上申、下達順序の制定
			5月29日	各庁の願、伺等文書は事実を詳細に作成すること
			5月	内史官、外史官の事務章程制定
			6月24日	左院職制事務章程の制定
			7月18日	式部寮、印刷局、博覧会事務局上申様式の制定
			9月25日	願、伺、届等の付属書類は一括して処理し、別途の副書を作成し提出すること

明治初年太政官文書の歴史的性格　127

法令発令年度	太政官制および機構の改革		太政官文書の処理	
	月日	関連法令	月日	関連法令
1874年（明治7）	2月12日 3月9日	正院の法制課、財務課を左院に移属 左院職制および事務章程の仮定 正表課の設置	2月8日	府県が地方の給簿を提出する際には正院と内務省に一緒に提出すること
1875年（明治8）	4月14日 12月22日	漸次立憲政体樹立詔書の発布 正院職制章程改正、左院・右院廃止 元老院、大審院設置 元老院条例制定	4月25日 5月28日 6月10日 9月27日	各種建白書類は元老院に提出すること 元老院上奏書式の制定 内史・外史章程の制定 議案書式制定
1876年（明治9）	10月12日	賞勲事務局設置	1月15日 1月17日	建白書提出の留意事項制定 上申書式、内閣正院の区別の制定
1877年（明治10）	1月18日 8月13日	正院史官を廃止し書記官を設置 調査局設置 赤坂臨時皇居に太政官を移転	1月 2月14日 2月21日 9月7日	調査局事務章程の制定 公文の類別（法律、行政規則、訓条、碑文）制定 各請の上請文書の取り扱い順序の制定 内閣参朝公文奏上章式の制定
1878年（明治11）	12月5日	参謀本部設置		
1879年（明治12）	3月10日	内閣書記官と太政官書記官を設置	3月10日 3月12日 3月13日 4月7日 5月16日	内閣書記官職制の制定 公文処理等に関する内閣書記官守則の制定 太政官書記官職掌の制定 御前議事式、公文奏上式および施行順序添付公文回覧手続き 太政官書記官局庶務開則の制定

法令発令年度	太政官制および機構の改革		太政官文書の処理	
	月日	関連法令	月日	関連法令
1880年（明治13）	3月3日 3月5日 3月25日	六部設置 会計監査院設置 太政官書記官局廃止	3月12日 3月18日 4月30日 5月5日	内閣日則制定 六部事務制定 六部庶務制定 太政官公文取扱内規の制定
1881年（明治14）	2月14日 5月30日 10月12日 10月21日 11月10日	審理局設置 統計院設置 国会開設勅諭の発布 参事院設置 諸省事務章程	2月14日 4月30日 5月2日 10月21日	審理局事務順序の制定 内閣書記官局分課処務目次の制定 内記課・庶務課処務規定の制定 公文のうち、必ず内閣全員が回覧する必要はない書類目録の制定 参事院職制章程の制定
1882年（明治15）	7月27日	行政管理服務規律の制定	3月23日	参事院内局分課処務規定の制定 内局各課処務順序の制定
1883年（明治16）	5月10日	文書局設置 大臣、参議、省卿の専属秘書官の設置		
1884年（明治17）	1月4日 3月17日 12月16日	恩給局設置 官吏非職条例の制定 宮中に制度取調局設置 内閣書記官長を勅任	3月18日 4月11日 4月22日 5月10日	法案審閲順序の制定 内記課・庶務課処務規定改正 参事院章程改正 内閣書記官局分課処務目次・処務規定増加
1885年（明治18）	12月22日 12月23日 12月24日	内閣制実施、内閣職権制定、内大臣設置 法制局官制制定 内閣に記録局、官報局等設置	12月25日 12月26日	諸省の各種公文再出様式の制定 諸省の事務整理綱領の制定

明治初年太政官文書の歴史的性格

文献

김병준 편 (2005)『독도논문번역선』I 동북아의 평화를 위한 바른역사정립기획단
박삼헌 (2004)「메이지초년의 지역『민정 (民政)』과 지방관회의」『일본학보』제 61 집
박삼헌 (2004)「명치초년에 있어서 地方官会議의 성격」『日本言語文化』第 25 輯
박삼헌 (2005)「近代移行期의 地方管轄機構에 관한 一考察」『일본연구』제 24 호
박삼헌 (2007)「메이지초년 直轄県의 성립과 전개 – 久美浜県의 경우 – 」『일본연구』제 32 호
신용하 (1989)「조선왕조의 독도연유와 일본제국주의의 독도침략」『한국독립운동사연구』3 한국독립운동사연구소
최장근 (2007)「일부 日本学者들의 독도 사료조작으로 인한 영유권 본질의 훼손」『일본문화학보』제 32 집
한철호 (2007)「명치시기 일본의 독도정책과 인식에 대한 연구 쟁점과 과제」『한국사학보』제 28 호
현대송 편 (2008)『한국과 일본의 역사인식』나남
현명철 (1996)「개항기 일본의 독도인식」한일관계사연구회 지음『독도와 대마도』지성의 샘
현명철 (2005)「메이지 정권과 독도」『한일관계사연구』23 집
호사카 유지 (2008)「'다케시마 문제 연구회'의 '다케시마문제에 관한 조사연구 최종 보고서'의 문제점 – 태정관 지령문에 대한 시모조 마사오의 견해를 중심으로 – 」『일본문화연구』제 25 집
宮地正人 (1999)『幕末維新期の社会的政治史研究』岩波書店
鈴木安藏 (1944)『太政官制と内閣制』昭和刊行会
大久保利謙 (1960)「文書から見た幕末明治初期の政治 - 明治文書学の試論」『史苑』31-2
朴三憲 (2001)「明治五年天皇巡幸－廃藩置県後太政官成立の観点から－」『日本史研究』第 465 号
朴三憲 (2003)「『府藩県三治制』地方官の人事変遷」『神戸大学史学年報』第 18 号
石渡隆之 (1979)「太政官・内閣文書」『日本古文書学講座 第 9 巻 近代編 I』雄山閣出版
山室信一 (1992)「法令全書と法規分類大全」『日本近代思想大系 別巻 近代史料解説・総目録・索引』岩波書店
中野目徹 (2000)『近代史料学の射程－明治太政官文書研究序説－』弘文堂

古代鬱陵島社会と集団に関するいくつかの問題
－鬱陵島の調査、古代の遺物を中心に－

呉江原　[東北アジア歴史財団]

I　はじめに

　鬱陵島（付属の島嶼としての独島も含む）は、陸地から遠く離れている海洋島嶼という自然地理的な条件とともに、火山爆発・溶岩の急激な冷却・火山灰と火山瓦礫の堆積・河川と海の侵食・塩風化などの、多様で複合的な作用によって形成された独特な地形、地理的な要件をもっている。これによってはるか遠い昔はもちろん現在に至るまで、ここに居住する人間の集団は陸地、または一般的な環境の島嶼とは異なる適応様態を示してきた。こうした点は鬱陵島のところどころに残っている古墳の立地と構造・遺跡の立地と配置状況・平行文打捺軟質土器鉢の制作伝統などに象徴的によくあらわれている。

　筆者はこうした認識の下にこの間、鬱陵島で行なわれてきた考古学的な調査成果とともに、筆者が2008年に鬱陵島を精密地表調査しながら確認した遺跡、遺物の状況、そして住民たちの口述・文献・地形・地理的条件らを総合的に考慮し、まだ難しいように思われるが、三国～統一新羅時代の鬱陵島の聚落形態と、景観および体系・域内外の交通網と交流・生業経済を復元する研究を行ったことがある[1]。また研究の最後に古代鬱陵島の社会と住民集団の海洋および経済活動を調べ、古代鬱陵島住民が生計維持戦略の一環として独島と独島近海の資源を積極的に活用したであろうことを類推した。

　しかしこれまでの研究は、遺跡の分布状況のパターンを主要な分析の枠組

---

[1]　呉江原（2009）「考古学を通じてみた三国～統一新羅時代の鬱陵島の集落景観と域内外の交通網及び生業経済」『独島問題の学際的研究』東北アジア歴史財団

みとしていたため、遺物の分析とそれを土台にした議論が十分でなかった。古代鬱陵島の社会経済と文化を復元するためには遺物を基礎にする議論が必ず行われねばならなかった。

　ここではこのような点を考慮して、これまで鬱陵島で調査された古代の遺物を整理、紹介した後、遺物の分析を通じて古代鬱陵島の社会および文化と関連するいくつかの問題について検討したいと思う。いずれにしてもこの研究は筆者の既存の研究を補完する性格を帯びているといえるが、今後は遺跡遺物を総合的に分析した研究を行おうと考えている。

II　鬱陵島の古代遺物

　1917年の日本の鳥居龍蔵と、1957年・1963年の国立中央博物館の調査から始まり最近では2008年の東北アジア歴史財団・翰林大学校の地表調査に到るまで鬱陵島では様々な種類の遺物が出土された。これらの遺物は素材に準ずると「土器・石器・金属器・琉璃質器」に区分され、機能と用途に準ずると「生活具（土器）、生産具（斧、紡錘子、漁網錘）・加工具（刀子、砥石）・武具（鉄鏃）・装身具（丸玉、多面玉、管玉、釧）・馬具（辻金具、鈴）・威厳具（銅冠）・葬具（釘、鎹）・信仰具（仏像）・建築具（瓦）」に分けられるが、ここでは機能と用途による分類に依拠して紹介したい。

1．生活具（土器）

　鬱陵島発見遺物のなかで絶対多数を占めるのが土器である。土器は鬱陵島の人間活動が行われたほぼすべての場所で発見されているが、遺物の散布地以外にも古墳とその周辺で出土・収拾・採取されたものも少なくない。これらの遺物のなかには副葬専用で使用された土器も含まれているが、現在ではその区分が難しいため、生活具として一括するほかないようである。ただ、今までの調査状況を考慮すると、古墳に比べ生活遺跡であるほど相対的に赤褐色軟質土器鉢の比重が高いということだけは明らかである。III章1節で言

及するように、鬱陵島の土器は軟質土器と硬質土器に大分される。

鬱陵島の軟質土器は「鉢・甕形土器・壺」があるが、鉢と甕形土器のなかでは牛角形把手がついているのもある。色調は外面だけをみても「赤褐色軟質土器」で通称されるものとは異なり多様である。大きくみて「褐色系、燈色系、黄色系、灰色系、褐色系＋その他の色系、黄色＋その他、燈色＋その他、灰色＋その他」がある。褐色系では「褐色・濁った褐色・灰褐色、黒褐色」が、黄褐色系には「黄色・濁った黄色・淡い黄色・黄褐色・黄燈色・黄灰色」が、灰色系では「灰色・淡い灰色・暗い灰色・灰黄色・灰褐色・灰黄褐色」などがあり、多色調の場合には普通三つの色調が混ざっている。

鬱陵島の軟質土器の外面の色調は地表調査などの限界で定量分析ができないが、「褐色系・燈色系・黄色系」が主流をなしている。また外面全体が単一な色調をなしているのも多いが、そうではないものも少なくない数を占めており、この褐色系と燈色系および黄色系がたがいに混在している。反面、灰白色系の軟質土器はまだ見つかっていない。硬質土器の主要な外面の色調をなしている青灰色系とオリーブ色系およびこれらの色系とその他の色系が混在しているものも全くみつかっていない。ただ、灰白色系の硬質土器のうち、焼成度が低いため一般的な陶質土器とは硬度で差異を示しているものがある。

鬱陵島の軟質土器の胎土では砂粒が混入しているもの、砂粒と細石粒が混入しているもの、石粒が混入しているもの、石粒が大量に混入しているものの４種類がみつかっている。反面、細石粒が多量に混入しているもの、石粒と砂粒が混入しているもの、精選粘土のものは大変珍しいか存在しない。とくに精選粘土のものは未だに発見されたことがないといっても過言ではない。また鬱陵島の軟質土器を胎土の混入物構成と焼成度を基準にして精質と粗質に再分してみると [2] 石粒が多量に混入されているものには粗質が多く、砂粒が混入されているものには精質がほとんどである。

鬱陵島の軟質土器は打捺文の有無を基準にして打捺文があるものとないも

---

[2] チョン・ヨンファ정영화、イ・チョンギュ이청규 (1998)「鬱陵島の考古学的研究」『鬱陵島・独島の総合的研究』嶺南大学民族文化研究所、51頁

のに大別されるが、一部の粗質を除けばほとんとに打捺が施されていた。打捺文は口沿直下または胴体上位から低部側胴体下位にいたるまでみられるが、これまで調査されたすべての標本のなかで、ただの1件を除いては縦方向、または若干傾むいた斜線方向に直線の平行文が打捺されていた。例外的な1件は国立中央博物館が1957年、玄圃里遺物包含層付近で採取された甕形壺の口沿部片で[3]、口沿下の方から胴体中位に向かって斜線方向の縄蓆文が打捺されていた。

　硬質土器は印花文の施文を基準に、一般的な陶質土器類と印花文土器類に大別できる。一般的な陶質土器類は「壺類、甕類、碗類、杯類、瓶類」があるが、具体的には壺類には「壺・台附長頸壺」、甕類では「甕・甕形土器」、碗類では「碗・台附碗・台附三耳碗」、杯類では「杯・蓋杯・高杯・蓋」、瓶類では「瓶・四角瓶・四耳扁瓶・扁口瓶・将軍形瓶・しわ文様瓶」、蒸食器類では「甑（シル）」がある。印花文土器類では各種の印花文が施文されている「壺類、碗類、瓶類、蓋類」などがあるが、壺類では「壺」、碗類では「碗」、瓶類では「小型瓶、瓶、しわ文様瓶」、蓋類では「蓋」などがある。

　鬱陵島の硬質土器は「灰青色陶質土器」で通称されているように、外面の色調だけを基準にすると青灰色系が多数を占めている。しかし軟質土器のように色調が多様ではないが、だからといって青灰色系のみあるのではない。現在まで確認されたところでは、青灰色系のほかにも灰色系、灰白色系、オリーブ色系、黒色系、青灰色＋その他、灰色＋その他、オリーブ色系＋その他などがある。具体的には青灰色系では「青灰色・濃い青灰色」が、灰色系では「灰色・濃い灰色・灰黄色」が、オリーブ色系では「オリーブ色・オリーブ灰色・オリーブ黒色・灰オリーブ色」などがあり、多色調の場合、普通二つ三つの色調が混在している。

　鬱陵島の硬質土器の外面色調もまた、地表調査などの限界で定量分析するのは難しいが、青灰色系が主流をなしており、その次を灰色系が占めている。灰色系の次には灰白色系が一定量を占めているが、灰白色系はほかの陶質土

---

[3] 国立中央博物館（2008）『（国立博物館　古跡調査報告　第38冊）鬱陵島』国立中央博物館、図面21－2

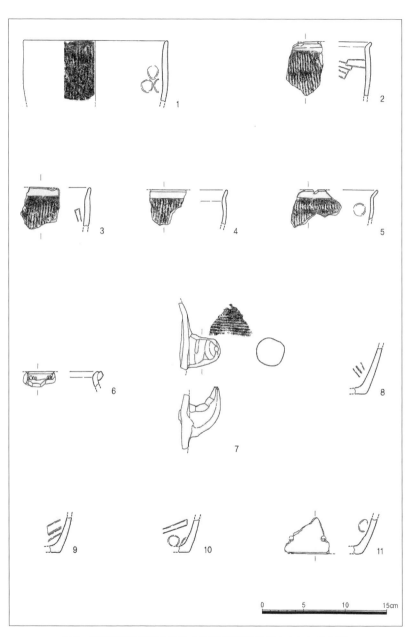

図1　鬱陵島採集軟質土器片（玄圃里遺物包含層AトレンチI層）

器のような硬度のものもあるが、相対的に柔らかい質のものもある。灰白色系の次にはオリーブ色系のものがあるが、オリーブ色系は高杯と瓶類のみ確認されたという点が特徴的である。これに反して青灰色系はすべての器種に及んでいるだけでなく、数量も卓越している。このほかに軟質土器の褐色系・燈色系・黄色系の色調は硬質土器からは確認されなかった。

　鬱陵島の硬質土器の胎土には砂粒が混入しているもの、砂粒と細石粒が混入しているもの、細石粒が大量に混入しているもの、石粒が混入しているもの、石粒が大量に混入しているもの、石粒と砂粒が混入しているもの、そして精選粘土が確認された。このなかでもっとも多い数を占めているのが細石粒または細石粒・砂粒が混入しているものだが、ほぼ全器種で確認された。その次には石粒が混入しているものだが、これに劣らず精選粘土も一定量を占めている。一方、甑は細石粒が多量に混入しているだけでなく、硬質土器のなかで唯一褐色系を帯びているが、機能と用途による差異だと考えられる。

　硬質土器は打捺文が施文されていたり、痕跡がのこっているのが極めて少ないが、軟質土器が平行文一色なのに対して「平行文・格子門・平行文＋格子門」などがみつかっている。器種面では、現在までの事例では「壺・瓶・四角瓶」のみから打捺文がみつかっている。瓶と四角瓶には平行文だけが一律的に打捺された反面、壺の場合には先の打捺事例がすべてみつかっている。打捺部位は格子門の場合、ほとんどが胴体中位以下に打捺されている半面、平行文は胴体全面に均等に打捺されている。1957年の玄圃里遺物包含層Ｂトレンチ I 層の暗青灰色土器低部片[4]などには、内面にも打捺がされていた。

　印花文土器には「壺・碗・皺文様、蓋」の器種がある。印花文土器は軟質土器や一般的硬質土器とはちがって色調が多様な方ではない。つまり、青灰色系・青灰色系＋その他色系が多数を占めているなかで灰色系と灰白色系がその次を占めており、多くはないがオリーブ色系と灰色系も少量が確認された。しかし灰色系の場合、色調の発現で細部的には硬質土器よりも多様な色調がみつかっている点が特徴的である。灰色系では「灰色・濃い灰色・灰

---

[4]　国立中央博物館（2008）前掲書、図面 16 － 6

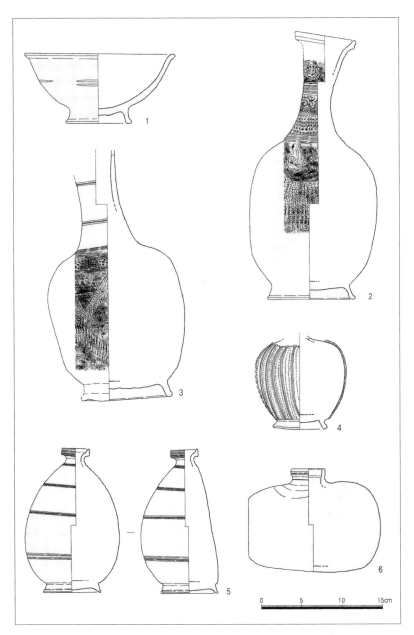

図2 鬱陵島出土硬質土器と印花文土器(天府里2号噴)

黄色・濃い灰黄色・黄灰色」が、青灰色系では「青灰色・濃い青灰色・青黒色」が、オリーブ色系では「灰オリーブ色・濃いオリーブ灰色・オリーブ黒色」がある。

　印花文土器の胎土には細石粒が混入しているもの、石粒が混入しているもの、石粒が大量に混入しているもの、細石粒と砂粒が混入しているもの、精選粘土のものがある。このなかで注目されるのは一般的な硬質土器に比べ精選粘土のものが相当数増えている点である。しかし印花文土器の胎土において精選粘土が絶対多数を占めているのではなく、細石粒のもの、石粒が大量なものといっしょに等しい数を占めている。また、3種の胎土は現在、鬱陵島で発見されている印花文土器のすべての器種から均等に確認される。このほかに細石粒だけを大量に混入しているものが発見されないという点もまた特異な点である。

　印花文土器は縄蓆文であれ縄文であれ、格子門であれ、平行文であれ、打捺文が打捺されていたり、打捺痕が薄くても残っているものは確認できない。時間的に同時性を持っている同じ器形（瓶類）であっても、一般的な硬質土器には打捺がされているのがある半面、印花文土器の場合にはそうではないという点が注目される。頸部から胴体部にいたるまで様々な段に分かれて文様が施されている印花文土器の瓶の特性を考慮したとき、当然な結果だと考えるが、他方では同時に焼成された土器だといえとも、印花文土器には基本的に打捺文を残さない技術的な伝統があったのではないだろうか。

　印花文土器に施文された印花文は、独島博物館に収められている小型壺に、例外的に早時期の印花文である重円文＋三角集線文が施文されているのを除いて残りのすべてが7世紀以後に属するものである。鬱陵島の印花文土器には弧文（円弧文、半円弧文）、終長連続文（点列、円弧文＋半円弧文、馬蹄形、変形馬蹄形波状、連珠形、直線）、瓣花文（四瓣、多瓣）、合成文（水玉文様・草文様・木の実文様・葉文様・人の形・虫の形・円＋菱形構成）、勾状文（勾状文・鳥の形・雲の形）、横長連続文（一般、弧文）、波状文の7種類の印花文が23個確認された。

　これらの印花文は、長頸瓶のように口頸部から胴体部にいたるまでばらばらにいくつかの印花文が複合され一つの文様段をなしているのもある。また

写真1　天府里2号噴出土　印花文土器瓶と印花文の細部

蓋のように蓋身部にばらばらの印花文（点列終長連続文または馬蹄形終長連続文）が単一に施文されているのもあり、また壺類のように頸部と胴体中位以上に最小二つの文様段に、少なくとも二つ以上のばらばらの印花文が複合され圧印されているのもある。圧印方式では押し、ななめ押し、ジグザグ押しの3種類が確認されるが、押しがもっとも普遍的で、ジグザグ押ししたものも一定の数量を占めており、ななめ押しのものも少量が発見された。

この他、例外的に初期の印花文土器の文様様式もあるが、1997年にソウル大学校の博物館が調査した住民が、南西里または玄圃里一体で採集したと伝わり、現在の独島博物館（当時の郷土史料館）が収蔵している小型壺の三角集線文などがある[5]。この小型壺は、石粒が少し混入されている胎土の扁口形の胴体に、灰青色硬質土器で、頸部下に複線の横沈線文帯の間に半円文が刻まれている。そして頸部と肩部の複線の横沈線文帯と突帯の間に重円文が押されており、胴体上位肩部の複線の横沈線文帯の上にうすく三角集線文・横沈線文帯の間に重円文が押されている。

---

5) 崔夢龍・申叔静・尹根一・李盛周・金泰植（1997）『（ソウル大学博物館学術叢書6）鬱陵島地表調査　報告書』Ⅰ、ソウル大学博物館・鬱陵文化院、図面11－2

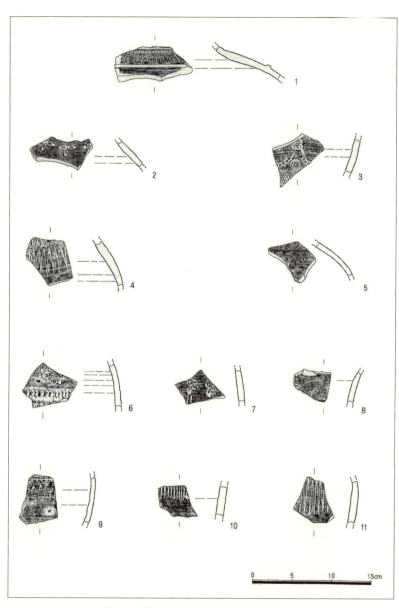

図3　玄圃里地表採集各種印花文土器片

2．生産具

1）鉄斧

　国立中央博物館が1957年に玄圃里の9号墳を収拾調査する際、石室内部の北壁側で破損した状態の鉄製の斧2片を収拾した[6]。調査当時、玄圃里9号墳はすでに盗掘されて石室西側の蓋石がなくなり、石室内部が乱された状態だった。2片のうちの一つは弧線形刃部に長方形の鎏部をもった平面長方形の鉄製の斧の片であり、もう一つは破損・腐食状態がひどく原形がわからない。

2）鉄鎌

　1963年、国立中央博物館が天府里3号墳の石室内部で、鉄製の鎌の刃の部位の一部を収拾した。国立中央博物館の1963年と2008年の報告書には用途不明の鉄器片と報告されているが、身部断面が細長三角形をなしており、刃部が形成されていることなどをみて鎌に違いないと考えられる。残存の長さは10.3cm、残存最大幅は2.3cmである。

　この他に独島博物館郷土史料館に鬱陵島一帯で地表採集したと伝えられる鉄製鎌片1件が収蔵されている。身部の断面が天府里3号墳のものと類似しており、下の方に刃部が形成されているが、茎部側と刃部側は欠落している。

3）紡錘車

　土製と石製の2種類のものが採集・出土された。

　1963年、国立中央博物館が天府里2号墳を発掘調査した際、石室内部から出土された平面円形縦断面抹角横長方形の石製の紡錘車1件[7]がある。具体的な出土位置と状態は知られていない。全体の直径は5.4cm、最大厚さは2.8cmである。

　2008年、東北アジア歴史財団・翰林大学校が沙洞里古墳群②を調査しな

---

[6] 　金元龍（1963）『（国立博物館　古跡調査報告　第4冊）鬱陵島：附　霊巌郡内洞里甕棺墓』国立博物館、23頁；国立中央博物館（2008）前掲書、図面5－1・2
[7] 　国立中央博物館（2008）前掲書、図面43－4

写真2　玄圃里9号墳収拾鉄製の斧

がら、大亜リゾート擁壁付近で土製の紡錘車2件を採集した。1件は胎土が砂粒と石粒が混入された粘土であり、外面は黒色、中は灰褐色で残存長さは6cm、最大幅3cmである。ほかの1件は胎土が砂粒と混入された粘土であり、外面は濃い灰青色、中は褐色であり、残存長さ5cm、最大厚さ3cmである。

4) 漁網錘

　1998年、嶺南大学校民族問題研究所が玄圃里一帯を調査した際、各種の軟質・硬質土器片とともに土製の漁網錘1件を採集した[8]。胎土は精選された粘土であり、軟質に赤褐色で、焼成状態は良好である。外面全体が水で仕上げられていた。平面形態は両端截頭の長裏形で断面形態は円形である。残存長さ3.6cm、穴の直径は0.6cmである。

　2008年、東北アジア歴史財団・翰林大学校が玄圃里古墳群で一部が欠失した土製の漁網錘片1件を採集した。胎土は精選された粘土であり、軟質に黄褐色であり、焼成状態は良好である。外面全体がよく手入れされている。平面と断面形態は嶺南大学校民族問題研究所で採集したものと同じである。残存長さ5.2cm、穴の直径は0.8cmである。

　この他に筆者が2008年3月に鬱陵島を事前調査した際、台霞1里の鬱陵

---

[8]　チョン・ヨンファ、イ・チョンギュ（1998）前掲書、図面15 – 11

島郵便局台霞分局から東側20mほどの地点の畑で確認した土製の漁網錘1件がある。胎土は精選された粘土で、軟質に暗い灰色、焼成状態は良好である。外面全体がよく手入れされている。平面形態は球形であり、断面の形態は円型である。穴を中心に半分、破損されている。長さは5.1cm、穴の直径は0.9cmである。

3. 加工具

1) 鉄製刀子

　天府里2・3号墳[9]と天府里遺物散布地[10]で出土・採集された3件がある。天府里2号墳で出土されたのは、現存状態では刃部が確認されないが身部と茎部の境界部分と思われる箇所に突出したアゴが形づくられており、アゴの下に縮約している部位に木質の痕が残っているのをみると刀子だということが明らかだと考える。刃部と茎部の端が欠落している。鍛造製であり残存長さは6.7cmである。

　天府里3号墳で収拾されたのは、身部と茎部が境い目となる背の側と刃の側が内側に丸く段をなしながら縮約されており、天府里2号墳のものとは形態が異なるが、刃部と茎部の端が欠落している。鍛造製であり、残存長さは7.5cmである。

　天府里遺物散布地で採集されたのは、身部と茎部の境い目の処理が天府里2号墳と3号のものの中間程度に縮約されており、違う形態とみられるが、刃部の端と茎部が欠落している。鍛造製であり、残存長さは5.7cmである。

2) 砥石

　1917年、鳥居龍蔵が採集した2件[11]と1998年、嶺南大学校民族問題研究所が天府里遺物散布地で採集した1件[12]および2008年東北アジア歴史財団・翰林大学校が台霞里遺物散布地で採集した1件がある。

---

9)　金元龍（1963）前掲書、42頁；国立中央博物館（2008）前掲書、図面43－2・48－1
10)　チョン・ヨンファ、イ・チョンギュ（1998）前掲書、図面19－11
11)　国立中央博物館（2008）前掲書、図面5－4、5
12)　チョン・ヨンファ、イ・チョンギュ（1998）前掲書、図面20－4

表1

土器質	器種／器型		胎土						色調（外面）					
			細石粒砂粒含む	細石粒多量	石粒	石粒多量	細石粒＋砂粒	精選粘土	褐色系	橙色系	黄色系	灰色系	灰白色系	褐色系＋その他
軟質	鉢（甕形、含む）		●		●	●			●	●	●	●		●
	壺				●	●			●	●	●			
硬質	壺類	壺												
		台附長頸壺	●	●	●	●	●	●		●	●	●		
	甕類	甕類土器	●	●				●						
	碗類	碗	●	●										
		台附碗	●				●	●				●		
		台附三耳碗	●	●										
	杯類	杯	●											
		蓋杯	●											
		高杯	●		●			●				●	●	
		蓋					●							
	瓶類	瓶	●		●	●			●	●		●	●	
		四角瓶	●		●							●	●	
		四耳扁瓶	●									●	●	
		扁口瓶	●									●		
		将軍形瓶												
		しわ文様瓶	●		●									
	蒸食器類	甑		●					●					
	印花文土器類	碗	●						●					●
		壺	●		●			●	●					
		瓶	●		●				●			●		
		しわ文様瓶	●		●				●			●		
		蓋	●			●			●					

												打捺文		整面手法					
橙色+その他	黄色+その他	灰色+その他	灰白色+その他	オリーブ色	青灰色系	オリーブ色+その他	青灰色+その他	黒色系	縄蓆文	縄文	格子門	平行文	平行文+格子門	木理	木理+水仕上げ	水仕上げ	回転水仕上げ	回転水仕上げ+水仕上げ+木理	回転水仕上げ+木理
●	●	●										●		●	●	●	●	●	●
●			●																
			●				●					●		△	△	△	●	△	△
			●											△	△	△	●		
			●			●											●		●
			●														●		△
			●		,												●	△	
			●														●		
		●	●				●										●	△	
		●															●		
	●	●					●				●						●		
		●	●				●	●					●				●		
			●														●		
			●														●		
			●	●	●	●													
																●	△		△
																	●		
			●												△	●	△	△	△
			●				●									△	●		
			●													●	●		
			●													●	●		

表2

器種/器型		施文部位	重円文↓重円文+三角集線文	円弧文+横沈線文帯+点列終長連続文	円弧文・半円弧文終長連続文	円弧文・半円弧文終長連続文↓馬蹄形終長連続文	点列終長連続文	点列終長連続文↓W字形波状終長連続文	点列終長連続文↓多瓣花文	連珠形終長連続文↓多瓣花文↓連珠形終長連続文↓横長連続文↓合成文	連珠形終長連続文↓半円弧文	直線終長連続文	直線終長連続文↓草模様合成文+整列終長連続文	直線終長連続文↓水玉模様合成文	馬蹄形終長連続文	馬蹄形終長連続文↓多瓣花文	馬蹄形終長連続文↓馬蹄形終長連続文	変形馬蹄形終長連続文	横長連続文	横長連続文+円・菱形構成合成文+人の形合成文	横長連続文+円・菱形構成合成文+点列終長連続文
碗類	碗	口頸部													●						
		胴体部					●								●						
		底部																			
壺類	壺	口頸部																			
		胴体部	●																●		
		底部																			
瓶類	瓶	口頸部			●		●		●	●		●	●	●				●		
		胴体部				●					●					●					●
		底部																			
	しわ模様瓶	口頸部																			
		胴体部					●	●													
		底部					●														
蓋類	蓋	蓋身部					●								●						
その他	器形不明	口頸部					●					●									
		胴体部		●			●			●		●			●				●	●	
		底部					●														

	横長連続文+四瓣花文↓点列終長連続文	横長連続文+多瓣花文↓波状終長連続文↓多瓣花文	横長連続文+多瓣花文↓点列終長連続文	横長連続文+雲模様勾状文↓直線終長連続文	横長連続文+勾状文	横長連続文+雲模様勾状文↓点列終長連続文	波状終長連続文	四瓣花文	四瓣花文+横長連続文	多瓣花文	多瓣花文+雲模様勾状文↓終長連続文	多瓣花文↓波状終長連続文↓連珠形終長連続文	多瓣花文↓波状終長連続文	鳥模様勾状文	雲模様勾状文↓点列終長連続文	雲模様勾状文+直線終長連続文	虫模様勾状文+波状終長連続文	草文様合成文↓連珠形終長連続文↓四瓣花文↓点列終長連続文	波状文	波状終長連続文+多瓣花文	波状文+木の葉模様合成文	木の実模様合成文	描き	押し	ななめ押し	ジグザグ押し
施文方式																										
																								●		
																								●		●
																							●			
																							●	●		
													●						●	●	●			●		●
	●	●	●							●		●												●		●
																								●		
																								●		
																								●		
																								●		
															●											
		●	●	●	●	●	●		●		●		●			●		●				●	●	●	
																						●				

147

鳥居が採集したのは、横断面細長方形と長方形の砂岩製の砥石が各1件だが、2件ともほとんどが破損された状態で、底の一つの面を除いた残りの三つの面はすべてよく研磨されている。

　嶺南大学校民族問題研究所が採集した1件は完形に近いもので、砂岩製であり、平面と断面は梯形で四つの面すべてがよく研磨されている。

　東北アジア歴史財団・翰林大学校が採集した1件は両端が欠落しているが、砂岩製であり平面細長方形推定に断面長方形であり、四面すべてがよく研磨されている。

4．武具（鉄鏃）

　これまでの調査で武具では鉄鏃のみが発見された。1957年と1963年、国立中央博物館が玄圃里9号墳、玄圃里遺物散布地、天府里3号墳で採集・収拾・発掘調査した6件があるが[13]、このなかで玄圃里9号墳の1件と玄圃里遺物散布地の1件は茎部だけ残っていて、鉄鏃と推定されるのみで、遺物種を確定できるものではない。これまで調査された資料を簡単に表で作成し、例をみると〈表3〉のとおりである。

5．装身具

1）首飾り類

　1957年と1963年、国立中央博物館が玄圃里9号墳近所で採集されたものを住民から購入した、瑪瑙製の丸玉2・多面玉1・管玉1点と水晶製丸玉1点、天府里1号墳で収拾した完形の琉璃製の丸玉76点と一部破損された琉璃製の丸玉69片がある[14]。すべて古墳の副葬品に使われたもので、元々1連の首飾りを構成していたものと思われる。大きさは丸玉の場合、全体の直径が0.8～1.2cm、穴の直径0.2～0.5cm、多面玉は高さ1.7cm、穴の直径0.3cm、管玉は高さ2.6cm、全体の直径1.1cm、穴の直径0.3cmである。

---

13) 国立中央博物館（2008）前掲書、図面5－3・26－5～7・48－3・6
14) 国立中央博物館（2008）前掲書、図面26－8～12・31－38

表3　鬱陵島で採集および収拾された鉄鏃

連番	遺蹟／遺構名	形　式	現存状態	規　格（cm）			備　考
				現存の長さ	鏃身の幅	頸部の直径	
1	玄圃里9号墳	身形不明有頸式	一部欠落	-	-	0.4	鏃身欠落頸部断面長方形
2	玄圃里 遺物散布地	蛇頭形有頸式	一部欠落	7.7	1.3	0.6	頸部一部欠落頸部に木質痕
3	玄圃里 遺物散布地	蛇頭形有頸式	一部欠落	7.2	1.3	0.7	頸部一部欠落頸部に木質＋白樺樹皮痕
4	玄圃里 遺物散布地	身形不明有頸式	一部欠落	-	-	0.3	鏃身欠落頸部断面長方形
5	天府里3号墳	細長三角形有頸式	一部欠落	7.3	0.9	0.6	鏃身先端欠落頸部末端欠落
6	天府里3号墳	身形不明有頸式	一部欠落	5.2	-	0.6	鏃身欠落頸部断面方形

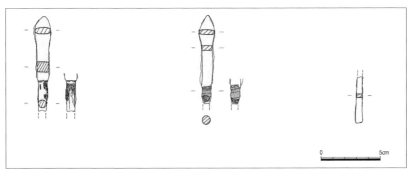

図4　玄圃里遺物散布地で採集した鉄鏃

2）銅釧

　1963年、国立中央博物館が天府里2号墳を発掘調査した際、石室内部で出土した2件がある[15]。断面円形の細い青銅製の棒を丸く曲げて大小にそれぞれ1個が一つの対をなすように作ってある。再発刊された報告書の報告者は、生前に実際に使用したものというより副葬用のものだったと判断してい

15）　金元龍（1963）前掲書、36頁

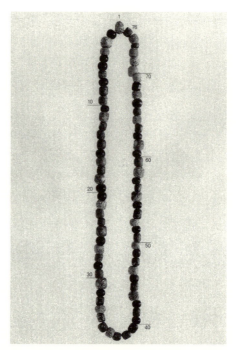

写真3　天府里1号墳収拾ガラス玉の首飾り（復元）

る[16]。二つとも青銅製の棒の厚さは0.3cmである。腕輪の最大幅は大きいものでは6.6cm、小さいものでは6cmである。

3）銀の耳飾り

　1957年、国立中央博物館が玄圃里38号破壊墳の石室の底面から収拾した1件がある[17]。直径0.2センチの銀の糸を丸く曲げて作ったもので幅は2.4cmである。

16）国立中央博物館（2008）前掲書、127頁
17）金元龍（1963）前掲書、25頁

6. 馬具

1) 金銅製 辻金具

　1963年、国立中央博物館が天府里1号墳で収拾調査した1件がある。国立中央博物館の1963年報告書ではこれを統一新羅時代の特異型式の銙帯垂飾とみたが[18]、形態と構造が垂飾の機能に適合していないのみならず、装飾的・美学的な意味も見出せない点を考慮すると、皮のベルトのつなぎ部分である辻金具だろうと考える。平面が十字形で、大きさは横の長さが6.5cm、縦の長さが4.7cm、最大幅が0.2cmである。

2) 鈴

　1963年、国立中央博物館が天府里1号墳で収拾調査した青銅製の鈴3件と金銅製の鈴3件がある[19]。青銅製と金銅製の鈴は球形1件と半球形2件がそれぞれ1セットのまま副葬されていたが、素材と大きさにのみ差があるだけで形態は同じである。球形の鈴だけ比較すると、青銅製は高さ2.7cm、最大直径が2.5cmで、金銅製は残存高さ2cm、最大直径2cmである。1963年、国立中央博物館の報告書には玉類とともに出土したという点を挙げ、身体または衣服に佩帯していた装身具だとみたが[20]、金銅製の十字形金具が共伴されている点などを考慮すると馬具類が正しいと考える。

7. 威厳具（銅冠）

　1998年、ソウル大学校博物館が独島博物館郷土史料館の収蔵遺物を調査した際に初めて発見されたが、別途に報告はされなかった。郷土史料館収蔵の銅冠片を公式に知らせると同時にこの銅冠片が革金具の一種ではなく銅冠片だということが2000年、申叔静と李盛周の個別論文で初めて提起された[21]。李は郷土史料館の銅冠片が、瓔珞のかかっている帯輪部片、青銅の糸

---

18) 金元龍（1963）前掲書、28頁
19) 金元龍（1963）前掲書、29頁
20) 金元龍（1963）前掲書、29頁
21) 申叔静と李盛周（2000）「遺跡・遺物を通じて見た先史・古代の鬱陵島社会」『河炫綱教授定

写真4 天府里1号墳 収拾金銅製の十字型辻金具

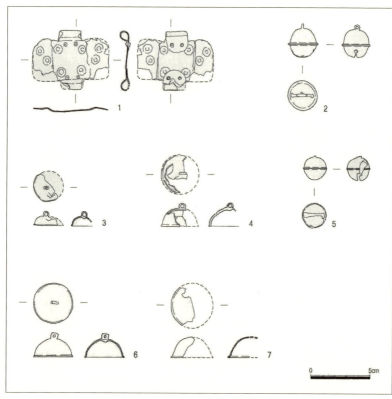

図5 天府里1号墳 収拾金銅製の辻金具と金銅・青銅製の鈴

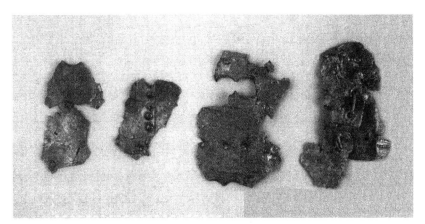

写真5　独島博物館郷土史料館収蔵の銅冠片

で結ばれている帯輪部と立飾の連結処片、透彫装飾のある帯輪部片だと解釈したが、残存状態からみてこれらの判断は適切であると思われる。玄圃里古墳群一帯で採集されたと伝わるがはっきりしない。

8．葬具

1）鉄製の釘

　1957年と1963年、国立中央博物館が玄圃里9号墳などで収拾した鉄器片を、木棺などに使用した鉄製の釘の一部と推定し報告したことがある[22]。これらの鉄器片は現存状態では鉄鏃の茎部であるのか、棺の釘であるのか確定するのに困難な点もあるが、ほかの古墳の石室内で棺に使われた鉄製の鎹などが収拾されたものからみて、これまでの報告の中に明らかに釘の頭が取れて落ちた棺の釘も含まれているだろうと考える。

2）鉄製の鎹

　1957年と1963年に、国立中央博物館が天府里2・3号墳で収拾したもの

　　　年記念論叢：韓国史の構造と展開』ヘアン、80～81頁
22)　金元龍（1963）前掲書、23頁

がある[23]。天府里2号墳では、両端が欠落した横断面抹角長方形の鏃片1件が、天府里3号墳では、両端または身部の一部が残っている横断面抹角長方形と抹角方形の3件が収拾された。このうち天府里3号墳のものは身部の一部に木質痕が残っている。この他に、違う古墳で出土された器形不明な鉄器片のうち一部が鉄製の鏃の可能性もある。

9. 信仰具

1）青銅製の仏像

1917年以前、朝鮮総督府古跡調査委員会が鬱陵島で発見したものだとして『朝鮮古跡図譜』に紹介したものが1具ある[24]。青銅製で八角の仰花台座と仰蓮足台の上に通肩素髪の釈迦如来立像が立てられている。金元龍は、金剛山楡岾寺の金銅仏を制作した工人と類似した流派によって制作された8～9世紀頃の仏像であるとみた[25]。

2）金銅製仏像台座

1957年と1963年、国立中央博物館が鬱陵島一帯を調査した際、住民から購得した台座の下台1件がある[26]。下台の上面には伏蓮が装飾されており、その下7面の側面には長方形の透孔がある。残存高さは1.9cmである。

10. 建築具（牝瓦片）

1957年、国立中央博物館が玄圃里遺物包含層を試掘調査した際、AトレンチⅢ層とBトレンチⅠ層から出土された2片がある[27]。前のものは内外面が黄灰色に中心は灰色で、内面の側面に二つの突帯が形成されている。後ろのものは砂粒が混入した粘土で作られ、内外面と中心は灰黄色で、側面に瓦刀の痕が、内面には布木痕が残っている。外面は前のものと同様に水仕上げ

23）国立中央博物館（2008）前掲書、図面43－1、48－2、4、5
24）朝鮮総督府（1917）『朝鮮古跡図譜5：統一新羅時代2』図版618・2027
25）金元龍（1963）前掲書、38～39頁
26）国立中央博物館（2008）前掲書、図面74
27）国立中央博物館（2008）前掲書、図面14－11・16－7

写真6　鬱陵島採集青銅製の釈迦如来像

が施されている。

Ⅲ　遺物を通じてみる古代鬱陵島社会および集団のいくつかの問題

1．鬱陵島発見土器の制作地と制作者

　鬱陵島の土器に対してはこれまで、さまざまな報告者によって分類が行われてきた。つまり国立博物館では、褐色の縄文土器と灰青色の新羅土器[28]に、

28）金元龍（1963）前掲書（国立博物館）66頁

ソウル大学校博物館では無文土器と赤褐色土器と新羅土器に[29]、嶺南大学校民族問題研究所では赤褐色軟質土器と灰青色の陶質土器に[30]、国立中央博物館の 2008 年に再発刊した報告書では赤褐色土器、灰白色土器、灰青色土器に[31]区分した。このうち国立中央博物館の再発刊した報告書は灰白色土器の数量がごく僅かであったのみならず、灰白色土器の区分があいまいな場合が多いという点を強調しており、結局、赤褐色土器と灰青色土器の二つに分類していることになる。

　いずれにしても、この既存の分類のなかでまずソウル大学校博物館の無文土器は、東北アジア歴史財団・翰林大学校の 2008 年の調査はもちろん、その間の調査の成果を考慮すると、「初期鉄器時代」または「鉄器時代前期末期」の無文土器ではない石粒が多量に混入されており、焼成が不良な粗質の赤褐色の軟質土器だと考えられる。また 1963 年の国立中央博物館の褐色縄文土器は、2008 年の国立中央博物館の再発刊報告書でも指摘されており、東北アジア歴史財団・翰林大学校の 2008 年の調査と観察でも再三確認されたように、ごく例外的な場合を除いてすべてが縦向または四方向の平行文が打捺された赤褐色軟質土器に属する。

　こうしたことから、鬱陵島の土器は大きく軟質土器と硬質土器に大別されるといえる。ところが鬱陵島の土器のうち一般的な灰青色の陶質土器とは異なり、相対的に焼成度が低いものがある。こうした器類は外面が灰色系や黄褐色と青灰色が混ざっているものなどで確認できるが、これらの土器は焼成度から瓦質に近い属性を見せると同時に瓦質土器とは整面手法などから確実に違う差を見せている。2008 年に国立中央博物館が再発刊した報告書で灰白色土器として分類したものもこの類に属するものであるが、正確に焼成度のみを基準にした場合、瓦質に近い軽質土器といえよう。

　このように鬱陵島で発見される土器は、鬱陵島の地形地理的な条件を考慮した際、決して単純ではない。このためにすでに鬱陵島土器の制作者と制作地を多元的にみる様々な解釈を提起されたことがある。

---

29) 崔夢龍・申叔静・尹根一・李盛周・金泰植（1997）前掲書、48 頁
30) チョン・ヨンファ、イ・チョンギュ（1998）前掲書、51 頁
31) 国立中央博物館（2008）前掲書、200 頁

つまり国立中央博物館の1963年報告書では先に言及したように鬱陵島土器を「褐色縄文土器」と「灰青色の新羅土器」に大別した後、これをそれぞれ鬱陵島住民の自作制作品と陸地新羅人の生産品に分けてみており、1997年、ソウル大学校博物館の報告書では鬱陵島土器を、「無文土器」、「赤褐色土器」、「縄文土器」に分類した後、これをそれぞれ起源前後を下限とする「鉄器時代前期末」の鬱陵島原住民の自作品と、原住民を中心とする鬱陵島住民集団が新羅の赤褐色軟質土器の影響を受け鬱陵島で自作した制作品および陸地新羅で制作された生産品としてみた。

　このほかに嶺南大学校民族問題研究所の1998年の報告書では、鬱陵島の土器を赤褐色軟質土器（粗質・精質）と灰青色の陶質土器に大別した後、粗質軟質土器は相対的に新羅軟質土器の影響を受け鬱陵島で独自制作された可能性が高い反面、精質軟質土器の大部分と灰青色の陶質土器はすべて陸地新羅で制作された生産品とみた。ホン・ヨングらは鬱陵島出土軟質・硬質土器の標本に対する顕微鏡観察・X線解析と分析、主な元素および希土類元素の分析など地質学・地球化学的方法の分析を通じて、軟・硬質を問わず鬱陵島の現地制作品である可能性が大きいとみた[32]。

　ところが鬱陵島の土器、とくに軟質土器の制作者・制作地の問題を調べるためには器形・器壁・装飾・打捺文・施文・整面・色調・胎土・焼成などとともに共伴遺物を総合的に検討する必要がある。

　鬱陵島の軟質土器は精選粘土・主な色調・焼成度からともに出土・採集されている硬質土器と大きな違いを示している。しかし打捺文・打捺技法・整面手法でほとんどの硬質土器と同時代性をみせている。鬱陵島の軟質土器の相当数では口沿・内面・外面で回転水仕上げ痕、胴体内面と内外面では木理痕・指頭痕・水仕上げ痕が確認されたが、回転水仕上げを中心にした整面技法は硬質土器のような技術性を示している。また鬱陵島軟質土器の中心属性をなしているものの中の一つが平行文打捺だが、平行文は硬質土器の打捺文でも中心をなしている。

---

[32] ホン・ヨング홍영구、イ・スング이승구、ユ・ヘソン유혜선 (2008)「鬱陵島土器の産地推定研究」『(国立博物館　古跡調査報告　第38冊) 鬱陵島』国立中央博物館、358頁

事実、赤褐色軟質土器は無文土器が徐々に変化し出現したもので、酸化焼成・胎土・器種の構成などで無文土器と類似性を示してもいるが、抹角平底と円底・口沿の外反度と折れ・打捺技法の採用などで無文土器と著しい差異をみせている。また口沿の形態・器形・器種構成・整面手法・打捺技法の採用などでは嶺東地域の中島式の無文土器の壺とも大きな差異を示している。こうした属性をもっている赤褐色軟質土器は、早くは1世紀後半にあらわれてから原三国期を経て三国時代にはもちろん統一新羅時代に至るまで日常生活と副葬用に持続的に使われた[33]。

　赤褐色軟質土器の持続期間が長いのはそれだけ打捺文が時間と地域によって多様に変容・変貌してきたということを意味する。ところが発生順序だけを置いてみると、大体、古式瓦質土器の段階では縄蓆文だけ打捺された後、古式と新式の瓦質土器が共存する2世紀中頃に格子門が出現して、3世紀前半からはこれら打捺文以外にも新たに平行文が登場し[34]7世紀以降は平行文が打捺文の中心をなす。こうした点を考慮すると鬱陵島の赤褐色軟質土器は精質と粗質を問わず硬質土器とともに陸地の新羅土器を前提せずには存在できない土器だと優先的に定義できる。

　ただ、硬質土器に比べ相対的に制作が容易な赤褐色軟質土器の場合、全部の量またはそのうちの一部がはたして鬱陵島現地で制作されたのかということが討論の余地を残すといえるだろう。こうした問題を解決するために過去から注目されてきたのが鬱陵島土器の胎土分析を通じた産地推定作業である。しかし最近鬱陵島土器と慶州出土土器の胎土を分析した結果、鬱陵島土器のみならず慶州の出土土器もまた火山岩が風化された土壌で制作された可能性が高いという結果が出ており、結局、国立中央博物館の2008年の再発刊報告書には現在としては産地推定をするのは困難であるという見解が明示された[35]。

　これと関連して筆者は、まず硬質土器の場合、全量が陸地で制作され供

---

33) 李盛周（1999）「辰・弁韓地域墳墓出土　1〜4世紀土器の編年」『嶺南考古学』24、44、47頁
34) 李盛周（1999）前掲書、49頁
35) 国立中央博物館（2008）前掲書、202頁

給・交易されたと判断したい。

その理由は、硬質土器は精選された胎土・密閉窯による高温焼成・轆轤台の高速回転による成形・様式の統一と規格化・大量生産・専門制作工人などの社会文化的属性をもっているのに反して、鬱陵島は特殊な地形地理的な条件と生態環境の制約によって陸地との社会経済的な連携が脆弱だったり存在しなかった場合に、それ自体では一定規模以上の社会経済を維持できなかったためである。さまざまな点を考慮した際、鬱陵島の硬質土器の場合、独自制作するには費用と努力が想像以上に多くかかり環境も整っていなかったという理由から、全量が陸地から入ってきたものだと考えられる。

これに反して鉢と壺型の軟質土器は、器形が単純で焼成度も低いために鬱陵島内でも制作することができた。このためにその間、様々な報告者は鬱陵島の軟質土器に対する胎土分析を通じて産地の推定作業を継続的に行ってきたのである。しかし先に言及したように、鬱陵島の土器と慶州の土器は胎土に大きな差異がなかったという点が明らかになることで、胎土分析の実効性が大きく落ちてしまい、議論が再び原点に戻ってしまったと言わざるを得ない。にもかかわらず、鬱陵島独自制作の可能性は依然として残っているといえるが、新たな接近と分析が必要である。

これと関連して筆者は口沿形態に注目したい。2008年、東北アジア歴史財団・翰林大学校が地表調査したものを含めて、これまで鬱陵島で採集してきた赤褐色軟質土器は器形（鉢型）の単純性に比べ、口沿の形態が多様な片であるが、大きく直立口沿に近いもの（A型）、膨れ上がった胴体の最上位が多少くびれ、その上に口沿が短く直立しているもの（B型）、口沿が相対的に長く外反しているもの（C型）、口沿が四方に折れているもの（D型）、口沿が水平または水平に近く折れており、内面が丸く処理されているもの（E型）、内湾口沿外面に粘土の帯が付いているもの（F型）に分けてみることができる。

鬱陵島のこれら六つの口沿型の赤褐色軟質土器は胎土・色調・平行文打捺・整面手法はもちろん、大部分の口沿と胴体の境界部に薄い横沈線を巻いておいた点で共通している。したがって技術様式では同時性をもっている。これに反して口沿形態で相違点をもっているが、六つのなかでE・F型は硬

質土器の口沿を彷彿させ、B・D型は同じ時期の陸地の軟質の鉢・軟質の壺でも容易にみつけられる。そのためこれら四つの赤褐色軟質土器は、陸地において硬質土器だけが制限され供給または交易されたわけではないだろうから、はとんどが陸地から入ってきたものだと考えられる。

結局、鬱陵島の赤褐色軟質土器のなかで、A・C型の一定数量以上が独自制作されたものの可能性が高いわけだが、二つの型のうちにも特に胴体に特別な屈曲がなく口沿が直立に近い形で処理されているA型がそうだと考えられる。A型口沿の軟質鉢は制作されるとき、器形と口沿を成形するのに高い技術が要求されないもので、口沿形態だけをみたとき、外の口沿の軟質土器に比べ、形式的には古拙である。実際に同時期の陸地ではこのような口沿の軟質土器がみつからない。よってここではA型口沿の軟質鉢が鬱陵島の現地で制作された可能性があるという点を新たに提示しようと思う。

2. 鬱陵島の古代遺物の年代

鬱陵島で調査された遺物は、生産具・生活具・加工具・武具・装身具・馬具・威厳具・葬具・信仰具・建築具など考えられたよりも多様であるが、土器を除いた残りは1、2種類に1、2件ほどのみが採集された程度で、編年的な意味を与えることができるものはないといっても過言ではない。これに反して土器の場合は、時間的な意味をもっている各種器種と器形の赤褐色軟質土器と硬質土器および印花文土器が多量に含まれており、有力な分析対象となる。こうした点を考慮し、現在としては土器を通じて鬱陵島の古代遺物の時間的範囲を明らかにするほかないようである。

鬱陵島の土器の年代については国立中央博物館の1963年報告書には7～10世紀[36]、ソウル大学校博物館の報告書では6世紀中盤～10世紀[37]、金夏奈と国立中央博物館の2008年再発刊報告書では6～10世紀[38]とみている。既存の年代観をみると同じように10世紀[39]を下限にしているが、鬱陵島でも

---

36) 金元龍（1963）前掲書、77～78頁
37) 崔夢龍・申叔静・尹根一・李盛周・金泰植（1997）前掲書、48～49頁
38) チョン・ヨンファ、イ・チョンギュ（1998）前掲書、384頁
39) 金夏奈（2006）「鬱陵島の横口式石室墓の源流に対する研究」東亜大学修士学位論文、41頁；

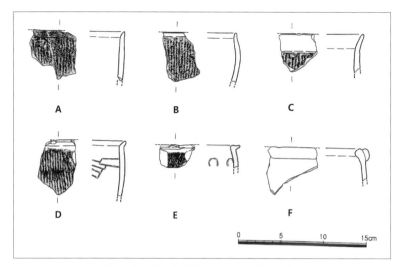

図6　鬱陵島　軟質土器の様々な口沿形態

っとも遅い時期に属する天府里古墳群の四角瓶・四耳扁瓶・皺文様瓶の器種と土器の組合せが高麗前期の青磁が発生する以前の段階に該当するという点を考慮すると、下限について異論の余地はない。

問題は上限だが、ソウル大学校博物館の報告書の「鉄器時代前期末」は、石粒が多量混入されていたA型口沿の赤褐色軟質土器を無文土器と誤認したことによるため、一旦除いておく。また嶺南大学校民族問題研究所の報告書は「天府洞遺物散布地」で格子門が打捺されている灰褐色の硬質土器の片を根拠に4世紀上限の可能性を慎重に提示したが、慶州の隍城洞[40]・浦項玉城里[41]・蔚山中山里[42]などの遺跡からわかるように3～4世紀に慶州を中心にした慶尚道東海岸地域で格子門が流行したのはそうであるが、これらの地域で格子門は4～6世紀にも依然として打捺文の中心をなしていた。

国立中央博物館（2008）前掲書、207頁

[40] イ・ゴンム이건무、キム・ホンジュ김홍주（1985）「慶州　隍城洞遺跡　発掘調査報告」『国立博物館古跡調査報告』17、国立慶州博物館
[41] 嶺南埋葬文化財研究院（1998）『浦項玉城里古墳群』Ⅰ・Ⅱ、嶺南埋葬文化財研究院・浦項市
[42] 金享坤（1996）「新羅前期古墳の一考察：中山里遺跡を中心として」東義大学修士学位論文、83～107頁

写真7　独島博物館郷土史料館収蔵の三耳台附碗と台附長頸壺、三耳台附碗（左）、台附長頸壺（右）

　こうしてみると今まで鬱陵島で調査された土器のうちもっとも早い時期のものだと確実なのは独島博物館に収蔵されている短脚高杯・台附長頸壺・三耳台附碗・蓋杯である。これらの土器は様式面から短脚高杯が出現してから、台附碗と台附瓶などを中心に印花文土器が流行する時期以前、つまり新羅後期の様式に属すものだといえるが、具体的には慶州の皇龍寺祉一次伽藍基礎・沼・干潟土層・土器の廃棄所などの皇龍寺創建期の遺物[43]に対比される。よって現在では皇龍寺創建期遺物の年代である6世紀中頃を[44]これまで調査された鬱陵島土器の確実な上限とみなすことができる。

　しかし歴史資料によると新羅が鬱陵島を服属させたのは6世紀中頃よりも前の智證麻立干13年、つまり512年である。また512年以前に鬱陵島には一定規模の土着社会が形成されていた。反面、今まで採集・出土された鬱陵島土器の確実な上限は6世紀中頃に終わっている。いろいろな点を考慮すると独島博物館の短脚高杯などより前の時期の遺物があるように思えるが、これと関連して注目されるのがA型口沿の軟質土器の鉢である。なぜなら、A型口沿の軟質土器の鉢が単純に制作技術の未熟によるものだけで出てきたのではないからである。

---

[43]　崔秉鉉（1984）「カ．土器」『皇龍寺』文化財管理局、文化財研究所
[44]　崔秉鉉（1984）「（4－1）皇龍寺の建設期における土器の年代」『新羅古墳研究』一志社、646〜649頁

もし鬱陵島で採集されているすべての種類の軟質土器の鉢が、新羅後期の様式と統一新羅様式の軟質土器の鉢と甕の影響を受けて制作されたものだとするならば、二つの様式の制作伝統とは距離のある直壁筒形の胴体と類似直立口沿の属性が出現することはできない。つまり形態的に粗悪であっても新羅後期の様式と統一新羅様式の軟質土器の鉢と壺の口沿・胴体形態を模倣したであろう。換言すると現在まで採集されたA型口沿の軟質土器の鉢は、たとえその大部分が硬質土器と同じ時期のものだとしても、鬱陵島の一般的な軟質土器の鉢と壺とは最初から違う制作伝統をもっている可能性がある。

　もっとも、これまで発見されたA型口沿の軟質土器の鉢が、先に指摘したように口沿と胴体形態を除いては胎土・浅い横沈線の区画・平行文の打捺・整面手法などで外の軟質土器の鉢と同時代性を持っているのだけははっきりしている。しかし口沿・胴体形態での違いを考慮すると、これからより進展された調査を通して、これまで発見されてきたものよりも前の時期の土器が遺構とともに出土される可能性はいくらでもあると考える。ただ、これまで鬱陵島で青銅器〜原三国時代の各種材質の生活具・武器具・生産具・加工具・装身具などが発見されないのをみて、現在としてはこの時期にまで遡る可能性はないようである。

3. 古代鬱陵島社会の位階化と階層

　社会的位階化を把握する際に主要な資料として使用するものは、聚落、建築物、古墳などである。このなかで古墳は長い間、貧富の格差、社会的な差別化、政治権力の差等性をもっともよく示す物質遺存体として注目されてきた。その理由は古墳が造営者と被葬者間の社会的関係および独特の施設動機によって、被葬者の生前の社会的地位と富の所有程度および政治的関係がもっともよく反映されているからである[45]。のみならず、古墳は古墳群全体の設計と古墳同士の関係および副葬様相などを通じて、そうした古墳群を残した文化と集団の社会的段階と文化的複合度を測定するのにも緊要な資料とな

---

45) L. R. Binford (1971), "Mortuary Practices : Their Study and Their Potential, In Approaches to the Social Dimensions of Mortuary Practices", J. A. Brown ed., *Memoirs of the Society for American Archaeology 25*, pp.21~29.

る。
　こうした点で古代鬱陵島社会の位階と階層を把握するためには、古墳資料を調べる必要がある。しかし鬱陵島では天府里2号墳を除いた残りの古墳すべてがすでに盗掘、破壊・変形された状態で収拾調査されたものであり、収拾調査されたものでさえ、僅かにすぎない。そのうえ、鬱陵島では未だに聚落はさておきただの一つの住居地すらも調査されていないのが実情である。したがって今となっては古代鬱陵島社会の位階化を論ずるには無理があるといえる。しかし他方では現在までの調査状況を考慮してまったく不可能なことばかりでもないと考える。
　これと関連してまず注目したいのが、天府1里の天府里古墳群①である。天府里古墳群①は東側の天府川と西側の千年浦谷の間に形成している南側の大紅門洞一帯から、北側の海辺に流れていく丘陵の真ん中に、海抜50～150m内の丘陵頂線部・緩斜面地・平坦面に形成されている。全体の古墳群の範囲は南北最大500m、東西最大260mだが、南陽里などとは異なり古墳群が一定範囲内に密集分布しているのではなく、全体の遺跡範囲内に2～4基が一つの小さな小群を形成しながら点々と離れているので、古墳群の範囲に比べ実際の古墳の数は多くない方である。
　今まで天府里古墳群①では、1963年、国立中央博物館が天府小学校の西側の丘陵緩斜面地で3基、南側丘陵頂線部で2基、西南側の丘陵緩斜面地で3基の合計8基、1998年、ソウル大学校博物館が天府小学校から100mの陵線斜面で4基、2001年慶尚北道文化財研究院が、ソウル大学校博物館が確認した4基から西側に150m離れた海抜80mの緩斜面地で3基、2008年東北アジア歴史財団・翰林大学校が天府小学校の壁から西南側に250m離れている海が眺望できる急崖面上の小さな平坦地などで2基を確認・調査した。
　ところがこれらの古墳は石室規模、そのなかでも長さを基準にしたとき、合計三つの部類に分けられる。最初の部類は石室の長さが8m以上になるもので、天府里2号墳（9.85×1.4×1.6m）がこれに属する。二つ目の部類は石室の長さが6～7.9mになるもので、天府里1号墳（6.0×1.3×1.4m）と3号墳（6.0×1.2×1.4m）を代表的な例として挙げられる。三つ目の部類は石室の長さが3～5.9mで、天府里4号墳（5.6×1.4×0.9m）と天府里1

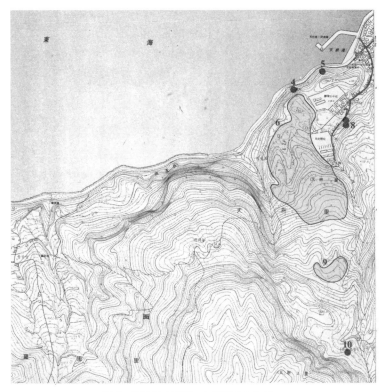

図7　天府里古墳群　＊地図の6,9,10

〜3号墳がある丘陵南側を越えて千年浦谷の急崖面に小さく形成されている平坦面の小型古墳（長さ3m内外）などを代表的な例として挙げられる。

　ここで注目されるのは天府里古墳群①全体で、天府小学校の南側丘陵頂線部とそれに隣接する緩斜面地に位置している3基の古墳に、比較的注目に値する多種多様な遺物が出土・収拾・採集されているという点である。つまり天府里1号からは盗掘墳であるにもかかわらず、軟質土器と硬質土器の高杯・瓶・四角瓶・四耳扁瓶のほかに金銅製の十字形辻金具、青銅・金銅製の鈴、金銅製の丸玉・管玉、ガラス玉が、天府里2号では各種の硬質土器・印花文土器の瓶とともに鉄製刀子片、青銅製の釖などが、天府里3号墳では硬質土器と印花文土器のほかに鉄製刀子片と鉄鏃片などが収拾された。

写真8　第三部類の小型古墳（天府里古墳群）

　これに反して三つ目の部類に属する古墳では、盗掘・破壊・乱されたという点で1・3号墳と同じ状況であるにもかかわらず、石室の内部とその周辺で少量の軟質土器の片と硬質土器の片のみが収拾されただけである。こうした特徴は天府里4号などと同じく三つ目の部類に属する天府里竹岩1号墳（3.5 × 1.0 × 0.8m）と2号墳（5.5 × 1.0 × 0.8m）などからも確認できるが、二つの古墳の場合、石室の内外で軟質土器片と軟質土器の把手、硬質土器の壺、碗の土器片、印花文土器瓶の土器片が少量収拾されただけで、天府里1〜3号墳の丘陵向こうの千年浦急崖面にある小型古墳の場合にはそれすらも希少である。

　こうした調査の状況を考慮したとき、第一と第二の部類は同じ副葬の等級、第三の部類は先の二つの部類とは差別的な副葬等級に属するものと考えられる。第一と第二の部類の石室規模の違いは社会階層の差によるものというよりも、家族葬のための独特な古墳設計とアイディアに起因するようである。ただ、同一古墳群内でも玄圃里16号墳（9.0 × 2.1 × 1.4m）や南西里11号墳（9.0 × 1.6 × 1.5m）などのように周辺のほかの古墳とは差別的に大きな古墳の場合、独特な設計以外に他の要因が作用している可能性もあるが、これについては今後の調査結果を通じて再検討する必要がある。

天府里古墳群①の例からみると、古代鬱陵島の古墳築造者は二つの位階的層差をもっているものと考えられる。上位階層は当然に第一部類と第二部類の古墳築造者である。彼らは第三部類に比べ相対的に多量の土器を副葬したのみならず、ここに銅冠などの冠帽類、金銅とガラス質の首飾り、青銅製の釧などの装身具、金銅製の辻金具・青銅製の鈴・金銅製の鈴などの馬具、鉄製の鏃などの武器類、鉄製の刀子などの工具類などを副葬することのできる経済および政治社会的能力をもっていた。これに反して第三部類は少量の土器と武器および若干の工具類のみを副葬したように思われる。

　これと関連して独島博物館の郷土史料館収蔵の前玄圃里銅冠片について特別に言及したい。郷土史料館の銅冠片は残存状態からみて台輪部と立飾の一部が残存物であることが明らかだが、材質・制作技術・装飾性・様式性などから5〜6世紀前半の慶州や洛東江東岸などの中心古墳群の大型古墳で出土された金冠・金銅冠とは大きな差がある。現在までの発見例でみると、前玄圃里銅冠と結び付くのは6世紀後半前後の東海湫岩洞古墳群の銅冠[46]と丹陽下里古墳群の銅冠[47]であるが、二つの古墳群ともに新羅全域の中で古墳の規模・構造と副葬遺物からして下位の様相を示している。

　独島博物館郷土史料館収蔵の前玄圃里銅冠を社会的位階や政治的な権力とは関係のない地方で呪術という独特な機能を遂行する人物によって残されたものとみる見解はまさにこうした点を考慮し提起されたものである[48]。しかし鬱陵島社会内で銅冠着用者の具体的な社会的機能がどのようなものであるのかに関わらず、外来の新製品である銅冠を着用した者が鬱陵島社会を牽引していた上位エリートであることは明確だと考える。また、陸地ではすでに金銅冠・銅冠が政治的意味を消失したとしても鬱陵島では上位階層または権力者の象徴として一時再生した可能性もある[49]。

　だとすれば鬱陵島の古墳は古代鬱陵島の社会全体の階層によって残された

---

46) 辛虎雄・李相洙（1994）「湫岩洞B地区 古墳群 発掘調査報告」『東海北坪公団造成地域文化遺跡発掘調査報告書』関東大博物館
47) 金弘桂（1992）「丹陽の下里出土の一括遺物に対する考察」『考古学誌』4
48) 申叔静・李盛周（2000）前掲書、84〜88頁
49) 呉江原（2009）前掲書、211頁

写真9　鬱陵島式古墳（南西里古墳群）

のだろうか。これと関連して注目されるのが「鬱陵島式古墳」の構造である。「鬱陵島式古墳」は天府里古墳群の古墳のように築台がつくられていないものもあるが、ほとんとは石室下面に築台部がつくられ、また石室上面には封石部がつくられている。玄圃里1号墳は石室の長さが6.5mだが築台部の直径は10mに達し、玄圃里16号墳は石室の長さが9mだが築台部の直径は17.5mに達する。つまり「鬱陵島式古墳」は考えたよりもはるかにたくさんの労働力と社会経済的経費が投入されて初めて築造可能な古墳なのである。

　こうした点とともに同時期、陸地でさえ一般の平民が多量の石材を使用し古墳を築造できなかったという点と、鬱陵島がいくら陸地から遠く離れている島だとしても新羅の厳しい身分制秩序の適用から例外ではなかっただろうという点などを考慮すると、鬱陵島の古墳は古代社会集団全体によって造成されたものではなく、上位階層によって残されたものと考えられる。こうしてみたとき、古代鬱陵島社会は位階化された社会だったといえるが[50]、支配階層もまた上位（第一・第二部類の古墳）と下位（第三部類の古墳）という二つの部類の層差が存在していたと考えられる。

---

[50]　申叔静・李盛周（2000）前掲書、80～81頁

4．古代鬱陵島の社会統合のための仕組み

　古代鬱陵島が古墳「造営者」と「不能造営者」はもちろん、造営者の間にも社会的な格差が存在していたということは、これら社会集団が階層化されていたということを意味する。当然に鬱陵島の古代社会を牽引していく政治的なエリートが存在していただろうが、これらは自らの地位を固く維持するためにも絶えず外部世界と政治的な連帯を強化していたことはもちろん、交易を実施していたはずである。また、たとえ小さな空間だといえども特殊な地形条件によって鬱陵島全域を統合するのは容易ではなかったであろうし、だからこそ社会統合のための宗教・信仰的なイデオロギーが必要だったであろう。

　古代鬱陵島社会で社会統合の仕組みとして宗教・信仰的なイデオロギーがほかのどのような社会よりも必要だったことは、鬱陵島の独特な自然地理と地形地理的な要件を通じて斟酌することができる。鬱陵島は東韓暖流の作用で温暖な海洋性気候帯に属していた。しかし聖人峰（984m）を中心に発達した山岳と湿気を含んだ風との作用によって、1～2月には最大積雪量が2mに達し、9～10月には台風から深刻な影響を受ける。そのため、1960年代まで鬱陵島は冬の季節になると、ほとんとの地域が小区域内での交通のみ行われており、こうした事情は古代でも同様であっただろう。

　また鬱陵島は先に言及したように、暴雪と台風など自然災害の影響が深刻である。たとえば、2003年9月の台風のときには台霞里と南陽里が道路の遺失などで完全に孤立したために食料を行政船で伝達したし、2005年9月の台風のときは道路のみならず電気・通信など基幹施設が完全に麻痺され、鬱陵島のほとんとの地域が一定期間孤立したこともあった[51]。

　このような自然災害は古代にはより深刻だったはずである。よって鬱陵島は総面積が72.82k㎡にすぎない小さな島であるが、社会統合と維持のためのイデオロギー的な装置がとりわけ必要であるしかなかった。

　これと関連してまず注目されるのが仏教である。鬱陵島の仏教遺跡の存在

51）鬱陵郡誌編纂委員会（2007）『鬱陵郡誌』鬱陵郡庁、238頁

は文献と古地図の様々な所から確認できる。高麗毅宗11年（1157）に、溟州道監倉使の金柔立が鬱陵島で石仏・鉄鐘・石塔を発見したことや[52]、17世紀後半の『朝鮮地図及日本琉球中原図』に「寺の痕が多い」と註記されていること[53]、18世紀中盤、『海東地図』の鬱陵島に「有塔、寺刹基祉」と註記されていること[54]、また朝鮮の肅宗37年（1711）、捜討官三陟營將の朴錫昌が朝廷に上げた報告書に添付されていた「鬱陵島図形[55]」のなかで寺痕も含まれていた「基祉」があらゆるところに表記されていたことなどがそうした例に属する。

文献資料の仏教関連遺跡が三国～統一新羅時代のものであるのか、それとも高麗時代のものなのか定かではない。しかし高麗の顕宗9年（1018）に、朝廷で李遠九を派遣し女真族の侵略で農耕基盤が瓦解された鬱陵島に農器具を下賜したことや[56]、顕宗10年の女真族の略奪行為を避けて本土に避難してきた鬱陵島の人々をまた鬱陵島に連れ返したこと[57]、また顕宗13年（1022）に女真族から逃れ本土に避難してきた人々を今の寧海に治所を置いていた禮州官内に庇護していたことなど[58]からみて、11世紀初め以後には鬱陵島住民が寺刹を造営する社会経済的余力はなかったと考えられる。

敷衍すると、11世紀初め、女真族の略奪は鬱陵島の社会経済的基盤に深刻な打撃を与えたようである。なぜなら、それから100年余りが過ぎた高麗仁宗19年（1141）と毅宗11年（1157）には溟州道監倉使の李陽實[59]と金

---

52) 『新増東国輿地勝覧』巻44「江原道」蔚珍県、"毅宗十三年，王聞鬱陵地廣土肥，可以居民，遣溟州道監倉金柔立，往視，柔立回奏云，島中有大山，從山頂向東行至海一萬餘步，向西行一萬三千餘步，向南行一萬五千餘步，向北行八千餘步，有村落基址七所，或有石佛，鐵鍾，石塔，多生柴胡，蒿本，石南草."
53) 『朝鮮地図及日本琉球中原図』「江原道二十六官」'鬱陵島'の註記（国立中央図書館 古2702－10)、"東南抵慶道界．在平海之東六日程．地長百餘里，廣六十里．四面石角嵯峨，多寺刹古址……."
54) 『海東地図』「江原道」'鬱陵島'、ソウル大学中央図書館、M/F85-16-332-N
55) 朴錫昌（1711）「鬱陵島図形」ソウル大学中央図書館、M/F77-103-202-L
56) 『高麗史』巻4「世家」4、顕宗9年11月、"以于山國被東北女眞所寇廢農業，遣李元龜賜農器."
57) 『高麗史』巻4「世家」4、顕宗10年7月、"己卯，于山國民戶，曾被女眞虜掠來奔者，悉令歸之."
58) 『高麗史』巻4「世家」4、顕宗13年7月、"秋七月，丙子，都兵馬使奏，于山國民被女眞虜掠逃來者，處之禮州，官給資糧，永爲編戶．從之."
59) 『高麗史』巻17「世家」17、仁宗19年7月、"秋七月，己亥，溟州道監倉使李陽實，遣人入鬱陵島，取菓核・木葉異常者以獻."

柔立が鬱陵島を、過去に州・県が設置されており人が暮らしていたと認知し[60]、調査したことや、高宗30年（1243）崔怡が本土の人間を移住させようとしたこと、人を送り島の中を調べるようにしたが廃墟状態だったと報告されていたこと[61]、また元宗元年（1260）に蔚珍県令朴淳が、当時蔚珍県の管轄下にあった鬱陵島を逃避所にして逃げようとしたことなど[62]の記録があるためである。

したがって高麗毅宗11年、溟州道監倉使金柔立などが鬱陵島で確認した石仏・鉄の鐘・石塔は、高麗顕宗9年、女真族の侵略で鬱陵島社会が深刻な打撃を受けた際に造成された可能性が高い。実際に鬱陵島では1917年以前と1957年にそれぞれ青銅製の釈迦如来立像と金銅製の仏像台座が発見されている[63]。このほかに徐達嶺進入路工事の際、金銅製の仏像が発見されたという伝聞もある[64]。これらの点を考慮すると、古代鬱陵島のエリートは鬱陵島社会を統合する有力な仕組みとして仏教を積極的に活用したと考えられる。

ところで鬱陵島には社会統合のためのイデオロギーが仏教のみであったのだろうか。海洋島嶼という独特な環境によって仏教以外の別個の信仰行為が盛行したりしなかったのだろうか。

現在としてはこれを立証するだけの明確な歴史・考古学的な資料はない。ただ、最近、天府里遺物散布地②の近隣で、三国〜統一新羅時代の仏教以外の信仰行為と関連すると捉えられる祭壇として推定できる台型石築施設が確認されたり[65]、過去の有力な寺利址と推定される玄圃里古墳群内の石柱を発

---

60) 『高麗史』巻18「世家」18、毅宗11年5月、"王聞，東海中有羽陵島，地廣土肥，舊有州縣，可以居民．遣溟州道監倉・殿中内給事金柔立往視．柔立回奏，土多巖石，民不可居．遂寢其議．"
61) 『高麗史』巻129「列伝」42、〈叛逆〉3、崔忠獻 附 崔怡、"（三十年）東海中有島，名鬱陵，地膏沃，多珍木・海錯，以水程遠，絶往來者久，怡遣人視之，有屋基・破礎，宛然．於是，移東郡民，實之．後以風濤險惡，人多溺死，罷其居民．"
62) 『高麗史』巻25「世家」25、元宗即位年7月、"蔚珍縣令朴淳，船載妻孥臧獲幷家財，將適鬱陵，城中人知之，會淳入城，被拘留，舟人以其所載遁去．"
63) 金元龍（1963）前掲書、38〜39頁
64) 徐達嶺の進入路で発見された金銅仏は、現在その所在が不明確である。上記の事実は、2008年に東北アジア歴史財団と翰林大学校が鬱陵島の精密地表調査を行った時、鬱陵郡文化観光課の金基伯係長から確認したことである。金氏は、金銅仏の発見された後、その所在はわからなくなったが、鬱陵郡管内にないことだけは確実であると語った。
65) この（推定）祭壇施設は天府里山136－4番地に編制されている標高212mの独立丘陵に位

写真10　玄圃里石柱列（1917年）

写真11　推定祭壇遺蹟

掘調査した結果、寺院よりも土俗的な民間信仰と関連があるだろうと捉えられるなど[66]、これらの点を考慮すると、未だその実態が具体的な資料で明らかになってはいないが、古代鬱陵島社会に仏教とは異なる形態の信仰行為があったことは確かだと考えられる。

Ⅳ　結語

これまでの調査結果をみると、鬱陵島では思ったよりも多種多様な遺物が採集・発掘されたが、数量はもちろん内容が最も豊富なのは土器であった。こうしたところから既存の鬱陵島古代文化に関する研究もまた土器に集中せざるを得なかった。1917～2008年まであらゆる機関で行われた調査の資料を分析した結果、鬱陵島土器は大きく軟質土器と硬質土器（陶質土器一般、印花文土器）に分類される。これら土器資料は、鬱陵島古代遺跡を相対的に編年するのに重要な根拠となっているが、このほかにこの間論争となってきたのが鬱陵島土器の制作地と制作者の問題だった。

置している。そこから南東側120m離れたところに住んでいるホ・グンソク허근석氏の口述によると、祭壇があった場所に最近まで山神の祠があって、その山神の祠が作られる前、大型石垣施設の下で縦置きされたまま埋蔵されている壺がいくつか出ており、これを掘り出して破砕した後、独立丘陵の東南側の緩傾斜地に捨てたそうである。ホ・グンソク氏の口述と共に、独立丘陵と東南側の緩傾斜地が接する地点に多量の硬質土器の破片が散布されていたことなどを考慮すれば、大型の石垣施設が三国から新羅時代にかけて、宗教行為をする祭壇類の特殊施設であったことは確かであると思われる。

66) 嶺南大学博物館（2002）『鬱陵島玄圃里遺跡発掘調査』嶺南大学博物館

つまり鬱陵島発見土器のうち、硬質土器は陸地で制作され入ってきたということには異論がないが、軟質土器については意見が分かれていた。鬱陵島の軟質土器は分析の結果、胎土・平行文・打捺・整面手法などでは同時性と共通性を示していることがわかった。ただ、口沿形態では差別性が見つけられるが、全体の六つの類形に分けられる口沿形態のうち、直立口沿に近い口沿の軟質土器の場合、鬱陵島の人々によって鬱陵島で特殊に制作された可能性が高い。

　鬱陵島の古代遺物の年代と関連しては上限が論争されているが、ソウル大学校博物館報告書の「鉄器時代前期末」の見解は、根拠になる土器が実際は三国時代の軟質土器だったという点から、そして嶺南大学校民族問題研究所報告書の4世紀上限可能性は、格子門土器が嶺南東海沿岸地域で4～6世紀にも依然として打捺文の中心をなしているという点で頷き難い。こうしてみると、独島博物館郷土史料館収蔵の短脚高杯・台附長頸壺、三耳台附碗・蓋杯がもっとも早い時期の遺物だといえるが、これらの土器を根拠にしたとき、現在としては6世紀中頃が確実な上限といえる。

　鬱陵島社会の位階化および階層問題と関連しては古墳遺跡と出土遺物を複合的に考慮するほかない。鬱陵島の古墳は石室規模を基準にして三つの部類に分けられるが、出土遺物を考慮すると規模が大きい第一と第二の部類は支配階層の上位層、第三の部類は支配階層の下位層によって造営されたものと捉えられる。しかし「鬱陵島式古墳」が多くの労働力と社会経済的経費が費やされなくては築造が不可能だったという点を勘案すると、一般平民階層はこうした古墳を造営できなかったものと判断される。こうしてみると古代鬱陵島社会は位階化が相当に進んだ社会だったといえる。

　最後に、鬱陵島社会を統合するための仕組みとしての宗教・信仰的なイデオロギーの問題がありえるが、鬱陵島で発見された青銅製の釈迦如来立像・金銅製仏像台座などを考慮する時、陸地と同様に仏教が鬱陵島の主要な統合仕組みだったものと考えられる。これと最近、祭壇と推定される古代遺跡が新たに確認されるなど、玄圃里古墳群内の石柱が寺院ではない鬱陵島の土着民間信仰と関連があるだろうという調査結果を勘案すると、古代鬱陵島社会に仏教とは異なる他の形態の信仰行為があったのであり、これもまた鬱陵島社会を統合する仕組みとして作用していたことがわかる。

文献

『高麗史』白楽濬 編（1955）影印版延禧大学校
『三國史記』李丙燾 訳注（1983）1983 年 5 版乙酉文化社
『三國遺事』李丙燾 訳注（1962）東国文化社
『新增東國輿地勝覽』民族文化推進会 編（1970）国訳幷巻末原文收錄
『鬱陵島圖形』朴錫昌（1711）墨筆 筆写本서울大学校 中央図書館 M/F77-103-202-L
『朝鮮地圖及日本琉球 中原』国立中央図書館古 2702-10
『海東地圖』서울大学校 中央図書館 M/F85-16-332-N
国立中央博物館（2008）『(国立博物館 古蹟調査報告 第 38 冊) 鬱陵島』国立中央博物館
金元龍（1963）『(国立博物館古蹟調査報告 第四冊) 鬱陵島：附 靈巌郡內洞里甕棺墓』国立博物館
金夏奈（2006）「鬱陵島 橫口式石室墓의 源流에 대한 硏究」東亞大学校 碩士学位論文
金亨坤（1996）「新羅 前期古墳의 一考察：中山里遺蹟을 中心으로」東義大学校 碩士学位論文
金弘柱（1992）「丹陽 下里出土 一括遺物에 대한 考察」『考古学誌』4
신숙정・이성주（2000）「유적・유물을 통해 본 선사・고대의 울릉도 사회」『河炫綱教授定年紀念論叢：韓国史의 構造와 展開』혜안
辛虎雄・李相洙（1994）「湫岩洞 B 地區 古墳群 發掘調査報告」『東海北坪工団造成地域文化遺蹟発掘調査報告書』関東大博物館
嶺南埋葬文化財研究院（1998）『浦項玉城里古墳群』Ⅰ・Ⅱ 嶺南埋葬文化財研究院・浦項市
오강원（2009）「고고학을 통해 본 삼국～통일신라 시대 울릉도의 취락경관과 역내외 교통망 및 생업경제」『독도문제의 학제적 연구』동북아역사재단
鬱陵郡・慶尚北道文化財研究院（2002）『(学術調査報告 第 23 冊) 文化遺蹟分布地図－鬱陵郡－』
울릉군지편찬위원회（2007）『鬱陵郡誌』울릉군청
이건무・김홍주（1985）「慶州 隍城洞遺蹟 發掘調査報告」『国立博物館古蹟調査報告』17 国立慶州博物館
李盛周（1999）「辰・弁韓地域 墳墓 出土 1～4 世紀 土器의 編年」『嶺南考古学』24
정영화・이청규（1998）「鬱陵島의 考古学的 研究」『울릉도・독도의 종합적 연구』영남대학교 민족문화연구소
崔秉鉉（1984）「가 土器」『皇龍寺』文化財管理局 文化財研究所
崔秉鉉（1992）「(4-1) 皇龍寺 創建期 土器의 年代」『新羅古墳研究』一志社
朝鮮総督府（1917）『朝鮮古蹟図譜 5：統一新羅時代 2』
鳥居龍藏（1918）「朝鮮の有史以前」『有史以前の日本』磯部甲陽堂
鳥居龍藏（1920）『大正六年度古蹟調査報告』朝鮮総督府
Binford L. R.（1971）"Mortuary Practices : Their Study and Their PotentialIn Approaches to the Social Dimensions of Mortuary Practices," Brown J. A. ed. *Memoirs of the Society for American Archaeology* 25.

独島の機能、空間価値と所属
−政治地理・地政学的視角−

任徳淳 ［忠北大学］

I はじめに

　海洋の島々は、沿岸国の間で所有（領有）権問題による論争（dispute）、さらには紛争の対象になることがある。過去〜現在にわたり、こうしたことが起こったアジアの注目すべき小さな島々は南シナ海のパルセル群島（ベトナム・中国・フィリピン間）、東シナ海のスプラトリー群島（中国・フィリピン間）、尖閣諸島（中国・日本間）、東海の独島（韓国・日本間）である。そのなかでも尖閣諸島の場合、日本が一部を金を出して借りるという形の手段を講じると、中国政府が憤怒しており、独島の場合は周知のように日本が粘り強く自国の所有だと主張してきている。

　論争の中の島は大体、利害当事国の、①本土からその島までの距離や、②本土から離れている一部領土の端からの距離、または③領海外側の端からその島までの距離、これら三つの距離のうちどれか一つにでも大きな差異がないために論争対象となっている。島の位置とそれによる上記の距離が論争・紛争の一次的要因となっているのである。

　独島をめぐる大韓民国政府と日本政府間の所有権論争は、国際的には1952年から始まった。韓国政府が隣接海洋の主権についての大統領宣言（李ライン宣言：平和線宣言）を1952年1月18日に発表すると日本政府は、独島を李ライン内に含めるのは同島に対して韓国政府が独自に主権を主張することだとして、独島（竹島）は日本のものだと抗議することで起こったのがきっかけである。以来、今日までこの論争は日本が継続して問題提起することで解決されていない。

先述のような状況が持続されるなか、1960年代中頃の朴正煕大統領時代には、独島が頭痛の種なので爆破してしまおうという話まで韓日会談の過程で出たことがあった[1]。筆者は1972年の若手教授時代、独島が韓日両国のうちどの国に所属しなくてはならないのかを扱う研究論文を発表したことがある[2]。そして1983年の秋には、独島所有権問題を政治地理と関連させ、韓国の地理学者らが研究すべき九つの課題のうちの一つとして挙げることで、この問題を再び強調したことがある[3]。すでに30年余りが過ぎ、再三独島についての上のような研究をするにあたって、それまでの資料を補強し、新たな考察も加えていたところに、東北アジア歴史財団との縁が生まれ本紙面で、より一層内実のある内容を筆者の専門学問の論理で提示してみたいと思う。

　この研究の目標は、独島には政治地理学および地政学からみてどのような機能があるのか、それによる空間的価値はどういったものなのかを探し出し提示すると同時に、この島が韓日両国のうちどの国に所属されるべきかを明らかにすることにある。ここで独島の機能を深く調べようとするのは、従来の主な方式に従えば、独島の地理について述べてからすぐに価値論に移るはずだが、今日にはそうした方法では説得力が低いと考えるからである。

　第二次世界大戦後、政治地理学の機能主義（functionalism）が登場したことをきっかけに、ある地物の静的（static）な状態を調べるだけで終わるのは有意性が低いため、その機能までもよく調べなくてはならないという主張が広く受容されてきたのであり、またその主張はほとんどの場合、正しい。

　この論文の展開において筆者は、韓日両国がそれぞれ独島が自己所有だと主張するのはその島の価値が高いためであり、その価値が高いのはその島の機能が現実的であれ、潜在的であれ自国に利益があるほどよいのであり、その機能がよいというのは独島の空間的構造のいくつかの側面に依存しているものだと考えたからである。こうした見解は空間価値（space value または valance）が大きいと、その空間に向かう力の指向（vector）が強くなるという

---

1)　『東亜日報』（1965.3.3）
2)　任徳淳（1972）「独島の政治地理学的考察：その所属と機能について」『研究報告』8-1、釜山教育大学、45〜54頁
3)　任徳淳（1983）「韓国政治地理学の課題」『地理学の課題とアプローチ方法』教学社、48頁

価値－ベクトル論理から見出した見解である。

　そうして考察の順序をまさに先の思考の逆順で捉え、次のように定めた。つまり、まず独島の空間的構造を調べ、それに依拠した機能を論じ、機能に注目し価値を述べ、最後にこれらを総合的に判断しつつ、独島の所属を判断することにした。研究方法においては、韓日両国の独島関連の古文献や、現在の地図および古地図、独島学習のフィールドワーク（1977年秋：後述）などで得たこの島の地理的現実認識を根拠にして、それに政治地理学および地政学的論理を加える形の方法（文書－現地調査－論理的方法：documentary-fieldwork-logical method）を選択した。独島関連の古文献と古地図は、過去に独島の所属がどうであったのかを示す重要な資料であるため、本研究で利用することにした。そして特に独島の過去から現在をしっかり分かるには日本のこの島に対するマクロな策略を歴史的に認識すべきだという点も留意して概略的ではあるが紹介することにした。

　では、ここで少し政治地理学と地政学それぞれの核心部分と両学問間の違いを確認しておこう。政治地理学は政治－地理関係を研究するが、政治と関連する地理的事実・現象により注目して、そこから概念と理論を導き出すのに力を注げる。地政学は地理と関連する政治現実に注目するため、自然の地理的条件が現実政治にどういった利益や不利益を与えるのか、それによって関連国家や当局はその地理に対してどのような政治的行動を取るべきかに大きな力を注げる。両学問の関係において政治地理学は主に、地政学的論理を展開するための基礎を提供し、純粋学問的な傾向を大きく示す。それに対し地政学は、応用学問的な雰囲気を漂わせながら実行的措置の方に重きを置く傾向がある。

　地政学に関するフィフィールド（R. H. Fifield）とピアシー（G. E. Pearcy）の言及も参考にするといいだろう。彼らによれば地政学は四つの源泉（source）をもっているが、それらは①政治地理学、②歴史、③帝国主義論理、④陸・海・空軍戦略である[4]。ところがこの四つの源泉は第二次大戦中（1944）に提示されたものであるため、今日の時代には少し合致しない部分

---

[4]　R. H. Fifield and G. E. Pearcy (1944), *Geopolitics in Principle and Practice*, Boston : Ginn, p. 5.

があると考えられる。そのため筆者は、その四つの源泉のうち③を帝国主義論理・冷戦的イデオロギー・新世界秩序論と補完することにした。第二次世界大戦終了とともに帝国主義地政学論理は大きく弱まり、その直後に冷戦のイデオロギーが強くなることで、冷戦地政学が生まれ、冷戦終息後（1990年頃）から今日まではいわゆる世界レベルの新秩序論（まだしっかりした論理が定立したわけではないが）が勢いを増している状況である[5]。こうした状況を考慮して、先の③帝国主義論理に筆者が二つのことを加えたのである。

　地理政治的（geopolitical）論理を展開する者は次のようなことに大きく依存しているようにみえる。つまり①地理関連基礎知識の獲得は政治地理学に、②政治事件については歴史に、③領土の膨張・獲得・確保、自国の理念関連安全保障、世界または大地域レベルの利益介入については、各々帝国主義論理、冷戦イデオロギー、新世界秩序論に依存し、④実行的措置は陸・海・空軍戦略に依存していると考えられる。こうした依存は、論理展開者の間にほぼ同一であり、韓日両国の論理展開もこれから脱しているとは言い難い。独島問題を分析することにおいて、とりわけ先の③と④は、現在と未来にも留意事項になると考えられる。

　以上の地政学の核心部分と源泉を考慮すると、領土関連の国際政治を分析する際、不可避にも地政学的視点を動員しなくてはならない。もちろん、政治地理学的視点も随時、動員されるべきだろう。先の独島問題を含めた国際政治問題を地理と関連して考えるとき、位置・大きさ・形状などの空間関係（space relations）と、資源・地形などの自然地理、そして人口・生業などの人文地理に注目することも必要である。

II　独島に対する地理学者たちの先行議論

　本格的な研究に入る前に、独島の価値や所有などについて韓国内の地理学

---

[5]　任徳淳（1999）「地政学：理論と実際」法文社、224～230頁

者がどのような議論を展開しているのか調べてみた。本研究の信頼性を高めるために、研究史に対する認識も必要であるからである。1954年末に黄相基（ソウル大学校大学院法学修士課程）が『独島領有権解説』（勤労学生社）という専門書を刊行した。その後には法学者、歴史学者、言論人らが独島問題を何度も扱ってきたが、地理学者の書いた論文レベルの発表はなかった。筆者が1972年に発表した論文（後述）がきっと地理学界の論文では初めてのようである。その後にも数は少ないが地理学者によって発表された内容をここに紹介しながら、筆者の見解を多少述べておこうと思う。

筆者は1972年に独島論文の一部で次のような要旨の話をした。

> 人間の常住地である鬱陵島から独島までの距離が日本の常住地である隠岐島－独島距離よりもおおよそ35海里も近い。独島近隣水域は韓国人の漁業が持続的に行われる海であり、韓国の歴史的水域である。そして独島は歴史的水域のなかにありながら、遠い昔から韓国の所有であったので韓国の歴史的な島嶼である。これら2点を踏まえ独島が韓国の所有であるということは妥当である。
>
> 独島は島の特性と関連してみると、経済的機能（鉱物、魚類）、政治的機能（勢力拡張根拠地、国家威信高揚地）、戦略的機能（戦略的戦線基地、防禦基地）、交通・貿易的機能（海洋上の交通結節地、停泊地）、領海画定根拠地機能などの五つの機能を担っている。こうした機能に適する重要な価値を独島はもっている。最小限にでも独島の警備活動と漁撈活動はその島とその近隣の海で継続されるべきである[6]。

筆者はこの論文作成時、独島の韓国所有の妥当性を二つの根拠から見い出した。本論文ではその根拠がいくつかさらに提示できるだろう。そして独島の空間的構造およびその価値も次第に論じなくてはならないと考えている。

地政学にも関心をもっていたヒョン・キジュ（東国大学校名誉教授、経済地理学）は2005年に、「独島領有権の争いと地政学」という論文の一部で次の

---

[6] 任徳淳（1972）前掲書、48～53頁

ような議論を提示した。

　日本側が最初に独島について言及した文献である『隠州視聴合記』が1667年に出た。この記録には日本西北の国境を隠岐島にすると明記されている。その島の北西側に離れている独島（竹島）は高麗の所有と記録されている。1905年に日本側が作った『日露戦争実記』の付録地図に竹島（独島）が朝鮮領となっている。鬱陵領地にはメタン水化物（ハイドレイト）が大量に埋蔵されており、独島北側の海底斜面ではウラニウムやバナジウムを抽出することができる。付近一帯はまた水産資源も豊富だ。

　日本は朝鮮半島を経てアジア大陸に進出する最初の段階で東海を支配し、その海を自国の湖（内海）にしようとした。日露戦争は日本が東海を湖水化するために行った第一次衝突だった。独島に対する韓国の実効的占拠を強固にするため訪問客に島の開放を実行すべきである。独島を失うことは東海を失うことだ[7]。

以上が筆者が注意深く読んだヒョン・キジュ論文の一部だが、彼の論文のタイトルに比べ、そして彼が地政学的に相当に関心を注げてきた点に比べ独島の地政学的な価値の部分が一層強化されていたらという念が残る。日露戦争の第一次衝突を日本の、東海の湖水化にその理由を見い出そうとしていた点に留意すべきである。『隠州視聴合記』に言及して独島が韓国の所有だとしたことは重要な指摘である。韓日間独島問題の火種を、1951年の対日講和条約文に独島の言及がなかったという点に見い出したことは地理学者にも知らせなくてはならない指摘である。

楊普景（誠信女子大学校教授、歴史地理学者）は2005年に「独島の歴史地理的考察：古地図にあらわれている独島」という論文を出した。この論文では韓国古地図に表現された独島を歴史的に調べた。その作業を通じて独島に

---

[7] ヒョン・キジュ현기주（2005）「独島の領有権の是非と地政学」『討論文集：独島の地政学』大韓地理学会、20～33頁

対する日本の所有主張の不当性を間接的に述べた。筆者がみるには彼女が提示した古地図のうち次のものが大きく重要視されるようである。

 16世紀 華東古地図（ソウル大学校奎章閣　所蔵）
 18世紀 天下大総一覧地図（民撰）
（以上、1905年乙巳条約前の世界地図）
 15世紀 八道図（李薈）
 16世紀 『新増東国輿地勝覧』内の八道総図（官撰）
 17世紀 朝鮮八道古今総覧図
 18世紀 東国地図（鄭相企：于山島の位置を鬱陵島の東南側に初めて表記）
 18世紀 八道分図（鄭相企）のうち江原道の地図
 19世紀 海左全図（李賛　所蔵）
 19世紀 青邱図（金正浩）
 19世紀末 大韓全図（大韓帝国撰）
（以上乙巳条約前の韓国地図[8]）

楊普景は世界地図に于山島が描かれているのは、朝鮮の初めから独島がわれわれのものであるという認識の結果だとみている。そのため朝鮮の地図に表現された独島は、言うまでもなく当然韓国の所有であると述べた。そして乙巳条約の翌年（1906）以後、朝鮮全図に独島が描かれないのは日本の影響力が大きく作用した結果だと主張した。

筆者がみても島根県が1905年2月、独島を日本の所有だと主張してから独島の表記がなくなったのはその前後関係からみて、日帝が講じた措置と相通ずることである。このことからわれわれは、日本の非紳士的策略を確認することができる。

沈正輔（東北アジア歴史財団、地理教育論）は、日本で数年間研究した若手学者である。彼は2008年、「日本の社会科で独島に関する領土教育の現況」

---

[8] 楊普景（2005）「独島の歴史地理的考察：古地図にあらわれている独島」『討論文集：独島の地政学』大韓地理学会、39～61頁

という論文で、日本の初・中・高の社会科教科書および教育課程（学習指導要領）上にあらわれる日本の独島領有措置について調べた。彼の論文は日本の独島策略を知るのに一助となる研究である。彼の研究は領土教育と関連して一瞥する必要があるし、また次のような重要な言及をそのなかに含んでいる。

  日本は2005年、竹島（独島）の日を制定したことをきっかけに、小・中・高校教育で独島関連の内容を高い比重で扱うようになった。2006年には高校社会科の教科書検定課程で竹島が日本領土であることをはっきりと記述するように要求した。竹島について記述した教科書が増えたのは文部科学省の教科書発行者に対する要望活動の結果である。韓日両国が独島関連学術シンポジウムを通じて相互の見解の差異を縮めその結果を教科書に反映しなくてはならない[9]。

沈正輔の以上のような言及・主張において、とりわけ竹島の日の制定を契機に日本の教科書で独島関連の内容が扱われ始めたといった点と、独島について記述する教科書の数が増加したのは、文部科学省が教科書の発行者に要望した結果だと指摘した点には留意する必要がある。われわれはこの論文を通じて日本が独島の所有に強い熱望を抱いていることがわかる。

 地理学者の論文ではないが言及すべきものがもう一つある。チュ・ヒョミンのエッセイだが、彼は当時、長い間新聞記者生活をしてきた重鎮の言論人（韓国日報社）であった。

 彼は1965年に「地政学的にみた独島」というエッセイを書いた。文のタイトルが地政学的となっているのでここで言及してみたい。彼はエッセイの一部で次のように主張した。

  1905年、日本の独島編入（島根県告示）は無主島の先占に該当するの

---

[9] 沈正輔（2008）「日本の社会科における独島に関する領土教育の現況」『韓国地理環境教育学会誌』16-3、韓国地理環境教育学会、180～196頁

ではない。島根県による独島編入を日本が正式な編入だというなら、それ以前に独島が日本のどの県にも属していない島であったことを言っているのである。それは1905年までは独島を、日本領土の一部として考えていなかったことの反証である。

　島根県の独島編入は国内的に隠密にされたことで、国際的にも認められておらず、軍事的にみると独島は、東海の足場の役割ができるところだが、将来日本の軍事的優位性が拡大されると独島によろしくない影響を及ぼすだろう。もし独島が日本のものになれば、日本は近代的手法をもって独島を再び韓国への進出用の足場にする可能性が高い。独島は経済的にも（漁場関係）重要な島だという点で大きな比重を占めている[10]。

彼のこのような主張の中で、1905年までは日本政府が独島（竹島）を自国の所有と考えていなかった（日本のいわゆる公式な編入は1905年になされたため）と指摘した点、独島が日本の所有になれば東海支配の足場として使われる可能性が高いといった点などに筆者は同意するところである。

以上のように地理学者（関連言論人1人）たちの論文をみたが、そのうち「政治地理―地政学的視点」をある程度深く示した論文は筆者のものであったと考える。ヒョン・キジュも地政学的視点を提示したが、歴史的権限と国際法などの法律上の問題に大きな紙面を割愛し、地政学的側面は考えたよりも比重が低く残念であった。チュ・ヒョミンの場合も大同小異である。楊普景の研究は韓国側制作の古地図の分析を通じて、独島が乙巳条約以前から朝鮮の所有として表記されてきており、同条約以後には独島表記が消えた点を考察した意義ある議論だった。沈正輔の論文は日本政府が現在、彼らの小・中・高校教科書および教育課程上で独島（竹島）を徐々に自国の領土と表記しつつある過程を詳細に調べたものであった。

10）　チュ・ヒョミン주효민（1965）「地政学的にみた独島」『独島』大韓公論社、200～209頁

III　独島の空間的構造

　韓日間における独島の所属に関する争点を扱うにあたり先に言及すべきことは、この島の空間的構造、つまり空間関係と自然地理および人文地理の諸要素でつくられた構造についてである。

1．空間関係

　空間関係のうち、まず位置をみてみよう。筆者は政治地理学からみる位置を経緯度（数理）的位置、海陸配置上の位置、関係的位置に分けてみている。経緯度的にみた場合、独島は、北緯37°14' 30"（北側所在西島の中央）、東経131°52' 10"（東側所在東島の中央）に位置している。これは東西二つの島をともに考慮していったものである。緯度上、おおよそ江原道霊月邑と同じところにあり、経度上はほぼ日本の下関と同じところに位置づけられる。海陸の配置上の位置からみると東海南西部の島として位置づけられる（図1）。関係的位置は他国との土地隣接程度にいう位置であるが、独島は東海の真中にある島なので日本本土はもちろん、韓国本土ともまったく隣接していない。したがって関係的位置は言及対象にならなかった。位置全体をおいて境界論（boundary studies）の視角からみた場合、独島は大韓民国の辺境地帯（frontier zone）内にある島である。

　独島は、韓国の本土（竹辺東端）との距離は120海里、日本本土（島根半島北西端）との距離は108海里で、日本本土側に少し近い。しかし韓日両国それぞれの有人島からの距離をみると、韓国の鬱陵島－独島距離はほぼ50海里で、晴れた日には鬱陵島石浦から独島がみえ、そこで撮影した写真（2007、東北アジア歴史財団所蔵）でもよくみえる程の距離だ。一方、日本の隠岐島－独島距離は約85海里で、韓国鬱陵島からの距離よりも35海里遠い。

　島の大きさは東島が約7.3km²、西島が約8.9km²で東島よりもやや大きい。島の輪郭形状は東向きに飛んでいく鳥と似ており、西島は北向する亀に似ている。1：100万〜1：50万程度の小縮尺（small scale）でみると点にしかみ

図1 環太平洋地域(Pacific Rim)の一部東海内の独島の位置(任徳淳 1999):有人島基準では韓国に近く、本土基準では日本に近いということが容易にわかる

えないが、1:4500の大縮尺でみると形状は前言と同じである。

2. 自然地理

海抜高度は東島98.6m、西島168.5mで西島がはるかに高い。西島が面積と高度では大きいため、より大きな島と呼ばれる。東島には中央部に丸い凹地があり、西島は地形が東島よりも険しく頂上までは急な傾斜をなしている。独島は東西両島に約90の小さな岩石島らで構成されている島嶼郡である。両島の間の海の深さは1〜10m程度で浅い。両島の間の最短距離は約150mである。独島近海の水深は約2000mの深い海である。

独島は火山島で東海の底から火山作用で噴出しつくられた。構成岩石は火成岩系統の粗面岩と玄武岩質の凝灰岩がほとんどで、鬱陵島の岩石構成とほぼ同じである。そして独島の生成は鬱陵島より先だとみられる場合があるが、現在では鬱陵島と同時につくられたか、新生代(第4期)、鬱陵島の噴出時につくられたものとして推定されている。推定という表現は少し慎重な表現

図2　上空からみた独島（海洋警察庁、2006）。左側は西島、右側は東島である

であるが、実はほとんど確実のようである[11]。だとすると独島は鬱陵島と双子の島（twin islands）である可能性が大きい[12]。気候は海中の島なので海洋の影響を大きく受けている。鬱陵島多降水（年平均1500mm以上）地域に属し、降水量が多い方である。風が多く霧も多い。

　前述したように独島は島嶼的位置を占めているが、ここで島嶼について詳しく説明してみよう。地理学的にみて島嶼（island）は水塊（water body）に囲まれた、自然に形成された土地で大陸よりは小さく、満潮時には水面上に存在する地形である[13]。この定義が今日の国連海洋法にも採択され使用されている。

　島嶼を分類すると、大陸・海洋関係からみて大陸の近くにありながらその

---

11) キム・ボンギュン김봉균（1985）「鬱陵島・独島の地質」『独島研究』韓国近代史資料研究協議会、11〜20頁；パク・ボンギュ박봉규（1985）「鬱陵島・独島の自然」前掲書、21頁
12) 任徳淳（2008）「境界論と韓国の国境問題に対する核心的観点」翰林大学翰林科学院の水曜セミナー招請論文（2008.10.15）3頁
13) M. I. Glassner（1993）, *Political Geography*, New York : John Wiley, p.484 ; F. J. Monkhouse and J. small（1978）, *A Dictionary of the Natural Environment*, London : Edward Arnold, p.165 ; R. Peattie（1932）, *New College Geography*, Boston : Ginnm p.419.

生成が大陸と関係の深い陸島（continental island）と、深い海にありながらその生成が陸地とは関係のない洋島（oceanic island: 火山島、サンゴ島など）に分かれる。この分類が一般的に使われる分類である。

　政治地理的見地から筆者は、海岸島（coastal island）、陸島、列島（island festoon）、深海島（deep sea island）に4大分類したことがあるが[14]、この分類はヴァルケンバーグ（S. V. Valkenburg）の分類[15]に同意して採択したものである。ナチスドイツの時代に有名な地政学者であるハウスホーファー（K. Haushofer）は縁辺地位的島嶼と大洋的島嶼で分類したが[16]、その分類は前述した海岸島のパターン論を展開しながら、島嶼を大島と小島に分けて、また小島には大群島（great archipelago）小群島、銀河水型小島群（galaxy of small islands）、列島または小島連鎖（chains of small islands）、遠隔孤立小島（isolated pelagic islets）などが含まれるとした[17]。この分類を独島に適用すると、独島は性格上、洋島（火山島）、深海島、遠隔孤立小島に該当する。

　ここで遠隔孤立小島についての一般論を述べておこう。文字通り、深い海のなかに立っている規模が小さく、住民がなくごく少数なため軍事戦略上、資源保存上、気象など特殊観測上、重要視されない限り、継続的に孤立した状態で留まるしかない島である。言い換えれば遠隔孤立小島は陸地から非常に遠くに隔離されている、水による分離（water separation）が過度な、さびしく立っている非常に小さな島（islets）であるから、文字通り孤立度が大変高い。深海島の極端型だといえる。遠隔孤立小島は戦略、資源、特殊観測などと関係なく、ただそこにあるだけなら無視されやすい島である。

　資源をみると独島近隣の海ではサバ、いわし、イカ、イルカ、タコ、エイなどが多い。また鬱陵島と独島の間には海底に代替エネルギーとして使用で

14） 任德淳（1997）「政治地政学の原理」（第2版）法文社、184〜187頁
15） S. V. Valkenburg and F. C. Erickson（1942）, *Elemants of Political Geography*, New York : Prentice-Hall, pp.158~163
16） 太平洋協会編訳（1942）『太平洋地政学』岩波書店、388頁 [K. Haushofer（1938）, *Geopolitik des Pazifischen Ozeans*, Berlin : Kurt Vowinckel]
　　T. F. Barton（1945）, "The Pattern of Continents and Oceans", G. T. Renner and associates eds.（1945）, *Global Geography*, New York : Crowell, pp.23~24.
17） T. F. Barton（1945）, "The Pattern of Continents and Oceans", G. T. Renner and associates eds.（1945）, *Global Geography*, New York : Crowell, pp.23~24.

きるメタン水化物（ハイドレイト）が大量に埋蔵されていることが確認されているが[18]、それは結氷状態の固体として存在するものである。

3．人文地理

　住民についていえば、独島には少数の漁民と詩人が西島に住民登録して居住している。住民の住所地は慶北蔚珍郡鬱陵邑独島里である。施設としては有人灯台（東島）、船着場二つ（東西両島に一つずつ、東島が大きい）、漁民の宿場、ヘリコプターの着陸場、警察警備隊の宿所および哨所（東島）、遭難漁民の慰霊碑および殉国碑（東島）などがある。そして領土的行動（territorial behavior：後述）と関連する「韓国領」の文字を岩に刻んだもの（graffito：後述）と国家象徴の太極旗も半永久的設置物として作られており特殊人文地理施設として独島に存在する。以上のように非常に少ないが住民が住み最小限度の人工施設物が独島に存在している。独島は人々が暮らす島、つまり有人島なのである。

　以上のように独島の位置、大きさ、形状、地形、気候、島の周辺の資源、人口、住居建物、領土的行動関連施設などの構成要素が存在しつつ整えられ、この島の空間的構造をなしているのである。この空間的構造が韓日両国、さらには独島に関心をもつ第三国の人々に多かれ少なかれ環境知覚的に知られ、さらには対独島政策や策略作成に影響を及ぼしている。

Ⅳ　独島の機能と空間価値

1．島の機能と価値

　前述したような空間的構造をもつ、一見したところではなんでもないようにみえる孤島である独島をなぜ日本政府はずっと自国の所有だと主張し、そ

18）ヒョン・キジュ（2005）前掲書、28頁

れに対応して韓国政府はなぜ韓国の所有だと強力に抗議しながら1952年から所有について論争をしてきているのだろうか。この問いに答えるためには独島の島嶼的価値をその現実的および潜在的機能と関連して検討することが重要である。

　島嶼の機能と価値は、それらが位置している海と関連して論じられるのが正しいという点をまず述べておこう。海は今日、特に軍事、政治、経済、交通上、国家勢力を現在のまま維持していく上でほとんどの場合、保障物（guarantor）であり、国家勢力を伸ばしていくために媒体（medium）の役割を果たすからである。

　島嶼は多少とも次のような重要機能を一つまたは複数で担うことができる。
①戦略的機能
②政治的機能
③交通的機能
④象徴的機能
⑤生産的機能
⑥領海保有根拠地的機能[19]

　戦略（strategy）には純粋な軍事戦略と大戦略（grand strategy）である国家戦略がある。戦略的機能でいう戦略は、一般的に軍事戦略をいう。これは軍事的目標を達成するために軍事力をある場所に配置したり使用したりする策略である。おおむね軍隊を関心地域に移動して駐屯させ、その地域外部に軍事力を拡大させることを試みる。このような軍事戦略的機能をもった島嶼が高い戦略的価値をもつようになるのである。戦略的機能は戦略的前進および後衛基地、戦略的航空基地、戦略的防禦基地などの機能に分かれる。戦略的機能のために島の大きさが必ずしも大きい必要はない。小さくても可能である場合が多い。

　政治的機能は、戦略的機能に大きく依存する。戦略の活用で確保した島を

---

[19] 任徳淳（1972）前掲書、49～50頁；任徳淳（1997）「地理教育における領土教育の重要性」『秋季学術大会のプロシーディング』韓国地理環境教育学会、11頁；S. V. Valkenburg and F. C. Erickson（1942）, pp.159~163

根拠地にして近隣の海洋やさらには相手側の陸地に政治的勢力を拡大することができるが、この点が島の政治的機能である。専門用語でいえば仮に生長先端（forward point growth）の役割や湖水化運動（mare nostrum movement）の拠点としての役割が重要な機能である。政治的機能の場合にも島は必ず大きくなくてはならないものではない。大きければいいが拠点の役割を果たせるほどであればいいのである。

　交通的機能は、島が海の真中にある場合様々な方向に連結される停留場（station）の役割、さらに言えば結節点（nodal point）ないし交合地（meeting place）の役割のことである。島が位置している海の周囲に特に経済・政治・軍事的に重要な役割を果たす国家が位置していると、その島の交通上の結節点の機能は活発化する。停留場機能は特に便利な交通のおかげでその島が市場に使われる場合、海難避難所や燃料および水の補給所の役割を担い、より一層活発化され重要になる。国家の活気が弱くなったり、その国が政治理念上の対立関係にあると交通の結節点機能は活発にならず、むしろ政治・戦略上注目される対象地として存在することになる。もし島があまりに小さかったり、岩石だらけだとしたら現代的土木工学技術によって改造したり広げたり埠頭施設をつくり活用できることは当然である。交通の結節点機能が活性化されるとその島の政治的または戦略的機能も大きくなるだろう。交通・政治・戦略の三者は機能上、相互依存的であり、また互いに必要としているからである。

　象徴的（symbolic）機能については次のように言えるだろう。象徴とは何かに代わって要約的に示したり述べたりするものである。国家の辺境やそれと近いところにありながら競争国家の間で、争いの対象になる島嶼や対立国家間の論争や紛争中の小島は、背後にある国家全体やその国土を象徴する土地となりやすい。国家有機体説からすると国境は全国土という身体周辺に存在する皮膚に該当するためである。そして領土的行動論（territorial behaviors studies）からみたとき、このような辺境やそれに近い論争中の島には、アイデンティティ管理のために自国志向の象徴性ある人工物、仮に境界神石、刻印された国旗、グラフィトなどのうちどれか一つを作っておくことが一般的である。

このような位置にある小島は、象徴的で国家威信（national prestige）がかけられている重要な島になる。その島がたとえ岩島であり実用価値のない非常に小さな島であっても、所有国が所有を確信する国家の国民に国家威信を保障・高揚させる貴重物となる。われわれが国土の大小や島嶼の如何に関係なく、そのなかでも特に国家間論争中にある土地を重要なものとしてみたり感じたりする理由は、まさにこういった象徴的な理由からである。

　生産的機能とは、島自体とその周囲が有用資源の生産を可能にする機能である。島とその周囲の海および海床下に有用な鉱物資源や石油または天然ガスが埋蔵されている可能性があり、様々な魚類があるなど、これらの生産を通じて島所有国は莫大な経済的利得を得ることができる。島とその周囲の海から得られる経済的利得は、今日の軍事的戦略機能から得られる利益よりも場合によってははるかに大きいものにもなる。それは実に今日、資源戦争の時代に入ってきたとみても過言ではないからである。近来、海洋開発技術などの発達はこの機能と利益を増進させており、島の生産的機能とそれに伴う価値は徐々に大きくなっている。

　領海保有の根拠地的機能は、島がその周囲に領海をもっているということから見い出せる[20]。有人島の場合は当然、領海をもち無人島の場合にはその島を人間居住に適合するように改造し、漸進的に有人島化すればまたその領海を持てるようになると考える。近来の海洋関係の技術工学が発達した場合には暗礁さえも施設改善を通じて有人の島に変えることができる。正常な有人島は領海の外に隣接水域もかねる方向に国際的な雰囲気が徐々に変わりつつあるのが実情である。したがって最近ではこのような島の機能が非常に重要視されている。

　先に言及した島嶼の諸機能と関連して島の価値を提示することが説得力をより高めているが、これらの価値は戦略的、政治的、交通的、象徴的、生産的、そして領海保有の根拠地的価値である。しかしすべての島がこの価値を有しているわけではない。島は差別的にこれらの価値の内からどれか一つ以上の価値を持つのが常例である。このような島の空間価値のために多くの国

---

[20] 任徳淳（1972）前掲書、52頁

家が該当する島を所有しようとし、あるいは所属論争を巻き起こすのである。島の空間価値がその場所に対するベクトル（vector: 指向）を誘引するのである。

2. 独島の空間価値

　先に島の現実的または潜在的機能とそれに基づく島の空間価値を一般論として述べたが、だとすれば、独島の空間価値はどのようなものなのか少し詳細に述べてみよう。先に島嶼の機能と価値はその島が位置している海と関連づけて検討するのが望ましいと述べた。ではここで独島が位置している海である東海についていくつか見逃してはならない事項を検討してみよう。

　東海は半島、個別の島、列島などによって太平洋への通路が一部ふさがり、アジア大陸に隣接している海である。こうした海は分類上、沿海（marginal sea）に該当する。沿海である東海周囲にはロシア・韓国・北朝鮮、そして日本が位置している。これらの国の存在も独島の機能と関連して注目すべきである。

　地政的にみて[21]、第一に、東海はユーラシアリムランド（Rimland：周辺地域）の東北部に接している海である。ユーラシアリムランドは第二次世界大戦後、東西冷戦の間、ソ連中心の陸地勢力（land power）と米国中心の海洋勢力（sea power）が鋭く対立していた地域で、その東北部に接している東海はその沿岸国である韓国および日本の領土とともに陸地勢力と外向を防ぐ海洋勢力陣営の重要な海であった。陸地勢力の中心国家であるロシアのイデオロギーが民主的に変わったが、不凍港に対する希求と対日本意識はソ連時代と大きく変わるところがなく、北朝鮮は依然として共産主義の独裁体制で韓国と対峙している状況のため、東海は今日も東北アジアの地戦略（geastrategy）と関連して重要な海である。

　第二に、東海は環太平洋地域（pacific Rim）の一部、つまり太平洋周辺の海域の一部である。太平洋沿岸地域は1980年代以来、世界経済・政治において非常に重要視されている。米国、日本、カナダなどのような発展した国

21）任徳淳（1972）前掲書、206～210頁

家と韓国、中国、ロシア、メキシコ、オーストラリアなど後発の経済的に重要な国家が位置しているなかで、これら国家の総合経済力がおびただしく大きくなっており、今日、経済・政治的に世界第一の影響力を発揮している。これからも先の沿岸国が接している環太平洋地域は、産業経済成長はむろん、沿岸国同士の交通、交易、人的交流、技術および資本の往来などによって活気のある役割を継続するだろう。環太平洋地域の西部海域の一部がまさに東海なのである。この点が東海の重要性を一層高めてくれるのである。

　第三に、少し狭くみると東海は韓国・北朝鮮・ロシア・日本の4カ国が競合している海である。北朝鮮の政治が柔軟になり経済が活性化しロシア経済もより発展すれば、東海の海路としての役割ははるかに大きくなるだろう。今日も韓国・北朝鮮関係、ロシア関係、北朝鮮・ロシア関係、北朝鮮・日本関係に東海の航路の利用は増している。

　このように東海は大きくみて韓国にとっては国土の防衛上、さらには未来の韓国が志向すべき太平洋周辺域の海洋勢力国家になることにおいて重要な海であり、日本にとっても同様に海洋勢力国家になることにおいて重要な海である。ロシアにとっては自国海軍の常時利用に緊要な海である[22]。また日本の立場からみて東海は、陸地勢力国家であるロシアの外向を防がなくてはならない地政的運命を帯びている場所であり、国力上昇中の韓国とは現実的および潜在的に競争を展開するところである。

　歴史的にみると日本は1905〜1945年の間、東海を完全に湖水化（または内海化）し独占的に活用したことがある。こうした理由から韓国政府は、日本の東海に対する戦略的利用の独占を防がなくてはならないが、その防禦基地がまさに鬱陵島と独島である。鬱陵島は所有権に問題はないが、独島は韓国が実質的に占有しており、日本が継続的に所有権を主張しながら自国の領土にしようと尽力しているが、韓国は決してこの島を日本に差し出してはならない。

　そのために韓国政府は、東海と関連して独島が果たせる様々な戦略的機能

---

[22] 任徳淳（1992）「政治地理学的視覚から見た東海の地名」『地理学』27-3、大韓地理学会、269〜270頁

（過去－現在－未来）のうち独島を戦略的航空基地と戦略的防禦基地に定めて改善・活用することを考慮するべきであろう。大韓民国は、帝国主義ないし膨張主義国家ではないため、独島を戦略的前進基地にすることまでは考える必要はない。

　20世紀初め、日本はロシアの東海進出を積極的に阻止し、結局、日露戦争で勝利し（1905）、その海を自国の湖水化し独占的に使用した。そうした過程のなかで鬱陵島と独島に監視望楼を4カ所（鬱陵島3、独島1）も設置して使用したこともあった[23]。もし日本が独島を支配したら古典的な帝国主義的膨張には使わないにしても、東海での様々な優位確保のためにこの島を改造し、大規模な埠頭施設と中規模飛行場（最小限の警備飛行機用）をつくり活用するだろう。現在の独島は大きく改造されたところはない。東島も警察隊警備用の接岸施設と警備隊の哨所と宿所、そして西島に小規模な接岸施設と漁民の住居用建物が一つあるだけである。これではこれからの戦略的航空基地と防禦基地の役割を独島が担うことができない。筆者は1972年の論文でこの島に航空施設、小さな飛行場などを建設したらいいと考えるが当時のわが国力では難しいと述べたことがある[24]。今は国力が世界15位程度の国になり、現在、独島に対する日本の積極的な姿勢を考慮するとこの施設をより改善するのが望ましいだろう。

　これと関連して一言付け加えよう。海洋勢力という重要な概念があるが、それは一つの国の政治・貿易・文化的影響を海に拡大する能力である。その能力のなかには海軍力、造船能力、政府推進力などが含まれるが、その勢力を拡大するのに必要な基礎の下部施設（infrastructure）としてはよい港を一番に選ぶ。わが国の両辺にある中国と日本が最近、海軍力増強を通じて海洋勢力を強化している状況にあるが、韓国はそれに対する対応が微弱な状況である。われわれの造船、海軍、海洋開発などの能力を基礎に、この機会に海洋勢力強化にも一助となる独島に、先に述べた施設をより一層改善することは望ましい。

23）　内藤正中・金柄烈（2007）『竹島・独島：史的検証』岩波書店、164頁の表3
24）　任徳淳（1972）前掲書、9頁

独島の政治的価値はまずその島を継続して所有することで最小限度に韓国の政治的影響力を東海内に衰退させないという点から見つけることができる。次には、日本が、もしまた東海を日本の湖にしようとする場合、韓国が独島を鬱陵島とともにそれを防ぐ重要な基地として使用できるというところに価値を見つけることができる。独島は日本が自国の湖水化運動拠点として、近隣の海および対岸に影響力を伸ばしていくのに必要な成長先端として採択される重要な位置の島である。古典的な帝国主義時代ではもはやないが、有備無患の姿勢でその可能性も考えておく必要がある。もっとも先に述べた海洋勢力拡張論と関連しても独島の政治的価値は大きいのである。

　独島の交通的価値は東海利用の活性化と直結している。東海周囲沿岸の4カ国の存在と、それらの間の交易量の漸進的増大の趨勢からみて東海の航路交通量は増えるだろう。平和・正常時には鬱陵島が東海の停留場の役割（前述）、さらに交通、結節点の役割をすることができるし、独島の役割は主に非常時において発揮できるだろう。この点もやはり独島に埠頭の施設をより大きく改善し、高い波から保護し霧や強風から自由になることを前提とする。また円滑な食水供給も前提とする。

　こうした施設増大は前述した独島の戦略的価値論から提示した施設投入と相通ずるものである。今日、民間の観光客と警備船が独島に往来しているが、戦争またはそれに準ずる緊張誘発や海象悪化などの非常時には、拡大・改善された独島の港が非常停泊地（燃料、水の供給、船舶の応急修繕用）に使えるようにするのが望ましい。非常時ではない今日でも独島の有人島性強化と、島の活性化のための警備船の出入のほかに一般人のための頻繁で定期的な船舶運営が必要である。民間人が独島およびその周辺の海域を訪れるのが減少したら、独島は本土との文化的・歴史的連結量または相互作用量が少なくなり、そうなると独島の韓国有人島性増大は困難にぶつかるだろう。

　象徴的価値はどうだろうか。前述した象徴的機能を念頭に置くと、独島のその価値は政治的価値に劣らず大きい。この島は非常に小さな孤立した島でたとえ地形が人間の生活に大きな不便を与えるとしても国家有機体論理からすれば本土の象徴であり、また全国土の皮膚の一部に該当する。そうした島嶼的性格と関連して韓国人の日本に対する民族・国民感情が介入すると、独

島の象徴性はより強化される。今日、日本が独島を自国の土地だと主張するたびに韓国民が対日非難を強くしているのも小島である独島の象徴性および象徴的価値とも大きく関係があるのである。象徴性をもつなかで韓国民の領土意識を呼び覚ます島がまた独島である。この意識の一部が岩に刻印された「韓国領」という表示にあらわれている。また独島関連の対日非難はそこに止まらず韓国政府に対する独島政策強化の要求にもつながっていくだろう。

　生産的価値について観察してみよう。独島の空間的構造のところで若干言及したように、この島の周辺の海には寒流性および暖流性の魚類が比較的豊富である。世界的な西太平洋沿岸漁場の一部をなしているのである。そして現在、東海のガス田では天然ガスと超軽質油が生産されており、独島の隣接海の海床下には代替エネルギーとして注目される、いわゆる「燃える氷」とよばれるハイドレイトが多量埋蔵されており、国内のエネルギーの需要に大きく応じられる展望を示している。島自体は小さいが、それを継続して保有することで価値ある魚類とエネルギーを大量確保・生産するのに立派な拠点になるのである。資源戦争時代に入ったとみてもよい今日、独島の生産的価値は戦略的価値に劣らず重要である。

　領海保有関連の価値は次のように言える。前述したように島が有人島の場合にその周囲、12海里幅の領海の設定が可能である。無人島の場合は領海をもてない。1977年10月下旬、大韓民国政府（文教部）の公式的な支援で行われた最初の独島学術調査[25]（1977.10.19～23：調査団長国史編纂委員会委員長のチェ・ミョンヒ）のときだけみても鬱陵島出身のチェ・ジョンドク（当時52歳）という人が西島にスレート屋根のトタンの家を建て、住みながら、その年の10月初めに住民登録を移し（一家3名）たが、有人島として扱われるには弱点があった。当時としては不完全な有人島としてみるしかなかった。

　この調査団員の一人であった筆者は、帰路途中の討論会で政治地理学者の立場からチェさんの独島居住が不足もあるが、その島の有人島判定のきっか

---

[25] 国史編纂委員会（1977）『鬱陵島・独島の学術調査案内』（1977.10）。最初の韓国人による独島の学術調査は、1947年8月、米軍政下の過渡政府の時代、山岳クラブ主催で行われた。イ・スンニョン이승녕（1953）「私が見た独島：現地踏査記」『独島』1965、大韓公論社、287頁

けになるだろうと述べたことがある[26]。今日には独島の空間的構造論で言及したように正式な独島の住民として様々な世帯が漁業に従事し暮らしており、そのなかには詩人も住民になって暮らしている。居住用の建物も西島に現代式に建てられているため、1977年当時とは歴然と違う有人島となっているのである。一方、この学術調査の翌年である1978年の政府の領海法施行令で独島が、自らの領海をもった点もこの機会に知っておく必要がある[27]。

1978年の政府の措置と今日の独島住民の事情に依拠するとき、独島が領海を保有するのは対内外的に当然のことである。これからは事によってはその領海の外に続いて隣接水域（contiguous zone：12海里）までも設定できるが、それだけ独島は周囲の海域確保上、重要な拠点となる島なのである。

以上で筆者は、独島の空間価値を戦略的、政治的、交通的、象徴的、生産的そして領海保有拠点的価値に分けて論じた。これらの議論は所有権の部分と共にしてきた研究の核心部分である。

3．日本においての過去・現在・未来の独島－歴史・巨視的検討

前章で述べた独島の空間価値は主に韓国側からみた、そして韓国にとって重要な価値であった。ここで少し独島（竹島）が日本にはどのような機能・価値をもっているのかについて歴史・巨視的視角から言及する必要がある。

まず日本政府の奇抜な措置の一つを述べておこう。日本は大縮尺地図に表記されない暗礁（日本の南側太平洋所在）についても積極的な所有・改造行動を行ってきた事実がある。もし独島を日本が支配するとその島にとのようなことが起こるのかを推し量らせる事件である。日本の大阪の南側北緯20度付近に沖ノ鳥島があるが、それはただ二つのサンゴ礁で構成されており、大きさも長さが4.5kmしかならない。日本は1931年以来これを自国のものと主張してきた。そのサンゴ礁が水面上に留まることになれば、日本は

---

26) 『東亜日報』(1977.10.24)「独島に住民ができた」(イ・ジョンソク이종석記者の調査団同行取材記)。この記事の他に、『朝鮮日報』『韓国日報』『京郷新聞』の各々の記事 (1977.10.25) が上記の調査団の活動を報告した。これらの報道に崔氏の現地の写真も共に掲載された。
27) 1978年の領海法施行令に基づき、独島が領海を持つように対策がとられた（領海法施行令：大統領令　第9162号、1978.8.20に公布）。

それらサンゴ礁の周囲に28万3000㎡の排他的経済水域を設定できると考えた。ところがそのサンゴ礁はひどく侵食されており、日本は1988年そこにコンクリートの補強物と二つの暗礁を結ぶ鉄構造物まで設置した。日本はサンゴ礁を普通の島にしようと尽力したのである[28]。この点に留意しながら先のタイトルと関連した話に戻ろう。

　1868年、日本は明治維新を通して国民国家形成に成功し、先進西洋文物の受容と国策の強力な推進によって国力を大きく増進させた。その力を押し出し強圧的に1876年に対朝鮮修好条約を締結させ、すでに開港していた釜山に次いで仁川と元山を開港するようにした。その三つの港をまず経済的および軍事的に朝鮮を侵略するのに使う海辺拠点（beachhead）にした[29]。1890年代に入り、資本主義がほぼ確立され、日本の経済や国力は跳躍段階に入った。その力を土台に日清戦争で勝利し、20世紀初めには日露戦争にも勝ち、その戦後処理条約であるポーツマス講和条約で日本は、韓国における政治・軍事・経済上の独占的利益を承認され、北緯50度以南のサハリンも得た。日本はポーツマス条約を締結したその年の秋（1905.11）に余勢を引き連れて朝鮮と乙巳条約を結び、朝鮮の外交権を剥奪し朝鮮統監府をソウルに置くことにした。それは朝鮮の主権が事実上剥奪されたことを意味していた。1910年、いわゆる韓日合邦は、すでに朝鮮が実質上国権を失ったことを条約として認めてしまったことにすぎない。

　1905年11月、乙巳条約が締結された時点で朝鮮は実際の力のない国であり、そうした朝鮮の脆弱勢と為政者の士気低落のすきをみて乙巳条約締結9カ月前に日本は独島を自分の領土だと一方的に定め、島根県の告示を通じてそれを文献化した。今から100年前のことである。

　当時、日本の独島編入は徐々に東海を日本の内海化とする上で鬱陵島とともに拠点として使用する意図が根底に敷かれていたと考えるのが正しい。東海の内海化政策は帝国主義日本の様々な湖水化政策の最初のものであったことは1940年代に日本の著名な政治地理学者である佐藤弘が彼の著書でも言

---

28)　M. I. Glassner (1993), p.484.
29)　任德淳（1969）「韓国の空間変化に関する政治地理学的研究」『地理学』4、大韓地理学会、29頁

及したことがある[30]。もちろん当時は近い将来に独島を大きく改造して使用しようとしたであろう。当時、帝国主義日本政府がみるに、独島は東海のなかに位置しているためその島を支配すると東海の中央島（central island）を支配することになり、東海での政治・軍事・交通の諸般（affairs）の面で日本が強い地位を占めることができると考えたであろう。

　日本は東海の内海化に終わらず20世紀の間、自国を環東海国（circum-East Sea state）つまり東海を外郭から囲む国家にしようとした。そうした意図を持っていながら、日本は、東海北部に接しているロシアが凍らない東海を日本が湖水化するのを傍観するとは考えなかった。したがって日本には当然ロシアが障害物だったのである。このような点が日露戦争の日本側の一つの理由にもなったと筆者はみている。

　日本は東海の湖水化の次に東シナ海を湖水化対象に定めた。すでに日本は沖縄を含めた琉球諸島と台湾を支配下にしたため最小限、中国本土の東部の辺境だけを支配下に入れても東シナ海の湖水化に成功したことになる。東シナ海の湖水化の次には南シナ海までも湖水化して結局、東海、東シナ海、南シナ海、日本、満州、朝鮮、中国北・中・南部、インドシナ半島、南洋諸島までを含む、いわゆる大東亜地域を掌握しようとした[31]。またカンボジアからフィリピンに至るまでのすべての島を支配し、東部アジアの強力な海洋勢力国家になる夢をもっていた。徐々に世界的強国になるための競争は太平洋で起こるだろうということを予見したハウスホッファの主張（1924[32]）に注目し、優先的に西太平洋での確固として強力な勢力を構築しようとしたのである。

　そうした計画から日本は、「極東のイングランド」になりたかった。しかしそうした夢と意図は東海の湖水化だけで終わってしまった。先のような東北アジアに対する日本の意図と身の振り方を考えたとき、日本は古典的な帝国主義の方式でなくてもこれに準じた、類似した方式で独島を所有し、さらには東海に影響力を拡大する夢を捨てていないと筆者はみている。日本は地

30）佐藤弘（1943）『政治地理学概論』第19版、柁谷書院、207頁
31）米倉二郎（1941）『東亜地政学序説』生活社、212頁
32）L. M. Alexander（1957）, *World Political Patterns*, Chicago: Rand McNally, p.465

理的および地政学的に島国でありながら強力な海洋勢力国家として浮上しているからである。その上、第二次世界大戦後、日本は米国によって中・ソが主軸となる陸地勢力の西太平洋への膨張に対抗する海洋勢力の防禦国ないし要となる地域（key area）として育てられ、その役割は今日も米国に一番近い戦略的同盟国としての役割を果たしながら継続されている。そうした役割のなかで日本は海軍力を中心にした海洋勢力をより大きく広げようとしている最中なので、筆者は先述したように憂慮しているのである。

今度は具体的に第二次世界大戦後の日本の独島策略をみてみよう。日本の敗戦後の1949年から1951年6月まで、旧日本の領土処理合意書やサンフランシスコ平和条約などの文案作成過程があるが、条約第六次草案作成時、日本はロビー活動を積極的に展開し、それまで、独島が韓国の所属となっていたことを変えようと努力した。そうして独島が韓国の所属だという根拠はなく、独島は日本の領土に含まれるという第6次草案がつくられるまで彼らなりの努力は一次的に成功した。

しかし第六次草案内容に対する批判が起こり、それにしたがって直され、完成した講和条約文が出たが、その講和条約の第2条には、韓国の独立の認定と日本の済州島・巨文島・鬱陵島3島に対する権利放棄については明示されたが、独島については明示されなかった。韓国が先の条約当事者ではない状態で結局、同島が韓国の所有から除外されたのだった[33]。日本ではそれなりに彼らの工作が成功した形だったのである。

1952年に韓国政府が平和線を宣布し（1953.1.18）、当線の内側に独島を含めると日本はすぐに外務省が韓国政府に抗議し、平和線の設定は公海自由原則の違反であり、独島は韓国の主権下にないと主張した。1965年、韓日国交正常化のための協定締結時、日本は韓国側の独島を放棄しないという強い意地に折れて、韓国の独島所有の主張を黙認したことがあった。韓国側の独島問題は存在しないという主張を日本側が受容したのであった。しかし、その後にも日本政府は止むことなく独島は自国の所属であると主張してきた。

---

33) 内藤正中・金柄烈（2007）前掲書、205～207頁；ヒョン・キジュ（2005）前掲書、24頁；イ・ジャンヒ이장희（2005）「日本の独島領有権の侵奪に対する対応方案（討論文）」『討論文集：独島の地政学』大韓地理学会、148頁

そうした中、日本は独島を自国領に一方的に編入してからちょうど100年になる2005年には、いわゆる竹島の日条例まで制定し、その関連行事を毎年2月に実施しているのである[34]。

以上で筆者は、日本が独島の地政的空間価値を高く評価し、20世紀初め以来、独島を所有し使用しながら、東海を湖水化し、さらには自国を環東海国家に作ろうと躍起になり、第二次世界大戦敗戦後には韓国が取り戻した独島を、20世紀の初めにしたようにまた自分のものにしたり、少なくとも韓国が独占できないようにする策略を絶えず推進してきたという事実を概略的にではあるが論じてみた。

V 独島の韓国所属の妥当性

所属妥当性の論理を開陳するにあたって、鬱陵島および独島の名称が韓日間で異なって使用されている点について、若干の困難を経験した。その都度、筆者は確認して二つの島の名を適切に使用してきた。

独島は韓国の所属だという論理は、それまで主に、歴史学者と国際法学者らによって展開されてきた。ここでは政治地理学および地政学者としてこれら二つの学問的論理で独島が韓国の所属だという点を重要な論理的根拠や証拠をあげて明らかにする。

1．有人島（鬱陵島）－独島の距離

先の独島位置論で紹介したように、この島は巨視的にみると韓日両国の本土からの距離に大きな違いがない（12海里の差）。この点が距離と関連して独島の所属を判定しようとする際に論争が起きる一つの地理的根本原因として作用している[35]。この点をここでまず述べておく。

34）沈正輔（2008）前掲書、180頁
35）任德淳（1969）前掲書、3頁

鬱陵島は韓国の有人島であり、隠岐島は日本の有人島だが、韓国側の有人島から独島までの距離は約50海里であり、日本側有人島から独島までの距離は約85海里で、独島は韓国側有人島から35海里も近い。鬱陵島、独島そして隠岐島がある地図をみても、独島が鬱陵島により近いのが容易にわかる（図1）。有人島と関連付けてみるのを排除し単純に両国本土からの距離だけをみると、日本－独島の距離が韓国－独島の距離よりも約12海里短い。日本当局はまさにこの点を挙げて独島が日本の所有にならなくてはいけないと主張するが、その主張には説得力がない。親日本的な外国人学者がこの距離だけをみて日本側の所属が正しいようだと主張することがしばしばあるが、その主張にも同様に説得力がない。政治地理学の観点からすると、有人島との距離が論争中の島の所属判定上、非常に重要なことであるからである。

　両国に全く同じ条件、つまり両国の領土に近いところに有人島が一つずつあって、その二つの国すべてに自国の所属を主張する一つの島があるといった場合、それらの有人島と問題の島の間の関係量や相互作用量は、距離が近ければ近いほど多く、遠いほど少ないのである。その関係量は有人島との距離に反比例するのである。この反比例の関係、つまり距離―減少関係（distance-decay function）は地理学上の常識である。そのうえ独島やその周囲の海に漁獲目的などで鬱陵島から来る者が日本から来る者よりも多いので（後述）先の論理や実情によって独島は韓国の所有だというのが筆者の主張するところである。

　しかし、一つ特別に注目すべき点があるが、それは仮にA国の有人地域（または有人島）と問題の島C間の距離が、B国の有人地域とそのC島間の距離よりも短いとしても、短い距離にあるA国の人々がそのC島に往来しないため、文化的にも歴史的にもC島との親密関係がなくなれば、A国はC島を所有することができず、結局、B国所有と判定されうるという点である。

　この実例がまさにフランスのノルマンディ半島のすぐ西側の近距離にあるチャネル（Channel）諸島がイギリス所有になった理由である[36]。

---

36)　R. Peattie (1932), pp.420-422, 434

チャネル諸島の実例に留意し、韓国政府は独島とその周囲の海に韓国人が可能な限りもっとたくさん往来するようにするべきである。この点は後述する独島周辺の海の歴史的水域性、そして独島の歴史的島嶼性と一緒に考慮するのがよい。

2．歴史的水域性と歴史的島嶼

独島周辺の海は韓国の歴史的水域（historic waters）という点がもう一つの論理的根拠である[37]。歴史的水域について歴史性、つまり活動の内歴および持続性を保有した国に所属するのが政治地理学の常識になっている[38]。日帝の圧政前にも、夏になると毎年鬱陵島の漁民数十名が独島の周囲に漁獲作業をしに約10日間、島の上に小さな家を造り留まったことが日本海軍水路部が作成した『朝鮮水路誌』（1907）に記録されている[39]。この文書で鬱陵島の漁民が独島の周辺の海で漁撈に従事したことがわかる。日帝治下の間にも韓国人は独島周辺の海で漁撈作業をした。また独立後にも韓国の漁船がその海で爆撃されたことや（1948）、済州島の海女が4～6日間ワカメの採取をしていたことなど、独島での水産作業が今日まで持続されている[40]。

このような韓国の漁民の水産活動の歴史からみて独島は、韓国の所有になるのが正しい。外国の実例を一つ挙げてみよう。1957年、ノルウェー北端近くにあるバランゲル半島入口の水域がノルウェーとソ連の間で誰のものであるかと争われた事例で、超強大国ソ連が当水域をノルウェーの歴史的水域だと認めることにより、その水域はノルウェーの所属、つまりノルウェーの国内水域と決定したことがあった[41]。

独島は韓国の歴史的島嶼である。この点は次のように証明され得る。まさに先の歴史的水域論で述べたように、1907年前から韓国漁民数十名が独島

---

37) 任徳淳（1972）前掲書、49頁
38) N. J. G. Pounds (1963), *Political Geography*, New York : McGrow-Hill, pp.109~110.
39) 内藤正中・金柄烈（2007）前掲書、177～179頁の原文。その他にも、日本の植民地時代に作られた『朝鮮沿岸水路誌』（1933）鬱陵島・竹邊港にも韓国人の漁撈作業像が掲載されている（任徳淳（1972）前掲書、48頁）。
40) 海軍本部（1952）『韓国沿岸水路地』（1）、51頁；『京郷新聞』（1959.3.3）；『東亜日報』（1966.5.17）；任徳淳（1972）前掲書、48頁
41) N. J. G. Pounds (1963), p.109.

に小さな家を建てて留まりながら漁獲に従事し、1905～1960年代には、済州島の海女らが独島でワカメの採取をした事実があるという点などの実質的活動および生活の証拠が、まさに独島が韓国の歴史的島嶼だという点を明確にしている。証拠になる他の文書まで言及すると（後述）、このような独島の歴史的島嶼性は一層明瞭となる。要するに、独島周辺の水域と独島が併せて一つの活動舞台だったのであり、そこで展開されてきた韓国人の実質的な活動の歴史は、韓国がその所有権を主張するにおいて重要で妥当な根拠である。日本政府が歴史的水域と歴史的島嶼の論理を否定するなら、そのことは国際社会で納得されがたいことになるのである。

3．大韓民国の独島占有と使用

　地表一部の事実上（de facto）の所有権はそれを占有した者（occupant）のものである。「事実上」は「法律上（de jure）」よりも実際的で存在論的現実を示してくれる。今日、韓国の警察警備隊が独島を守っており、そこに韓国人がたとえ少数であろうと暮らしている（韓国人住民は「占有者」つまりoccupant）。先に独島の空間的構造のところで言及したようにその島にはわれらのものであることを示す「韓国領」という銘文のグラフィ（graffito：新たに刻まれた領土表示の象徴）がしっかりと造成されている。そのほかに接岸施設も造られ使用されているため、大韓民国が独島を文字通り「占有（occupancy 国際法のいうところの occupation）」しているのである。徹底して言うと占有に止まらず韓国人が「使用（use）」までしているのである。

　領土獲得論や領土行動論からみたとき、「占有」と「使用」は、ある国家がある土地（特に辺境の島）を自分の領土だと主張するとき、その主張の妥当性を確認させる二つの重要な領土的指標（territorial indicator）である。その中でも「占有」はそれ自体が領土的統制の象徴である。そしてそれに依拠して領土化は明確になるのである。領土化ないし領土獲得において「占有」は、国際法でも最優先的条件にしていることを喚起したい[42]。結局、「占有」と「使用」は領土的所有権を確認させてくれるものであり、そのなかでも

---

42) J. L. Brierly（1955）, *The Law of Nations*, 5th ed., Oxford : Oxford University Press, pp. 151~155.

「占有」が所有権を決定する[43]。

　韓国当局は独島が韓国の土地であるということを象徴として示すためにその島に韓国の国旗をなびかせた。国旗と「韓国領」のグラフィトはただ単純に韓国の土地だということを示すためにそこに造ったのではなく、独島を国家次元の自己化（自己所有化：personalization）するため、そして独島のアイデンティティを管理するために造ったのである。また侵入者から独島を防護するという国家的意思の表現である。特に「韓国領」というグラフィトは独島を韓国が「占有」し、その島が韓国のものだという点を内外に確認させるために「捺印（imprint）」しておいたものである[44]。

　このような領土獲得論や領土行動論からみても、独島は明らかに韓国所有の島である。韓国政府はこうした論理にも留意すべきだと主張したい。

4．韓日両国の公式文書

　韓日両国の数多くの文書のなかで、ここでは独島所属判定上、根拠の力が卓越した決定的文書だけをもって独島の韓国所有の妥当性を提示したい。まず韓国側の資料を先にみる。朝鮮官撰の『世宗実録地理志』（1454）の蔚珍県の条をみると、次のように記されている。

> 于山と武陵の二つの島が県の正東側海の真中にあり、互いの距離が遠くないので晴れた日には眺めることがある。新羅の時代にはこの二つの島を于山国または鬱陵島といったが……[45]

　この記録をみると、ほかのことを差し引いたとしても于山島（独島）が江原道蔚珍県に所属していたことがわかる。『世宗実録地理志』には朝鮮の土地だけが記録されているため、朝鮮政府が1454年に独島を朝鮮の所属と明記したことを示してくれる。于山島と武陵島と合わせて于山国または鬱陵島と呼んだというのだから、これは独島が鬱陵島に含まれる島だという点、つ

---

43) I. Altman and M. Chemers (1980), *Culture and Environment*, Montery : Brooks/cole, p.140.
44) I. Altman and M. Chemers (1980), p.137；任徳淳（1997）前掲書、63〜64頁
45) 『世宗実録地理志』巻153、江原道蔚珍県の原文

まり鬱陵島の属島だという点を示しているのである。したがって『世宗実録地理志』は非常に重要な証拠提供文献である。
『新増東国輿地勝覧』(1530) 蔚珍県の条には次のように記されている。

> 于山島と鬱陵島（茂陵島ともいい于陵島ともいう）二つの島がすぐ東側の海の真中にある。……晴れた日には峯の頂きの樹木と山の下の砂場を鮮明にみることができ……[46]

この表現はまさに先の『世宗実録地理志』上の表現と同じである。ただ島の名前において武陵の代わりに鬱陵島という表現を出している点だけが違う。やはり朝鮮政府の于山島（独島）所有を明確にした文章である。
大韓帝国勅令第 41 号（1900）は、文字通り朝鮮を大韓に改名した大韓帝国の第 41 号勅令である。そこには次のように書かれている。

> 第 1 条、鬱陵島を鬱島郡に改称し、従来の責任者島監を郡守に改訂する。
> 第 2 条、区域に鬱陵全島のほかに竹島・石島を管轄する[47]。

この条文中、石島は独島である。この勅令は大韓帝国政府が独島を所有していたことを明らかにしたものである。いや、再確認したものとみるべきであろう。その勅令の公布は、日本が独島（竹島）は無主島なので所有すると告示した 1905 年の時点よりも 5 年も先んじて行った措置であった。『世宗実録地理志』や『新増東国輿地勝覧』を差し引いてこの勅令だけでみても韓国が日本よりも先に所有を宣布していた点と、独島（竹島）が無主島、つまり主人のいない島ではなく、厳然たる韓国所属の島だという点を明確に述べている。この勅令がもつ証拠の力は実に貴重である。
今度は日本側の資料にはどのように書かれているのかをみよう。1877 年

---

46) 『新増東国輿地勝覧』巻 44、江原道蔚珍県の原文
47) 内藤正中・朴炳渉（2007）『竹島＝独島論争：歴史資料から考える』新幹社、154 頁の原文

の太政官指令および大政類典に明記された鬱陵島と独島の所属内容に注目する必要がある。太政官は明治政府最高の官庁として当時日本の様々な中央部署を管轄した機関である。この二つの文書の鬱陵島および独島関連の原文は次の通りである。

　　……竹島外一島之義　本邦関係無之義ト　可相心得事（太政官指令、1877）。日本海内竹島外一島ヲ版図外ト定ム（太政類典、1877[48]）。

　この二つの文章の要旨は、竹島の外一島、つまり竹島（鬱陵島）とそのほかのもう一つの島（独島）は本邦（日本）と関係がないということを心得て、この二つの島を日本版図外のものと定めるというものである[49]。
　このように定められた背景について少し述べてみよう。日本が自国の国土地籍を調査する過程で、内務省地理担当官が1876年に島根県を巡視しながら同県地籍編制係に竹島（鬱陵島）の照会を要求した。島根県はそれに応じる回信を内務省に送ったが、その回信の内容の中には「竹島外一島」の管轄について内務省が指令を下すことを要請する内容が込められていた。
　その要請に接した内務省は一旦、竹島外一島（つまり鬱陵島とそのほかの一つの島）が日本国と関係がないものと判断して、その判断の内容を1877年3月に太政官側に提出し、太政官の決定を得ることにした。太政官側は内務省と同じ考えで竹島外一島が日本とは関係のないものとみなし（1877.3.29）、その無関係であるということを基にして竹島外一島が日本国版図の外のものと確定し、指令を出したのである（1877.3.29 [50]）。

　原文中、「竹島外一島」について、当時竹島は鬱陵島で、外一島は独島（松島）としてみるのが韓日両国の専門家の合意点となっており、筆者はそ

---

[48] 内藤正中・朴炳渉（2007）前掲書、88〜89頁所在の原文
[49] 内藤正中・朴炳渉（2007）前掲書、310頁、を参照
[50] 愼鏞廈（1997）「独島に対する日本の1905年、所謂、領土編入の不法性と不当性」『独島の領有の歴史と国際関係・第3回学術シンポジウムのプロシーディング』独島学会、45〜49頁；
　　内藤正中・朴炳渉（2007）前掲書、80〜89頁

の見解を受容するところである。そうであるとすれば結局、東海沿岸国である韓・日・露の3カ国のうち、日本が独島を自国版図の外にあるものと定めたのだから独島は当然韓国のものとなるわけである。ロシアは独島からあまりに遠い北側に位置しているため全く該当しないのである。

『朝鮮地誌略』2（1888）ではどのように扱われているだろうか。この本は日本陸軍参謀本部が編纂したもので19世紀末頃に隣国の軍事的密偵と軍隊の必要に応じるために作成したものである。朝鮮駐在将校らの軍事視察ルート（1886～1887）や地図まで付録として載せてある本である。この本の編纂時に引用したものは当時まで伝わってきた朝鮮の『東国通鑑』、『東国文献備考』、『東国輿地勝覧』、『八域誌』、『朝鮮輿地誌』、『東輿誌略』、『道里表』などの朝鮮の地理書であった。

この本、江原道蔚珍県の覧をみると鬱陵島と于山島についての記録があるが、鬱陵島は武陵または于陵と呼ばれ、于山島は鬱陵島の近くにあると記されている[51]。日本当局が伝術する目的で多数の既存の朝鮮の本を活用しながらつくった朝鮮地理の本の内容に、于山島（独島）を入れて言及したことは、すなわち独島を朝鮮の所有とみたものでなければ何であるのか。まさに先に言及した太政官指令および太政類典とほぼ同じ時期（11年の差）に日本当局が独島を朝鮮の所属と明記したのである。

1951年に公布された日本の大蔵省令（第4号）と総理府令（第24号）もやはり、われわれにとって非常に重要な資料である。大蔵省令によると独島（竹島）を日本の附属島嶼から除くということであり、総理府令によると日本の附属島嶼から除外される島が鬱陵島、独島（竹島）、済州島だというのである[52]。大蔵省令は日帝時代に朝鮮総督府所有の財産を整理する過程で、1951年2月に公布したものであり、総理府令は日本占領地域に本店を置く会社が所有した財産の整理に関する1951年3月公布の法令である。同じ時期の二つの法令とも独島を日本所有から除外しているとすれば、一体その島は誰のものだというのだろうか。独島の近接している国が韓国以外にあると

---

51) 日本陸軍参謀本部編（1888）『朝鮮地誌略』（2）、江原道之部、蔚珍県の原文
52) 『朝鮮日報』（2009.1.3)「独島は日本領土に該当せず」記事；『朝鮮日報』（2009.1.5) ユ・ミリム유미림研究員（海洋領土研究センター）に対する取材及び関連記事

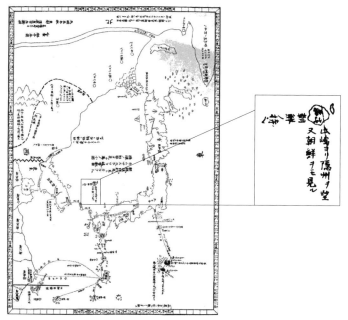

図3　林子平の三国接壌之図（黒色縮図版、林子平、1785、任徳淳所蔵）：鬱陵島・独島、二つの島が朝鮮の所有と明記されている。

いうのか。地図を出してきてみても当然独島は韓国のものなのである。

5．日本で制作された古地図

　古地図は、論争中の土地の所属を判断する上で信頼度が非常に高い証拠資料である。図と文字ですぐわかるので証拠力が強い立派な資料である。

　ここでは独島を自国の所属だと主張している、日本で制作された古地図を証拠資料として捉えその主張の不当性を指摘する。

　まず、地理学者の林子平が描いた三国接壌之図（図3）をみよう。この地図は彼の著書、『三国通覧図説』（1785）[53] の附属地図5編のうちの一つで、

---

53) 林子平（1785）『三国通覧図説』（影印本）。この図説の付属地図の一つである三国接壌之図を筆者は別途に所蔵中である。

日本、朝鮮、琉球、その他の無人島、東海などを天然色を入れて描いたものである。林はこの本の朝鮮部分で朝鮮の位置、日本からの距離、国境、八道の名称および行政区域、諺文文字略史などについて書くほどの日本当代の権威ある地理学者であった。彼の地図は証拠力が強く、独島についての論争の際に使用するのに大変適切な資料である。

その三国接壤地図に林は、竹島（鬱陵島）とその横にある小さな島を描き、その二つの島を朝鮮本土の色と同じ黄色で塗っている。「此島から隠岐島が見え、また朝鮮も見える。朝鮮のものだ」。ここで「此島」というのは竹島（鬱陵島）と松島（独島）を束ねてあらわしたものである。色を入れた地図と文字で朝鮮所有と表示してあるので、これ以上言う必要はないだろう。この地図による独島所属判定について筆者は、1972年の独島に関する論文ですでに言及しているが、ここでより詳しく論じてみたのである。

林の地図以外にも次のような日本側の制作の地図があり、独島が朝鮮の所属であることをはっきりと示している。「亜細亜東部輿地図」（1875）、「朝鮮図全図」（1882）、「朝鮮国之全図」（1886）、「大日本及朝鮮清国全図」（1894）、「朝鮮海陸全図」（1894）、『日露戦事実記録』第76編「附録韓国全図」（1895）がそれらだが、この地図はシン・ヒソク（外交安保研究院教授、政治学）が東京大学図書館、日本の国立図書館、外務省図書室、東京にある韓国研究院などで探し出した70種類余りの独島記載地図のうち[54]、筆者が厳選して提示したものである。

その70種余りの地図について申はそれぞれ地図名、刊行年度、作成者、独島表記の類形、備考などの一覧を設定し紹介した。それらのなかで誰がみても独島が朝鮮の所有だと認める六つの地図だけを筆者が選んだのである。この70種余りの地図の中には前述した林の地図も当然含まれている。その六つの地図のなかで二つだけを紹介しよう。「亜細亜東部輿地図」（日本陸軍参謀本部制作）には竹島（鬱陵島）と松島（独島）の二つの島が近くにあり、二つの島を表示した色は朝鮮本土のものと同じである。「朝鮮海陸全図」（小橋助人制作）には竹島と松島がやはり近くにあり、これらの島が朝鮮国のもの

---

54) シン・ヒソク신희석(1981)「紙上の独島判決」『政経文化』3、京郷新聞社政経研究所、147～160頁

と明記されている。

　もっとも、朝鮮側の多くの古地図にも独島が朝鮮の所属だという点が明記されているが、例えば「朝鮮全図」（19世紀初、国立図書館所蔵）、「海左全図」（19世紀前期、李贄所蔵）、「江原道地図」（海東輿地図冊内、19世紀前期）が実例である。これらの地図は今日の地図よりも精製されていないが、正確度が相対的に高く彩色は本土の江原道と色が同じである[55]。これら三つの地図はただいくつかの実例であるのみで、独島が明記されている地図は他にも非常に多い。筆者は朝鮮側の古地図をもって独島は韓国のものだというよりは、日本側の古地図で証明することがより説得力が高いと考えた。そのため朝鮮側の古地図について先のような少数の実例だけ紹介しておくことにしたのである。先行研究で紹介した楊普景の論文にも独島明記の地図がいくつも紹介されている。

6．独島・鬱陵島の双子島の可能性

　独島の空間的構造論で筆者は、地質および自然科学専門家の主張に依拠し、独島の生成原因、岩石質、生成時期などに言及しながら、この島が双子島（twin islands）である可能性が大きいと述べた。双子である二つの島は互いに近くにあって生成原因が同じの場合、大変特別な場合を除いて分けて考えることは出来ない。その上、従来の国連海洋法は、海中のある小さな地物が生成原因と生成時期が同一の大きな地物に近い場合、その小さな地物を少なくとも大きな地物の延長物としてみる方向に進むだろうと展望する。

　ここで内容は違うが、留意すべき実例を一つ挙げよう。大陸棚水域において大陸斜面下部に生成される堆積層（陸地に連続される大陸棚とそれに連続する大陸斜面を通じて供給される堆積物層。つまり陸地からの堆積物層）が外側に延長されると、その延長の終わりの地点までを陸地と「自然的因果関係」が深いと認め、のみならずその終わりの地点上に引かれる垂直線が海面と出会う地点までを大陸棚水域と認めている点である（現行の国連海洋法[56]）。

---

55) 李贄（1991）『韓国の古地図』ポムサ、95、97、146頁。この本に、上記の三つの地図が鮮明にコピーされカラーの地図として掲載されている。
56) 任徳淳（1997）前掲書、178～181頁と180頁の大陸棚水域の図を参照

筆者はこのような点に留意するなかで、独島を鬱陵島と別に分けて考えてはならず、よって独島が韓国の所属であるという点を述べておく。もし独島と鬱陵島の間の地質学的関係において双子島の性格が成立しないという点が学術的に明確に証明されるのであれば、この双子島を根拠とする韓国所属妥当性の主張は消滅するだろう。

　以上筆者は、有人島—独島の距離、独島周辺の海の歴史的水域性および独島の歴史的島嶼性、大韓民国の独島の「占有」、「使用」、韓日両国（特に日本）の独島関連の公式文書、日本制作の古地図、そして独島・鬱陵島の双子島の可能性を根拠に独島が韓国の所属であるという点を主張した。

VI　結語

　結論として、考察内容の要約と提言を提示すると下記の通りである。

　独島は地理的にみて東海の真ん中にありながら韓日両国本土からの距離に大きな違いがないため、両国間でその所属について論争が巻き起こっている島である。その所属は歴史的および国際法的にも議論されるか決定されることができる。

　この論文は政治地理学的視角から独島がどのような機能をしており、それに基づく空間価値がいかなるものかを探索するのと同時に、この島が韓国の所属であるという点を明らかにすることを目標とした。

　研究方法においては韓日両国の独島関連の古文献および古地図と、現地のフィールドワークで得た独島の実情の認識を基にして政治地理・地政学的論理を加える方法（文書－現地フィールドワーク－論理的方法）を選択した。研究の信頼性をより高めると同時に研究の信頼性を高める認識も必要なため、筆者、楊普景、沈正輔、ヒョン・キジュなど４人の地理学者と独島に関心をもつ言論人のジュ・ヒョミンの議論を探し、この論文と関連する重要な主張や言及についても検討・紹介した。

　独島の空間的構造は次の通りである。位置については、経緯度上北緯37°

14′30″、東経131°52′10″にあり、海陸関係上ではだいたい東海南西部に位置している島である。本土の基準からみると日本－独島の距離が韓国－独島の距離よりも少し（12海里）短い。有人島の基準からみると鬱陵島－独島の距離が日本の隠岐島－独島の距離よりもはるかに（35海里）近い。

独島は東・西二つの大きい島と約90の小さな岩石島で構成されている小さな島嶼群だが、西島が東島よりも面積と高度が大きく高い。両方の島の最短距離は約150mほどで互いの距離が近い。独島近海の海深は約2000mほどで深い。この島は新生代に東海の底（海床下）からの火山作用でつくられ、その構成岩石はおもに火成岩系統の粗面岩と玄武岩質の擬灰岩でなっているため、近くにある鬱陵島の生成時期と岩石構成は同じであるか特に違いがない。生成原因は鬱陵島の場合と同じものとして知られている。したがって鬱陵島と独島は双子島である可能性がある。独島とその周辺の気候は海洋性を大きく示し風も強い。

この島の性格をみると分類上、火山活動でつくられた洋島、海深の深い深海島、そして本土との隔離度が大きな遠隔孤立小島にそれぞれ該当する。深海上の遠隔孤立小島は本土との距離が遠く孤立しているため所有国が重要視しなければ、そのまま孤立状態にあるしかない。

独島近隣の海は自然資源と関連してみても水産物と、最近確認された代替エネルギー獲得に有用な海である。西島には人々が暮らしており、東島には警察官が独島の警備にあたっている。よって独島は有人島である。

このような点が独島を形成している地理的要素だが、その要素が合わさってこの島の空間的構造をなしているのである。韓日間の独島所属論争について論じる際に、この空間的構造について基本的に注目しなくてはならないのである。

独島の機能はそれが位置している東海と関連して論じるのが正しい。そうした点からみると、独島は、現実的または潜在的に戦略的、政治的、交通的、象徴的、生産的そして領海保有の根拠地的機能を帯びている。

独島の戦略的機能は、戦略的航空基地と防禦基地として使用できる可能性と関連して考慮できる。独島の政治的機能は、成長先端や湖水化運動の拠点と関連して考えることができる。交通的機能は、特に非常時に独島が東海内

の停留場、さらには交通の結節点の役割を担えるかという点と関連する。象徴的機能は、独島を国家の威信と結びついている島として、そして国土の象徴として捉えることと関連する。独島の生産的機能は、島とその周辺の海が有用資源の供給地となりうることと関連する。領海保有の根拠地的機能は、独島が隣接水域までも保有できることという点と関連して大きく注目される。

　こうした現実的または潜在的機能を考慮するとき、独島の空間価値は大変大きいが、その価値内容は次の通りである。戦略的価値をみると独島は一部改造され将来に備えた航空基地として、そして現在の単純な防禦基地ではない準戦略的なものに定め、有事の際には活用できるほどの価値を十分にもっている。政治的価値は、韓国が独島を継続的に所有することで少なくとも韓国の政治的影響力が東海で衰退しないという点で高く評価される。一方、独島は日本が東海に影響力を伸ばそうとするとき、それを阻止する基地として使用できる島でもある。

　交通的価値は、東海の利用の活性化に直結する。独島は非常時には停留場や交通結節点としての機能ができる価値ある島である。非常時用といってもこの価値を高めるために接岸施設などが改善されることが望ましい。

　象徴的価値は、日本が対韓独島論争を増加させればさせるほど大きくなるだろう。独島が韓国本土の皮膚の性格を持っている上、対日国民・民族感情が存在するため、それらが独島の象徴的価値をより一層大きくするだろう。この機能は国民を統合する役割にもなる。生産的価値は、特に海床下に代替エネルギーであるハイドレイト（メタン水化物）が大量に存在している点から一層役立つ。もちろん水産業と関連しての価値も大きい。今日、韓国政府が継続的にその周辺の海に領海（12海里幅）を保有するのに大きな役割を果たしている。韓国政府はすでに、1978年に領海法施行令公布に依拠し、独島周辺に領海を設定したことがある。これから独島に人口と生活施設が大きく増えれば、現在の独島がもっている領海に接してその外に12海里幅の隣接水域（接続水域）も設定することができるという点も留意しなくてはならない。こうした点で独島は小さな島嶼群ではあるが、領土および領海関連上の価値が非常に大きい島である。

　独島の韓国所有妥当性の根拠は次のとおりである。独島は韓国の有人島

（鬱陵島）－独島間距離が日本の有人島（隠岐島）－独島間距離よりもはるかに近く韓国の所属としてみるのが政治地理学的にも正しい。よって日本側が単純に自国の本土－独島間距離が韓国の距離よりも少し近いという理由を挙げて、独島が日本の所有だと主張することは正しくない主張である。

独島周辺の海は韓国の歴史的水域であり、独島は歴史的島嶼である。このような歴史性に基づき筆者は独島が韓国所属の島であると主張する。

独島の「占有」と「使用」（特に前者）が韓国と韓国人によって維持されているため、その二つの指標、つまり「占有」と「使用」に依拠している、独島は韓国の所有であることが明白なのである。このような「占有」と「使用」は事実上（de facto）の側面からも非常に重要なことである。

韓日両国の公式文書上の独島（竹島）条項をみても独島は韓国の所属であることが明確である。朝鮮側の『世宗実録地理志』（1454）、『新増東国輿地勝覧』（1530）、そして大韓帝国勅令第41号（1900）には当然そうなっており、日本側の太政官指令および太政類典、『朝鮮地誌略』（1888）、大蔵省令第4号（1951）、総理府令第24号（1951）に独島がすべて朝鮮の所有や朝鮮の所有のほかにはみられないと記録されている。そのなかでも特に日本側の公文書が独島を韓国の所有とみている点に注目する必要がある。

日本側の制作した古地図に独島が韓国の島となっているのもまた当然なのである。林子平の「三国接壌之図」（1785）をはじめ、「亜細亜東部輿地図」（1875）、「朝鮮海陸全図」（1894）、「日露戦事実記録」「附録韓国全図」（1895）など七つの古地図がすべて韓国の所属だと表示している。これら古地図もやはり独島の所属を判定する上で非常に重要な史料である。

独島は生成時期、生成原因、岩石構成などからみて鬱陵島と双子島の可能性が大きい。したがって独島を鬱陵島と同様に韓国所属とみるのが正しい。

韓国の有人島（鬱陵島）－独島間距離が日本のそれよりも近いという事実を始めとする以上の六つの根拠が、独島が韓国の所属であることを明らかにしてくれる。

最後にいくつか提言をしておきたい。独島は遠隔孤立小島であるため韓国政府や国民が関心を置かないかそのまま放置しておくと、ただ東海に存在するだけの島になってしまう。韓国政府は一般人（漁夫・観光客・その他）が

独島およびその周辺の海に往来することが増えるように措置をとることで、独島が本土から歴史的および文化的に疎外（remoteness）されないようにしなくてはならない。歴史的・文化的疎外は独島に積極的な関心をもつ隣国に、そのなかでもとりわけ日本に隙を与えることになるだろう。

独島が疎外されないように境界行政（boundary administration）、つまり境界管理についての行政をしっかりと展開すべきである。そうしなくては豆満江河口の鹿屯島のように失うことになるであろうし、日本も介入をずっと続けてくるだろう[57]。

独島の接岸施設、漁夫家屋、その他諸々の施設を増やし、改善することも提言したい。いずれにせよ韓国は、海洋勢力を強化中である中日両国の間に位置しているため、海洋勢力を強化しなくてはならない不可避な状況におかれているためである。

独島の韓国の占有と韓国の領有を、国内外に知らせる祝祭的な行事を開くことも提言したい。毎年、気象状態の良好な季節に日を決めて、仮称「独島祝祭」を意義深く楽しく開くのである。独島の観光客の来島を利用し「韓国領」のグラフィト、半永久的な太極旗の造形物および太極旗掲揚台、そして慰霊碑をそれぞれ中心に置き祝祭を挙行するのである。その祝祭はもちろん究極的には国内外の人々に独島が韓国の領土だという点を記憶ないし再確認させるためのものである。15～16世紀にイングランドの住民たちが自国の境界を回想し再確認させるために境界地域に対する「踏査儀式」（perambulation ceremony）の祝祭を行ったが、独島祝祭が挙行されたらイングランドの境界儀式の祝祭と類似した祝祭になるであろう[58]。

島の性格および海の機能と関連して言えば、島は二つの性格をもっているが、一つは陸地との連結が容易な結合性であり、もう一つはその反対の孤立性である。海の機能は結合機能と分離機能に分かれる。独島の「結合性」と東海の「結合機能」を積極的に結びつけ、独島と本土または鬱陵島との高い連結関係が強化されるなかで、この島が大韓民国の島として強固となるよう

---

57) 任徳淳（2008）前掲書、2～4頁
58) I. Altman and M. Chemers (1980), p.138.

当局は尽力しなくてはならない。

　独島が二つの大きい島で形成されている点に注目し、韓日両国に影響力を及ぶことのできる第三者（あるいは第三国）が、二つの島を韓日間で分有（政治地理学でいうところのいわゆる「ソロモンの判定」を挙げて）せよと勧誘することもありうるだろうが、そのような場合に、その勧誘を受け入れる方向には絶対に向かってはならないという点を最後に添言しておきたい。

文献

『世宗大王實錄』（地理志）卷 153（1454）
『新增東國輿地勝覽』卷 44（1530）
1:4500 독도지도（매핑코리아사 - 동북아역사재단）
『경향신문』（1959. 3. 3 ; 1977. 10. 25）
『동아일보』（1965. 3. 3 ; 1966. 5. 17 ; 1977. 10. 24）
『조선일보』（1977. 10. 25 ; 2009. 1. 3 ; 2009. 1. 5）
『한국일보』（1977. 10. 25）
영해법 시행령（대통령령 제 9162 호, 1978. 9. 20）
국사편찬위원회（1977）『울릉도・독島 학술조사 안내』
김봉균（1985）「울릉도・독도의 地質」『독도연구』한국근대사자료 연구협의회
박봉규（1985）「울릉도・독도의 자연」『독도연구』한국근대사자료 연구협의회
신용하（1997）「독도에 대한 日本의 1905 년 소위 영토편입의 不法性과 부당성」『독도 영유의 역사와 국제관계 학술심포지움 프로시딩』독도학회
신희석（1981）「지상 독도판결」『정경문화』3 경향신문사 정경연구소
심정보（2008）「일본 社会科에서 독島에 관한 領土교육의 현황」『한국지리환경교육학회지』16-3 한국지리환경교육학회
양보경（2005）「독도의 歷史地理學的 고찰 : 古地図에 나타난 독島」『토론문집 : 독도의 地政学』대한지리학회
이숭녕（1953）「내가 본 독도 : 현지답사기」『독도』대한공론사（1965）
이장희（2005）「일본의 독도영유권 침탈에 대한 대응방안 (토론문)」『토론문집 : 독도의 地政学』대한지리학회
이찬（1991）『한국의 古地圖』범우사
任德淳（1969）「한국의 空間変化에 대한 政治地理学的 연구」『地理学』4 대한지리학회
任德淳（1972）「独島의 政治地理学的 고찰 : 그의 所属과 기능에 대하여」『연구보고』8-1 부산교육대학교
任德淳（1983）「한국 政治地理学의 課題」『지리학의 과제와 接近方法』교학사

任德淳 (1992) 「정치지리학적 시각으로 본 東海地名」『地理学』 27-3 대한지리학회
任德淳 (1997) 『政治地理学 原理』 (제 2 판) 법문사
任德淳 (1999) 『地政学 : 이론과 실제』 법문사
任德淳 (2006) 「지리교육에 있어서의 領土敎育의 중요성」『추계학술대회 프로시딩』 한국지리환경교육학회
任德淳 (2008) 「境界論과 한국 国境問題들에 대한 핵심적 관점」 한림대 한림과학원 수요세미나 초청논문 (2008. 1. 15)
주효민 (1965) 「地政学的으로 본 독도」『独島』 대한공론사
해군본부 (1952) 『한국연안수로지』 (1)
형기주 (2005) 「独島영유권 시비와 地政学」『토론문집 : 독도의 지정학』 대한지리학회
황상기 (1954) 『独島領有権해설』 근로학생사

內藤正中・金柄烈 (2007) 『史的検証 竹島・独島』 岩波書店
內藤正中・朴炳渉 (2007) 『竹島=独島論争:歴史資料から考える』 新幹社
米倉二郎 (1941) 『東亜地政学序説』 生活社
日本 陸軍参謀本部 編 (1888) 『朝鮮地誌略』 (2)
林子平 (1785) 三国接攘之図
林子平 (1785) 『三国通覽図説』
佐藤弘 (1943) 『政治地理学概論』 柁谷書院
太平洋協会 編訳 (1942) 『太平洋地政学』 岩波書店 [Haushofer, K. (1938), *Geopolitik des Pazifischen Ozeans,* Berlin : Kurt Vowinckel].
Alexander, L.M. (1957), *World Political Patterns,* Chicago : Rand McNally.
Altman, I. and Chemers, M. (1980), *Culture and Environment,* Montery : Brooks/ Cole.
Barton, T.F. (1945), "The Pattern of Continents and Oceans," Renner, G.T. and associates eds. (1945), *Global Geography,* New York : Crowell.
Brierly, J.L. (1955), *The Law of Nations,* 5th ed., Oxford : Oxford Univ. Press.
Fifield, R.E. and Pearcy, G.E. (1944), *Geopolitics in Principle and Practice,* Boston : Ginn.
Glassner, M.I. (1993), *Political Geography,* New York : John Willey.
Karabenick, E. (1971), "Djerba : A Case Study in the Geography of Isolation," *Journal of Geography,* January.
Monkhouse, F.J., and Small, J. (1978), *A Dictionary of the Natural Environment,* London : Edward Arnold.
Peattie, R. (1932), *New College Geography,* Boston : Ginn.
Pounds, N.J.G. (1963), *Political Geography,* New York : McGrow-Hill.
Valkenburg, S.V. and Erickson, F.C. (1942), *Elemants of Political Geography,* New York : Prentice-Hall.

索引

あ行

アイデンティティ　190, 205
亜細亜東部輿地図　210, 215
暗礁　191, 197, 198
暗青灰色　136
按撫使　71-74, 76, 79, 85
安龍福　13, 14, 23-38, 41, 44-54, 91
　──拉致　25, 28, 29, 31, 32, 44, 46, 54
位階　163, 164, 167, 168
威厳具　132, 151, 160
イ・ゴンム　161
イ・スング　157
礒竹島　42
一島説　81, 86
イ・チョンギュ　133, 142, 143, 156, 160
乙巳条約　181, 183, 198
イデオロギー　169, 171, 178, 192
遺物　119, 131, 132, 134-136, 143, 148, 149, 151, 154, 155, 157, 160-162, 165, 167, 171, 173
遺物散布地　143, 148, 149, 161, 171
いわゆる于山島　92
印花文　134, 136-140, 144, 160, 162, 165, 166, 173
　──土器　134, 136-140, 144, 160, 162, 165, 166, 173
　──土器瓶　166
『隠州視聴合記』　180
于山国　60, 61, 69, 70, 72, 77-80, 205
于山島　47, 57-65, 68-82, 84-87, 92, 95-97, 181, 205, 206, 208

蔚珍県　39, 77, 79, 81, 170, 171, 205, 206, 208
蔚珍県令　171
鬱島郡　63, 64, 96, 206
鬱陵島　13, 14, 23-26, 28-33, 36-44, 47, 51-54, 57-97, 100, 131-139, 141, 142, 149, 151, 154-164, 167-173, 179, 181, 184-187, 193-196, 198, 200-203, 205-213, 215, 216
　──群島　63, 70, 74, 75, 79, 80, 87, 96
　──群島論　63, 79, 96
　──土器　156, 157, 158, 162, 173
　──式古墳　168
　──社会　131, 151, 155, 163, 164, 167-169, 171, 173
　──図形　170
　──争界　25, 93
『鬱陵島検察日記』　67
『鬱陵島外図』　65
海辺拠点　198
永安道　76, 88-90
越境　13, 18, 27, 31, 35, 40
エリート　167, 169, 171
沿海　36, 192
遠隔孤立小島　187, 213, 215
円弧文　138, 146
　──＋半円弧文　138
円＋菱形構成　138
押印　118
黄灰色　133, 138, 154
黄褐色　133, 142, 156
王政復古　102, 103, 106, 107, 119
横沈線　139, 146

219

黄燈色　133
大型古墳　167
隠岐島　26, 28, 179, 180, 184, 202, 210, 213, 215
沖ノ鳥島　197
押し　40, 52, 118, 139, 147, 198
主な元素および希土類元素の分析　157
オリーブ
　——色　133, 134, 136, 138, 145
　——色系　133, 134, 136, 138
　——黒色　134, 138
　——灰色　134, 138
　濃い——灰色　138
折れ　158, 159

か行

灰黄褐色　133
灰黄色　133, 134, 136, 138, 154
　濃い——　138
海岸島　187
海左全図　211
懐柔策　68
灰青色
　——陶質土器　134
　——色土器　156
　——色の新羅土器　155, 157
階層　163, 164, 166-169
階層化　169
回答兼刷還使　20, 53
海東地図　170
海難避難所　190
灰白色
　——土器　156
　——系　133, 134, 136, 144
　——系の硬質土器　133
　——系の軟質土器　133
外反　158, 159

——度　158
外部世界　169
外務省のサイト　97
海洋開発　191, 194
海洋性気候帯　169
海洋勢力　192-195, 199, 200, 216
海洋勢力国家　193, 199, 200
海洋島嶼　131, 171
海陸配置上の位置　184
カクセソム　64, 67
加工具　132, 143, 160, 163
火山　131, 158, 185, 187, 213
　——岩　158
　——作用　185, 213
　——島　185, 187
家族葬　166
価値－ベクトル論理　177
褐色　132, 133, 136, 142, 144, 155-161
　——系　133, 136, 144
　——系＋その他の色系　133
　——縄文土器　156, 157
　濁った——　133
華東古地図　181
要となる地域　200
甕　133, 134, 141, 144, 163
　——形壺　134
　——形土器　133, 134
　——類　134, 144
ガラス玉　150, 165
革金具　151
皮のベルト　151
瓦質　156, 158
咸吉道　88
環境知覚的　188
関係量　202
監倉使　170, 171
環太平洋地域　185, 192, 193
環東海国　199, 201

観音島　64-67
観音岬　66, 67
冠帽類　167
黄色　133, 134, 136, 138, 144, 145, 154, 210
　　──系　133, 136, 144
　　淡い──　133
　　濁った──　133
技術性　157
技術様式　159
器種の構成　158
穀宗　170, 171
木の実文様　138
キム・ホンジュ　161
牛角形把手　133
球形　143, 151
境界
　　──管理　216
　　──行政　216
　　──神石　190
　　──地域に対する「踏査儀式」　216
　　──論　184, 186
『疆界考』　77
供給　158, 160, 195, 211, 214
郷土史料館　139, 141, 151, 153, 162, 167, 173
洪名漢　94
極東のイングランド　199
漁網錘　142, 143
距離－減少関係　202
仰蓮足台　154
金冠　167
金属器　132
金銅
　　──冠　167
　　──製の鈴　151, 165, 167
　　──製の辻金具　152, 167
　　──製の仏像　171
　　──仏　154, 171

銀の耳飾り　150
空間価値　175, 176, 188, 191, 192, 197, 201, 212, 214
空間関係　178, 184
空間的構造　176, 177, 179, 184, 188, 196, 197, 204, 211-213
草模様　146
管玉　132, 148, 165
首飾り　148, 150, 167
雲模様　147
グラフィト　190, 204, 205, 216
呉江原　131, 167
黒色系　134, 145
黒褐色　133
軍事戦略　187, 189
群島　63, 65, 70, 74, 75, 79, 80, 87, 96, 175, 187
景観　131
慶州　158, 159, 161, 162, 167
　　──出土土器　158
慶尚道東海岸　161
結節点　190, 195, 214
原住民　157
顕宗　170, 171
元宗　171
建築具　132, 154, 160
顕微鏡観察　157
玄圃里　134-136, 139-142, 148-150, 153, 154, 166-168, 171, 172
　　──１号墳　168
　　──遺物散布地　148, 149
　　──遺物包含層　134-136, 154
　　──古墳群　142, 153, 171
　　── 38 号墳　150
　　── 16 号墳　166, 168
　　前──　167
交易　16, 17, 159, 160, 169, 193, 195
公海自由原則　200

索引　221

江原道　22, 39, 48, 60, 61, 69-72, 76, 79, 82, 83, 88, 93, 94, 170, 181, 184, 205, 206, 208, 211
硬質土器　133, 134, 136-139, 142, 156-161, 163, 165, 166, 172, 173
格子門　136, 138, 145, 158, 161, 173
勾状文　138, 147
合成文　138, 146, 147
高宗　57-65, 67, 73, 80, 86, 87, 92, 95-97, 171
『高宗実録』　58, 59, 87
高速回転　159
交通　14, 19, 131, 169, 179, 189-191, 193, 195, 197, 199, 213, 214
　——的機能　189, 190, 213
　——網　131
硬度　133, 136
『高麗史』　69, 77, 86, 97, 170, 171
高麗時代　68, 77, 78, 170
『高麗史地理志』　60, 77-79, 81, 84, 85
交流　21, 131, 193
皇龍寺祉一次伽藍基礎　162
皇龍寺創建期　162
小型壺　138, 139
小型瓶　134
国際法　183, 201, 204, 212
国立中央博物館　132, 134, 136, 141, 143, 148-151, 153, 154, 156-158, 160, 161, 164
国連海洋法　186, 211
甑（こしき）→甑（シル）
古式瓦質土器　158
湖水化　180, 190, 193-195, 198, 199, 201, 213
　——運動　190, 195, 213
　——政策　198
古跡調査委員会　154
古代遺物　132, 160, 173

古代社会　168, 169
国家次元の自己化　205
国家戦略　189
国家の威信　214
国家有機体説　190
古典的な帝国主義　194, 195, 199
孤島　188
小島連鎖　187
木の葉模様　147
古墳　131, 132, 141, 142, 148, 153, 154, 161-169, 171
古墳設計　166
弧文　138, 146
金剛山　154
混入物　133

さ行

採蔘軍　95
崔怡　171
崔秉鉉　162
再生　167
崔夢龍　139, 156, 160
捜討　41, 67, 86, 87, 92-95, 170
捜討官　170
刷還政策　68, 71, 72, 76, 79, 85
沙洞里古墳群　141
参加　90, 110, 114, 116, 121
三角集線文　138, 139, 146
酸化焼成　158
三国時代　158, 163, 173
三国接壌之図　209, 215
三耳台附碗　162, 173
三数十里　58, 62, 67
産地　31, 157, 158, 159
三陟　28, 58, 59, 86-88, 92, 94, 95, 170
サンフランシスコ平和条約　200
四角瓶　134, 136, 144, 161, 165

ジグザグ押し　139, 147
資源　131, 178, 180, 187, 188, 191, 196, 213, 214
　——戦争　191, 196
　——戦争時代　196
寺利　170, 171
四耳扁瓶　134, 144, 161, 165
施設動機　163
支配階層　168
四瓣　138, 146, 147
島根県告示　182
島根県による独島編入　183
下里　167
社会階層　166
社会経済　132, 159, 168, 170
社会経済的経費　168
社会集団　168, 169
社会的な差別化　163
社会統合　169, 171
釈迦如来像　155
重円文＋三角集線文　138, 146
十字型辻金具　152
集団　15, 131, 155, 157, 163, 168, 169
終長連続文　138, 139, 146, 147
粛宗　15
『粛宗実録』　34, 37, 39, 40, 41, 42, 44, 61, 82, 93
呪術　167
聚落　131, 163, 164
巡審敬差官　75, 88
上位エリート　167
上位階層　167, 168
将軍形瓶　134, 144
縄蓆文　134, 138, 145, 158
象徴　131, 167, 188-191, 195-197, 204, 205, 213, 214
　——的機能　189, 195, 214
縄文　138, 145, 155-157

縄文土器　155-157
襄陽　47, 48, 88
初期鉄器時代　156
女真族　68, 89, 170, 171
徐達嶺　171
新羅
　——土器　155-158
　——軟質土器　157
　——人　157
甑（シル）　134, 136, 144
しわ文様瓶　134, 144
深海島　187, 213
信仰具　132, 160
信仰行為　171, 173
『新撰八道地理志』　78
『新増東国輿地勝覧』　60, 80-82, 84-86, 92, 170, 181, 206, 215
新秩序論　178
辛虎雄　167
透彫装飾　153
鈴　132, 151, 152, 165, 167
青灰色　133, 134, 136, 138, 145, 156
　——系　133, 134, 136, 138, 145
　濃い——　134, 138
生活具　132, 160, 163
生計維持戦略　131
青黒色　138
制作技術　162, 167
制作者　155-157, 173
制作地　155-157, 173
制作品　157
生産具　132, 141, 160, 163
生産的価値　196, 214
生産的機能　189, 191, 214
生産品　157
青磁　161
政治権力の差等性　163
政治地理学の機能主義　176

政治地理学　176-178, 184, 193, 196, 198, 199, 201-203, 212, 215, 217
政治地理－地政学的視点　183
精賞　133, 157, 158
精賞軟賞土器　157
政治的行動　177
政治地理学および地政学的論理　177
政治的なエリート　169
政治的な連帯　169
成長先端　195, 213
青銅
　　——器　163
　　——製の鈴　151, 152, 167
　　——製の仏像　154
　　——の糸　151
整面手法　145, 156-159, 163, 173
赤褐色
　　——土器　156, 157
　　——軟賞土器　132, 133, 156-161
　　——軟賞土器鉢　132
石室　141, 149, 150, 153, 160, 164, 166, 168
石製　141
石塔　170, 171
石仏　170, 171
世宗　57, 60, 68, 73-89, 91, 92, 96, 205, 206, 215
　　——大王　68
『世宗実録』　60, 73-75, 78, 79, 83, 88
『世宗実録地理志』　60, 78, 79, 80-82, 84, 85, 92, 96, 205, 206, 215
石器　132
千年浦　164-166
専門制作工人　159
占有　193, 204, 205, 212, 215, 216
戦略　44, 131, 177-179, 187, 189-197, 200, 213, 214
　　——的　179-191, 193-197, 200, 213, 214
　　——的機能　179-190, 193, 213

——的航空基地　189, 194, 213
——的前進および後衛基地　189
——的前進基地　194
——的防禦基地　189, 194
葬具　132, 153, 160
相互作用量　195, 202
装飾性　167
装身具　132, 148, 151, 160, 163, 167
曹敏　75, 76
増補文献備考　61
宗義真　32, 41, 44, 46, 48
ソウル大学校博物館　151, 156, 157, 160, 161, 164, 173
粗賞　133, 134, 156-158
　　——軟賞土器　157
空島政策　68, 69, 81, 85, 93
聖人峰　65, 67, 169
成宗　76, 83, 84, 88-90

た行

大亜リゾート　142
第一部類　167
台霞
　　——1里　142
　　——洞　63
　　——里　143, 169
　　——里遺物散布地　143
大韓帝国勅令第41号　57, 62-64, 206, 215
第三部類　166-168
大戦略　189
太宗　68-73, 87
『太宗実録』　68-70, 72, 73
橙色　144, 145
　　——系　144
胎土　133, 136, 138, 139, 142-144, 157-159, 163, 173
　　——分析　158, 159

大東亜地域　199
台附
　──長頸壺　134, 144, 162
　──瓶　162
　──碗　134, 144, 162, 173
太平洋沿岸地域　192
大陸棚水域　211
大量生産　159
台輪部　167
高城　69, 70
高杯　134, 136, 144, 162, 165, 173
竹島　13, 14, 23-26, 28-37, 39-48, 50-55, 57-68, 70, 72, 74, 78, 92, 93, 96, 97, 99, 100, 120, 121, 175, 180, 182, 183, 194, 197, 201, 203, 206-208, 210, 215
　──鮑　24, 31, 32, 54
　──一件　23, 32, 120
　──（鬱陵島）　23, 28, 29, 31, 51, 52, 207, 210
　──外一島　25, 46, 99, 100, 120, 121, 207
　──（独島）の日　182
　──渡海禁止令　26, 29, 47, 48
　──渡海免許　23, 29, 31, 32
多元的　19, 156
多色調　133, 134
太政官　99-112, 114-125, 127-129, 207, 208, 215
　──書記官　115, 119, 121, 128, 129
　──書記官室　121
橘真重　25, 26, 33, 34
蓼島　83, 84, 87, 88, 90, 91
打捺　131, 133, 134, 136, 138, 145, 156-159, 161, 163, 173
　──技法　157, 158
　──痕　138
　──文　133, 134, 136, 138, 157, 158, 161, 173

多瓣　138, 146, 147
玉城里　161
短脚高杯　162, 173
鍛造製　143
丹陽　167
力の指向　176
地球化学的　157
築台部　168
地質学　157, 212
智證麻立干　162
地政的　192, 193, 201
　──運命　193
　──空間価値　201
チャネル諸島の実例　203
湫岩洞　167
中心古墳群　167
竹嶼島　65
増正交隣志　15
朝鬱両島減税将　50
張漢相　41, 67, 68, 91, 92
長頸瓶　138
朝鮮
　──王朝実録　60, 62, 86, 95-97
　──海陸全図　210, 215
　──古跡図譜　154
　──統監府　198
　──総督府　154, 208
直線　134, 138, 146, 147, 211
チョン・ヨンファ　133, 142, 143, 156, 160
沈安仁　89
通肩　154
通事　17, 18, 32, 47
通信使行　20, 21, 50
辻金具　132, 151, 152, 165, 167
対馬　13-22, 25-33, 35-54, 69, 82, 91, 100
　──島　16, 21, 100
　──藩　13, 19-21, 25, 26, 28-30, 32, 41, 44, 46-48, 51, 91

土製　141-143
壺　133, 134, 136, 138, 139, 144, 146, 158, 159, 160, 162, 163, 166, 172, 173
壺類　134, 139, 144, 146
帝国主義地政学　178
適応様態　131
鉄斧　141
鉄鎌　141
鉄器時代前期　156, 157, 161, 173
鉄製刀子　143, 165
　——片　165
鉄製の鋌　153, 154
鉄製の釘　153
鉄鏃　132, 148, 149, 153, 165
鉄の鐘　171
天府
　——1里　164
　——川　164
　——小学校　164, 165
　——洞遺物散布地　161
　——里1号墳　148, 150-152, 164
　——里遺物散布地　143, 171
　——里遺物散布地②　171
　——里古墳群①　164, 165, 167
　——里3号墳　141, 143, 148, 154, 165
　——里竹岩1号墳　166
　——里2号墳　141, 143, 149, 154, 164
　——里4号墳　164
点列　138, 139, 146, 147
　——終長連続文　139, 146, 147
砥石　132, 143, 148
統一新羅
　——時代　131, 151, 154, 158, 170, 171
　——様式　163
東海　39, 73, 77, 79, 81, 82, 86-88, 91, 161, 167, 171, 173, 175, 180, 183-185, 192-196, 198, 199, 201, 208, 210, 212-214
　——支配　183

　——の中央島　199
　——の内海化　198, 199
銅冠　132, 151, 153, 167
東韓暖流　169
『東国文献備考』　60, 61, 64, 77, 95, 96, 208
『東国輿地勝覧』　58, 60, 80-83, 86, 87, 96, 208
同時性　138, 159, 173
同時代性　157, 163
島嶼　67, 83, 93, 131, 171, 179, 185-187, 189-192, 195, 203, 204, 208, 212-215
　——的位置　186
　——的価値　189
東北アジアの地戦略　192
東北アジア歴史財団　131, 132, 141-143, 148, 156, 159, 164, 171, 176, 181, 184
土器　131-140, 142, 144, 155-163, 165-167, 172, 173
　——の廃棄所　162
特異型式　151
独島　13, 14, 23, 24, 30, 35, 41, 45, 52, 53, 57, 59, 61-74, 76-82, 84-88, 90-93, 95-97, 100, 101, 131, 133, 138, 139, 141, 151, 153, 162, 167, 173, 175-189, 192-217
　——所有権問題　176
　——のアイデンティティ　205
　——の学術調査　196
　——の空間価値　192, 197, 214
　——の象徴性　195, 196
　——の政治的価値　195
　——博物館　65, 138, 139, 141, 151, 153, 162, 167, 173
渡航　21-23, 39, 41, 46
土着社会　162
鳥居龍蔵　132, 143
鳥模様　147

な行

内海化　193, 198, 199
中島式の無文土器　158
中山里　161
南九萬　82
成宗　76, 83, 84, 88-90
南蓍　75, 76, 79, 88
軟質土器　131-136, 156-163, 165, 166, 173
　　――片　135, 166
軟質鉢　160
南西里　139, 166, 168
　　―― 11 号墳　166
南陽里　164, 169
西日本　68
日露戦争　180, 194, 198, 199
日清戦争　198
二島説　81
日本の独島策略　182, 200
日本の湖　195
沼、干潟土層　162
農耕　170

は行

杯（類）　134, 136, 144, 162, 165, 173
灰色　133, 134, 136, 138, 143, 144, 145, 154, 156
　　――系　133, 134, 136, 138, 144, 145, 156
　　――＋その他　133, 134, 145
　　淡い――　133
　　濃い――　134, 136
灰オリーブ色　134, 138
灰褐色　133, 142, 161
排他的経済水域　198
配置状況　131
廃藩置県　108, 111, 112, 114-118

馬具（類）　132, 151, 160, 167
朴於屯　23-27, 30-33, 38, 44
朴葳　69
朴錫昌　170
朴淳　171
朴宗元　89
波状　138, 146, 147
波状文　138, 147
鉢　131-133, 144, 159, 160, 162, 163
「八道総図」　86
馬蹄形　138, 139, 146
　　――終長連続文　139, 146
原三国期　158
原三国時代　163
犯越　35, 43
半円弧文　138, 146
半球形　151
非常停泊地　195
被葬者　163
棺の釘　153
漂流民　18, 19, 21, 23, 27, 38, 41, 43, 53
扁口瓶　134, 144
被虜人の刷還　20, 21
瓶（類）　134, 136, 138, 139, 144, 146, 161, 162, 165, 166
貧富の格差　163
隍城洞　161
不完全な有人島　196
武器具　163
副葬専用　132
副葬の等級　166
副葬用　149, 158
伏蓮　154
付属の島嶼　131
蓋　134, 136, 139, 144, 146, 162, 173
双子の島　186
蓋杯　134, 144, 162, 173
仏教　169, 170, 171, 173

索引　227

仏教遺跡　169
不凍港　192
武陵島　205
文化的・歴史的連結量　195
紛争の一次的要因　175
平行文　131, 134, 136, 138, 145, 156-159, 163, 173
　　──打捺　131, 157, 159
　　──打捺軟質土器鉢　131
　　──＋格子門　136, 145
平民　168
平和線　175, 200
瓣花文　138, 146, 147
辺境地帯　184
変形馬蹄形　138, 146
弁事　105-107, 110, 114, 123, 126, 127
紡錘車　141, 142
封石部　168
膨張主義　194
ポーツマス条約　198
ホン・ヨングｧ　157

ま行

松島　23, 45, 57-65, 67, 77, 96, 97, 100, 120, 207, 210
松平新太郎　24, 25
松竹島　58, 59, 60
丸玉　132, 148, 165
『萬機要覧』　60, 61, 64, 77, 95, 96
水玉模様　146
水による分離　187
密閉窯　159
身分制　168
蒸食器類　134, 144
虫模様　147
無主島　182, 206
無人島　191, 196, 210

無文土器　156, 157, 158, 161
室町幕府　68
明治　99-109, 111, 112, 114-122, 125, 127-129, 198, 207
　　──維新　101, 108, 198
溟州道　170, 171
　　──監倉使　170, 171
牝瓦片　154
瑪瑙製　148
燃える氷　196
木賀痕　149, 154
木棺　153
問慰官　21, 22, 51

や行

有人島　184, 185, 188, 191, 195-197, 201, 202, 212-215
　　──性　195
　　──判定　196
楡岾寺　154
ユ・ヘソン　157
ユーラシアリムランド　192
尹根一　139, 156, 160
尹蓍東　95
溶岩　131
洋島　187, 213
瓔珞　151
横長連続文　138, 146, 147
嶺南大学校　142, 143, 148, 156, 157, 161, 173

ら行

禮州　170
洛東江東岸　167
李遠九　170
李克敦　90

陸地勢力　192, 193, 200
陸地勢力国家　193
陸島　187
李奎遠　57-65, 67, 68, 73, 77, 78, 80, 86, 87,
　　92, 95-97
李相洙　167
立節　167
領海　175, 179, 189, 191, 196, 197, 213, 214
　　――画定根拠地　179
　　――法施行令　197, 214
領土
　　――意識　196
　　――化　204
　　――獲得論　204, 205
　　――関連の国際政治　178
　　――的行動　188, 190
　　――的行動論　190
　　――的指標　204
　　――的統制の象徴　204

李ライン　175
隣接水域　191, 197, 214
流山国島　68-70, 72
琉璃貿器　132
琉璃製　148
冷戦地政学　178
歴史的権限　183
歴史的水域　179, 203, 204, 212, 215
歴史的・文化的疎外　216
列島　187, 192
労働力　168
轆轤台　159
論争中の島　190, 202

わ行

倭館　15-22, 26, 27, 32-34, 37, 38, 48, 53,
　　55
碗（類）　134, 136, 144, 146, 162, 166, 173

索引　229

著者紹介

洪性徳（ホン・ソントク）
朝鮮後期の韓日関係史専攻。全州大学校言語文化学部助教授。
主要著作：『国訳増正交隣誌』（共訳、1993、民族文化推進会）、『国訳邊例集要』（共訳、2000、民族文化推進会）、「日本の歴史概説および辞典類叙述内容の分析――壬辰倭乱および通信使の叙述内容を中心に」（2006、『韓日関係史研究』25）ほか多数。

保坂祐二（ほさか・ゆうじ）
政治外交学専攻。世宗大学校教養学部副教授兼、独島総合研究所所長。
主要著作：『われらの歴史　独島』（2009、チェクムン）、『独島＝竹島論争』（訳書、2008、ポゴサ）、『朝鮮の儒者と日本の侍』（2007、キムヨンサ）、『日本の古地図にも独島はない』（2005、ジャウムとモウム）ほか多数。

朴三憲（パク・サムホン）
日本近代史専攻。建国大学日本語教育課助教授。
主要著作：「近代日本の"国体"観念の空間化」（2009、『仁川学研究』11）、「明治五年天皇地方巡幸」（2001、『日本史研究』465）、『近代東アジア知識人の生と学問』（共著、2009、成均館大学校出版部）ほか多数。

呉江原（オ・カンウォン）
東北アジア考古学専攻。東北アジア財団副研究員。
主要著作：『琵琶型銅剣文化と遼寧地域の青銅器文化』（2006、チョンゲ）、『西団山文化と吉林地域の青銅器文化』（2008、ハギョン文化社）、「考古学を通じてみる三国――統一新羅時代の鬱陵島の聚落景観と域内外交通網および生業経済」（2009、『独島問題の学際的研究』）ほか多数。

任徳淳（イム・トクスン）
政治地理学専攻。忠北大学校名誉教授。
主要著作：「韓国の休戦ラインに対する政治地理学的研究」（1972、『地理学』7）、「政治地理学的視点から見た東海地名」（2008、『地名の地理学』）、『政治地理学原理（第2版）』、（1997、法文社）ほか多数。

監訳者紹介

朴智泳（パク・チヨン）
日本政治史専攻。韓国海洋水産開発院専門研究員。
主要著作:『明治時代における日本の海洋認識』（2011、韓国海洋水産開発院）、
『民権と憲法』（訳書、2010、民音社）ほか多数。

訳者紹介

韓春子（ハン・チュンジャ）
1967年生まれ。津田塾大学大学院国際関係研究科修士課程修了。
フリー翻訳者。

独島・鬱陵島の研究
歴史・考古・地理学的考察

2015年12月1日 初版第1刷発行

著　者	洪　　性　　徳
	保　坂　祐　二
	朴　　三　　憲
	呉　　江　　原
	任　　徳　　淳
監訳者	朴　　智　　泳
訳　者	韓　　春　　子
発行者	石　井　昭　男
発行所	株式会社　明石書店

〒101-0021 東京都千代田区外神田6-9-5
電　話　03 (5818) 1171
ＦＡＸ　03 (5818) 1174
振　替　00100-7-24505
http://www.akashi.co.jp

装幀　　明石書店デザイン室
編集・組版　　有限会社閏月社
印刷・製本　　モリモト印刷株式会社

（定価はカバーに表示してあります）　　ISBN978-4-7503-4244-3

ヨーロッパからみた独島 フランス・イギリス・ドイツ・ロシアの報道分析
関有基、崔在熙、崔豪根、関庚鉉著　舘野晳訳
●5800円

現代韓国を知るための60章【第2版】
エリア・スタディーズ⑥　石坂浩一、福島みのり編著
●2000円

検定版 韓国の歴史教科書
世界の教科書シリーズ㊴　イインソク、チョンヒョンベク、パクチュンヒョン、パクポミ、キムサンギュ、キムヘマ著　三橋広夫、三橋尚子訳
●4600円

東アジアの歴史
世界の教科書シリーズ㊷　アン・ビョンウほか著　三橋広夫、三橋尚子訳
●3800円

韓国の歴史教育 皇国臣民教育から歴史教科書問題まで
金漢宗著　國分麻里、金玹辰訳
●3800円

日韓でいっしょに読みたい韓国史
韓国高等学校歴史教科書
●2000円

日韓通史歴史教材 学び、つながる 日本と韓国の近現代史
未来に開かれた共通の歴史認識に向けて
徐毅植、安智源、李元淳、鄭在貞著　君島和彦、國分麻里、山崎雅稔訳
日韓共通歴史教材制作チーム編
●1600円

国際共同研究 韓国強制併合一〇〇年 歴史と課題
笹川紀勝、邊英浩監修　都時換編
●8000円

古代環東海交流史1 高句麗と倭
東北亜歴史財団編著　羅幸柱監訳　橋本繁訳
●7200円

古代環東海交流史2 渤海と日本
東北亜歴史財団編著　羅幸柱監訳　橋本繁訳
●7200円

朝鮮時代の女性の歴史 家父長的規範と女性の一生
奎章閣韓国学研究院編著　小幡倫裕訳
●8000円

朝鮮王朝儀軌 儒教的国家儀礼の記録
韓永愚著　岩方久彦訳
●15000円

韓国独立運動家 鴎波白貞基 あるアナーキストの生涯
社団法人国民文化研究所編　草場里見訳
●4800円

韓国国籍法の逐条解説
奥田安弘、岡克彦、姜成賢
●3200円

アジア諸国の子ども・若者は日本をどのようにみているか
韓国・台湾における歴史・文化・生活にみる日本イメージ
加賀美常美代編著
●2400円

漫画に描かれた日本帝国 「韓国併合」とアジア認識
韓相一、韓程善著　神谷丹路訳
●3800円

〈価格は本体価格です〉